JN096271

「そだちあい」のための
子ども家庭福祉

藤田哲也・安形元伸
【編著】

ミネルヴァ書房

ま え が き

　子どもに「しつけ」として体罰が通用していた時代があった。「しつけ」と称し体罰を受けてきた親が，今，自分の子どもに「しつけ」の名目で体罰を加えることは罪に問われる。このような「矛盾」に，多くの親は「葛藤」を抱えているだろう。

　大学教員になる前，筆者は児童養護施設で勤務していた。様々な理由があって家族と暮らせない子どもの多くには親がいる。その親にも子ども時代があり，子ども時代の生活について話が及ぶと，貧困状態であったこと，きょうだいの面倒をみていたこと，そして自らも親から暴力をふるわれていたこと，など様々な過去を語ってくれた。その話を聞きながら，親が子ども時代，手を差し伸べられていれば…，適切な支援を受けられていれば……今の状況が変わったのか，子どもと離れることなく生活できていたのではないか，と思う。

　そう考えていくと，今，目の前の子ども・親の苦しみや悩み，複雑な感情に寄り添いながら，親子の幸せを願い手を差し伸べることこそ重要なのだと気づかされる。長年，学童保育，児童養護施設，児童心理治療施設で活躍された故・永井健氏は，そのような子ども・親の苦しみや悩み，複雑な感情を「心の"ゆれ"」と表現し，その"ゆれ"に寄り添うことの重要性を説いた。

　親の心の"ゆれ"に寄り添うためには，親が生きてきた子ども時代を振り返る必要がある。そのために，当時の時代背景から，現在に至る子ども家庭福祉の歴史，法律・制度の変遷，様々な事業やサービスについて学び理解していくことは，親の心の"ゆれ"に寄り添う礎になるだろう。そして，それらの学びや理解がなければ，支援者が「矛盾」に気づき，親の「葛藤」に寄り添うことはできない。心の"ゆれ"に寄り添うことの基本は，その空間を共有し対面ならではの雰囲気を大切にし，心の機微に触れながら，相手の気持ちを推しはかろうとするその姿勢であることを，私たちは忘れてはならない。

　さて，昨今のCOVID-19の影響により，子ども・家庭を取り巻く環境は大

きく変化している。休校による学びの機会の損失によって，子ども同士，子どもと大人が空間を共有しながら自然に（または意図的に）「つながる」ことが制限されていたが，オンラインやICT端末を活用することで，身近な人だけでなく対面では困難であった著名人や諸外国の方々との幅広いつながりを持つことが可能になった。そして，部活動や学校行事にも制限がかけられていたが，それらの意味を見直し，別の形でも実施できるよう，工夫と配慮，努力が重ねられている。また外出の制限や機会の減少は，地域・社会・人との交流機会を奪い，子育て家庭の孤立を深めることになり，複雑で深刻な課題を表面化させた。

　その一方，新たな働き方（テレワーク）によって，親子で過ごす時間が多くとれたり，オンライン面会・帰省による交流ができたりと，新しい生活様式を意識しながら「with コロナ・after コロナ」へと移行しCOVID-19以前の生活に戻りつつある。私たちは今，社会のありようが変化している時代を生きている。

　本書は，子ども家庭福祉に関連する法制度・子ども家庭庁の創設，2022（令和4）年の改正児童福祉法など，最近の子ども家庭福祉の動向を網羅し，子ども家庭福祉分野に精通した研究者と第一線で活躍している実践者からの報告として全5章からなっている。

　第1章は，子ども家庭福祉の歴史を紐解き，理念と概念について整理している。第2章は，児童の権利に関する条約を中心に人権擁護の歴史と制度・政策や現代の課題を通して子どもの権利について解説している。第3章は，子ども家庭福祉の法・制度ならびに子ども家庭福祉に関わりの深い行政機関・専門機関・児童福祉施設等，またその関係諸機関に従事する専門職の役割を解説している。第4章は，各領域での動向を踏まえた現状と課題についてまとめている。そして第5章は，地域連携・協働の取り組みと諸外国の実践から日本に示唆を与える内容となっている。

　さて，本書のタイトルは『「そだちあい」のための子ども家庭福祉』である。この「そだちあう」とは，本書を手に取った者同士の学び合いと，その学びを軸にした実践の場（実習・就労）において，子どもと保護者，そして支援者相互がその関わりを通して"そだちあってほしい"という願いも含まれている。

また文中における「しょうがい」の表記について，法律・制度等においてはそのまま「障害」と記載しているが，当事者やその家族の方の心情を配慮する意図から，基本的には「障がい」と表記させていただいた。そして，本書の事例は，実際の経験に基づいて作成されているが，プライバシー保護の観点から，趣旨を損ねない範囲で大幅に改変・加筆をしている。

　最後に，子ども家庭福祉に関わる問題は多様化，複雑化，深刻化している。一様にそして短期的に解決していくことが困難であるからこそ，実践者が自らの実践を振り返り，学び続けていくことが重要なのである。その学びと振り返りの過程において，本書が多くの実践者に役立つことができれば幸いである。

　2024年3月

藤田哲也

目　　次

あとがき

索　　引

<table>
<tr><td>第 1 章</td><td>現代社会における子ども家庭福祉の意義
と歴史的変遷</td></tr>
</table>

1 子ども家庭福祉の理念と概念

（1）子ども家庭福祉に関する社会状況

　子ども家庭福祉は，一人ひとりの子どもが，その権利が保障され「幸福追求権」を行使できることを目指している。しかし，子どもとその家族を取り巻く状況には様々な諸問題があり，子どもの権利が保障されているとは言い難い。ここでは子どもと家庭を取り巻く現状について，子育て環境，子どもの貧困問題，困難を抱える子ども家庭，子どもの虐待の増加，社会的養護が必要な子ども（「要保護児童」）の増加という点に着目して述べてみたい。

1）子育て環境

　1990（平成 2）年に 1 人の女性が生涯に産む子どもの数を示す合計特殊出生率の低下（1.57ショック）が注目され，少子化が社会的に認知された。国はこれを受け，1994年には少子化対策として「エンゼルプラン」を策定し，女性の労働力確保のために保育所の増設を進めようとしてきた。

　さらに政府は，少子化は日本経済にとって大きな打撃となるといって，2003（平成15）年に少子化社会対策基本法を制定し少子化の歯止めに取り組んできた。しかし，厚生労働省の発表によれば，2021年度の合計特殊出生率は1.30に，2022年度は1.26に留まっており，合計特殊出生率は 7 年連続で低下し，出生数も過去最少になった[1]。このことは，日本がいまだ「男女共に仕事と子育てを両立できる」社会になっていないことの表れといえるのではないだろうか。

　このような状況の中で，国は2020年 5 月に少子化社会対策大綱を閣議決定し，「希望出生率1.8」（若い世代における，結婚，子どもの数に関する希望がかなうとした場合に想定される出生率）を目標に指針を示している[2]。具体的には，「結婚・子育て世代が将来にわたる展望を描ける環境をつくる」ために，「将来に展望

を持てる雇用環境等の整備」「男女共に仕事と子育てを両立できる環境の整備」「子育て等により離職した女性の再就職支援」「男性の家事・育児参画の促進」「働き方改革と暮らし方改革」「子育てに関する支援（経済的支援，心理的・肉体的負担の軽減等）」などである。しかし，子育てを社会的に支え，子育て家庭の期待や要求が受け止められるようなさらなる抜本的な改革が求められている。

2）「子どもの貧困」問題（生存権の確保問題）

「こども食堂」が開設されてから，2022（令和4）年で10年になったといわれている。東京都大田区で始まったとされる「こども食堂」は，「近所の小学校に給食以外，夕食と朝食がバナナ1本しかない子がいる」と聞いたことがきっかけで始まった。「こども食堂」は年々増加し，2022年2月には7,363件が確認されている。厚生労働省によれば，2022（令和4）年の日本の相対的貧困率（等価可処分所得の中央の半分〔127万円〕に満たない人）の割合は15.4％，子どもの貧困率は11.5％となっている。また「貧困率の年次推移」が示すように，1985（昭和60）年以来，子どもの貧困率は10％を超えて推移している。依然として子どもの貧困は解消されておらず，子育てにも様々な問題を生み出している。

3）困難を抱える子ども家庭

近年では，「母子家庭」や「父子家庭」などの「ひとり親家庭」が増加している。「全国ひとり親世帯等調査」（令和3年度）によれば，推計世帯数は「母子家庭」が119.5万世帯，「父子家庭」が14.9万世帯になっている。

また婚姻に占める「ステップファミリー」（夫婦の一方あるいは両方が前の結婚により出生した子どもを連れて再婚して新たな家庭を築いた家族）が増加傾向にある。これら「ひとり親家庭」や「ステップファミリー」の抱える困難への対応や支援も，子ども家庭福祉の大きな課題になっている。

また子どもの発達障がい（「自閉症，アスペルガー症候群その他の広汎性発達障害，学習障害，注意欠陥多動性障害その他これに類する脳機能の障害」〔発達障害者支援法〕）などを抱える子どもの増加もみられる。

4）「子ども虐待」の増加と社会的養護

1990（平成2）年には「児童虐待の社会的発見」があり，その後児童相談所への子ども虐待相談件数の増加が続いている。厚生労働省は全国の児童相談所が2021年度に対応した虐待相談件数が2020年度より2,615件増え，20万7,659件

になったことを発表した。⁽⁴⁾

　内容別では，「心理的虐待」（きょうだい間で差別的な扱いをする，子どもの目の前で暴力をふるう（「面前 DV」）も含む）が12万4,722件で全体の約 6 割を占め，相談件数全体の増加をもたらしている。「身体的虐待」は 4 万9,238件で前年に比べ797件減少している。厚生労働省は，2020年 4 月施行の改正児童虐待防止法（子どもへの体罰禁止を盛り込んだ）の影響の可能性を指摘している。

　児童相談所への通告主体は，警察が10万3,104件であり全体の半数を占めている。「学校等」からの通告は 1 万4,944件であり全体の7.2％を占めている。厚生労働省の専門委員会は，虐待で死亡した子どもは2020年度から 1 人減り77人（心中を除くと49人）だったと公表している。

　年齢別では 0 歳児が32人となっている。また生まれたその日に亡くなる「 0 日児死亡事例」は 8 人となっている。専門委員会は，虐待死亡の約 6 割が児童相談所や市町村のどちらも関与がないケースであったと述べ，多様な機関が子育て家庭の情報を共有し対応することの重要性を指摘している。

　このような虐待相談件数の増加とともに，乳児院や児童養護施設に入所が必要な子どもたち（「要保護児童」）が増加した。2000年には乳児院が114カ所，児童養護施設が552カ所だったが，2022年には乳児院145カ所，児童養護施設610カ所になっている。⁽⁵⁾

　また，2021（令和 3 ）年 3 月に高校を卒業した児童養護施設の子どものうち，2021年 5 月時点での大学等（大学，短期大学，高等専門学校高等課程）の在籍者の割合は22.6％，専修学校等（学校教育法に基づく専修学校及び各種学校，並びに職業能力開発促進法に基づく公共職業訓練施設）は16.0％，進学全体として38.6％になっている。高校を卒業したすべての子どもの大学等在籍割合が56.1％，専修学校等21.0％，進学全体で77.1％であるのに対して児童養護施設出身者はかなり低い。⁽⁶⁾

　施設入所前の被虐待体験，貧困とそれに伴う様々な困難，健康や学習，社会的体験機会欠如の影響が，大学等への進学率の低さとして表れている。児童養護施設の子どもたちの大学等への進学率の例から，その権利保障の問題が浮き彫りになっている。

（2）子ども家庭福祉と児童福祉法

1）子ども家庭福祉の理念と児童福祉法

　日本の子ども家庭福祉法制は，児童福祉六法（児童福祉法・母子及び父子並びに寡婦福祉法・母子保健法・児童手当法・児童扶養手当法・特別児童扶養手当等の支給に関する法律）を中心に構成されている。

　児童福祉法は，日本国憲法の理念に基づく子ども家庭福祉に関する基本法である。そこには子ども家庭福祉の理念と子どもの育成責任が明示されており，子ども家庭福祉を考える上では重要な法律である。児童福祉法の第1章「総則」では，第1条で児童福祉法の理念が述べられている。第2条では児童の育成責任（子どもを育成する上での後の保護者と国家・地方公共団体との関係）が規定されている。そして第3条では，第2条の規定を「児童の福祉を保障するための原理」としている。以下は，第1～3条の条文である。

　「**第1条**　全て児童は，児童の権利に関する条約の精神にのつとり，適切に養育されること，その生活を保障されること，愛され，保護されること，その心身の健やかな成長及び発達並びにその自立が図られることその他の福祉を等しく保障される権利を有する。」

　「**第2条**　全て国民は，児童が良好な環境において生まれ，かつ，社会のあらゆる分野において，児童の年齢及び発達の程度に応じて，その意見が尊重され，その最善の利益が優先して考慮され，心身ともに健やかに育成されるよう努めなければならない。

　　②　児童の保護者は，児童を心身ともに健やかに育成することについて第一義的責任を負う。

　　③　国及び地方公共団体は，児童の保護者とともに，児童を心身ともに健やかに育成する責任を負う。」

　「**第3条**　前2条に規定するところは，児童の福祉を保障するための原理であり，この原理は，すべて児童に関する法令の施行にあたつて，常に尊重されなければならない。」

　第1条では，「児童福祉法」は，「児童の権利に関する条約の精神に」則ること，子どもは心身の成長・発達が保障され，「自立」する権利を有することが規定されている。

　国連では1989年に，児童の権利に関する条約（以下，子どもの権利条約）を採択した。この条約は，子どもの福祉，家庭，教育のすべての面にわたって，子どもの成長・発達のための権利と参加を保障したものである。

　子どもの権利条約において，育成されるべき主体に関する理念として，前文に「子どもが，人格の全面的かつ調和のとれた発達」を目指すことが示されている。また，第29条（教育の目的）1．(a)では，育成される主体の内容として，「子どもの人格，才能ならびに精神的および身体的能力を最大限可能なまで発達させること」が規定されている。

　この点から，子ども家庭福祉の理念とは，子どもが人間的諸能力を獲得し，将来そのような能力を持ったものとして自立することを支援することである。

　第2条では，子どもの養育は保護者が第一義的な責任を有すると述べている。また同時に，すべての国民に対して，子どもの成長・発達に応じて子どもの意見を尊重し，最善の利益を保障する「努め」があることを規定している。その上で，養育に関する保護者の第一義的責任を確認した上で，国と地方公共団体の養育責任を規定している。このように第2条では，子どもとその家庭の福祉に関しては，保護者，地方公共団体，国，国民が連携して，共同して子育てを行うことを規定している。これは，長年にわたって全国児童養護問題研究会が「共同子育て」論を提起し，特に社会的養護の分野で実践的に取り組んできたことである。

　第3条は，第2条の養育をめぐる保護者と国・地方公共団体との関係を子ども家庭福祉の原理とし，この原理は「常に尊重されなければならない」としている。しかし，児童福祉法は，実質的な子どもの権利保障を規定する個別の各条文の段階になると，第1条（子どもの権利保障）や第2条（国・地方公共団体の養育責任）の規定と矛盾する点や問題点が指摘されている。これらの諸問題の解決は，今後の子ども家庭福祉の課題である。

2）「子ども家庭福祉」の概念

　第2次世界大戦終戦直後の混乱期戦災孤児や浮浪児が大量に発生し，その保護救済の必要性から，1947（昭和22）年に児童福祉法が公布され，この法律に基づく「児童福祉」が展開された。

　1989年に国連で子どもの権利条約が採択されたことを背景に，1990年に「児

童家庭福祉」という言葉が「児童福祉」に代わる概念として初めて用いられた。

　その後，日本も1994年に子どもの権利条約を批准し，子どもの権利擁護に関する意識の高まりがみられた。また同じ時期，国連による国際家族年（1994年）では，子どもを権利の主体として捉えること，子どもの権利保障のためには家族も一体的に支援することの重要性が確認された。

　このような流れの中で，「子どもの福祉を実現するためには，子どもの生活基盤となる家庭も含めて福祉サービスの対象としてとらえるべきである」という考え方が強まり，それを背景に「子ども家庭福祉」という概念が用いられるようになった。

（3）憲法の精神と子ども家庭福祉

1）児童憲章——子どもの立場に立った権利宣言

　児童憲章は，1951（昭和26）年5月5日の「こどもの日」に，日本国憲法の精神に基づき，子どもの成長と幸福の実現を願って作成された宣言的文書である。

　総則では，「児童は，人として尊ばれる。児童は，社会の一員として重んぜられる。児童は，よい環境のなかで育てられる。」と3つの理念が明記されており，子どもが基本的人権を享受する主体であることが示されている。児童福祉法が，国・地方自治体が保護者とともに子どもを育成する責任を負うことを定めている子どもの福祉に関する法律である一方で，児童憲章は子どもの立場から，その権利を宣言したものといえる。

　児童憲章の前文には，「われらは，日本国憲法の精神にしたがい，児童に対する正しい観念を確立し，すべての児童の幸福をはかるために，この憲章を定める」とあり，児童憲章が児童福祉法とともに憲法の精神に基づいていることが明確にされている。

2）日本国憲法の基本原則と平和的生存権

　日本国憲法の前文には，①国民主権原理，②平和的生存権，③基本的人権の尊重，の3つが基本原則として示されている。基本的人権とは，人が生まれながらに持っている権利のことである。ここでは，日本国憲法と基本的人権，社会福祉（その構成要素である子ども家庭福祉）について，社会的養護や保育現場を

想起しながら述べる。

　これまで，社会保障・社会福祉に関わる運動では，日本国憲法の平和的生存権と第25条（生存権）に関係する課題が掲げられて取り組まれてきた。平和的生存権については憲法前文で3回にわたって述べられている。

　1つ目は，侵略戦争への反省である（「日本国民は…（中略）…政府の行為によつて再び戦争の惨禍が起ることのないやうにすることを決意し…（中略）…この憲法を確定する」）。2つ目は，国際的な平和のルールに則って，紛争解決にあたること（「日本国民は，恒久の平和を念願し…（中略）…平和を愛する諸国民の公正と信義に信頼して，われらの安全と生存を保持しようと決意した」）であり，3つ目は，他国の主権を尊重し平和共存を目指す（「われらは，いづれの国家も，自国のことのみに専念して他国を無視してはならないのであつて，政治道徳の法則…（中略）…に従ふことは，自国の主権を維持し，他国と対等関係に立たうとする各国の責務である」）ことである。

　個人の尊重（第13条〔幸福追求権〕）が保障される前提には，平和のうちに生存する権利が保障されなければならないことが示されている。また子どもが将来にわたって「幸福追求権」を行使するためには，子どもの成長・発達が保障される中で，人間的諸能力を獲得しなければならない。そのためにも，平和的生存権の保障が重要である。

3）生存権と子ども家庭福祉

　日本国憲法の中で，基本的人権については，「第3章　国民の権利及び義務」において，第10条から第40条にわたって規定されている。ここでは「子ども家庭福祉」と関わりの深い基本的人権規定の一つ（第25条）を挙げてみたい。

　　「第25条　すべて国民は，健康で文化的な最低限度の生活を営む権利を有する。
　　②　国は，すべての生活部面について，社会福祉，社会保障及び公衆衛生の向上及び増進に努めなければならない。」

　子ども家庭福祉は社会福祉に含まれることから，児童福祉法は，憲法第25条をその直接の根拠としている。第1項は，私たち国民には，誰もが「人間として生きる」権利としての生存権があることを示している。「最低限度の生活」とは，生理的に最低限度の生活水準という意味，あるいは衣食住がギリギリの

ところで維持されている状態をいうのではない。それは，「人間に値する生存」あるいは「人間としての生活」と言いうるものでなければならない[7]。「最低限度の生活」は，子育ても含め「人間らしく生きる」ことを意味している。したがって「生存権」が保障されなければ子どもの成長発達の基礎となる養育も保障されない。子どもの貧困問題は保護者の「生存権」が保障されていないことの表れでもある。生活保護基準を向上させ，生活保護の捕捉率を上げるような取り組みを通じて，子どもの貧困問題が解決されなければならない。

　第2項は，私たちが生まれながらに持つ生存権を国は保障していく責務があることを述べている。生存権は人間として当たり前に生きる権利であり，国は国民の人間らしく生きる権利保障のために，社会福祉，社会保障及び公衆衛生を含む「すべての生活部面」において保障するための制度をつくることを国民に約束している。

4）「幸福追求」と子ども家庭福祉

　「幸福追求権」とは，私たち国民一人ひとりに幸せになる権利があり，生まれながらにして幸福を追求する権利を有するというものである。

　　「**第13条**　すべて国民は，個人として尊重される。生命，自由及び幸福追求に対する国民の権利については，公共の福祉に反しない限り，立法その他の国政の上で，最大の尊重を必要とする。」

　日野秀逸は，福祉の理念は，憲法13条の個人の幸福追求権の実現であると述べている。このことから，子ども家庭福祉の理念も，子どもの現在および将来の幸福追求の実現であるといえる[8]。

　具体的には，「希望の仕事に就いてやりがいを追求する，スポーツや音楽，アート，自己表現活動にとりくむ，友人や家族と楽しい時間を過ごす，おいしいものを食べたり飲んだりするなど，自分のしたいことを自由に追求して生きていく」ことであり，「自分や家族や子孫や地域の人びとや日本の人々や，人類すべてが幸福になることを願って活動[9]」することである。

　では，幸福追求権はどのような手続きによって保障されるのだろうか。それは，国民主権原理を前提に，主権者が「平和（憲法第9条—引用者）を求め，健康で文化的な生活（憲法第25条—引用者）を求め，幸福（憲法13条）を願って日々を送」る「ごく普通の人間」の営みを保障していくことである。

「幸福追求権」は個人の行為が「公共の福祉に反しない限り尊重され」「他の人たちによっても正しいということが承認されたときにはじめて」権利になるのである。自分にとっても他の人たちによっても正しいと認められる行為とは，「国民が全体として，人間として，人間らしく幸福に生きてゆかれるような社会」の形成につながっていくような行為を意味している。

　平和的生存権と子ども家庭福祉（憲法第25条）は幸福の必要条件であるが，子ども家庭福祉という観点からすれば，憲法第26条に規定されている「教育を受ける権利」（十分条件）を位置づけることで，「公共の福祉」を前提とした「幸福追求権」の必要十分条件を満たすことになる。

　「第26条　すべて国民は，法律の定めるところにより，その能力に応じて，
　　　ひとしく教育を受ける権利を有する。

　　②　すべて国民は，法律の定めるところにより，その保護する子女に普
　　　　通教育を受けさせる義務を負ふ。義務教育は，これを無償とする。」

　また，子どもが将来，人間として幸福を追求するためには，「児童福祉法」の第１条が示しているように，「子どもの権利条約」の精神が守られることが必要である。子どもの権利条約は，子どもの養育・養護環境が保障されることを求めている。同時に，教育を受ける権利（子どもの権利条約第28・29条）の保障も求めている。子どもにとっては，教育を受ける権利が満たされてはじめて成長・発達が保障され，人間的諸能力の獲得が実現されるからである。

　子ども家庭福祉は，将来子どもが，「国民が全体として，人間として，人間らしく幸福に生きてゆかれるような社会」を目指して「幸福」を追求していくような，自立した主体の育成をその理念としている。このような「幸福」追求の主体の育成を目指していくという観点にもとづく子ども家庭福祉と教育との連携が重要である。

2　子ども家庭福祉の歴史的変遷

（１）虐げられる子どもたち──明治期以前の子どもの状況

１）古代における子どもの救済

日本において，子どもを救済するための取り組みがどのように始まったのか

については，資料が限られ不明確な部分も多い。一説には，593（推古天皇元）年，聖徳太子が四天王寺建立の際に四箇院を創建し，寺院にあたる敬田院，薬草を栽培する施薬院，病人の治療にあたる療病院に加え，身寄りのない子どもや困窮者を収容して養うための悲田院を設け救済にあたったと伝えられているが，史実としては疑問も呈されている。730（天平2）年には，光明皇后により施薬院とともに悲田院が設けられ，貧困や孤独に苦しむ子どもや病人らを救済すべく事業が展開されたとされる。

　また，7世紀の後半頃には，唐の制度を元に律令制の整備が進められ，701（大宝元）年，基本法典となる大宝律令が制定された。律は刑法，令はその他行政法や民法にあたるものであり，これら律令に基づく政治制度を律令制と呼ぶ。757（天平宝字元）年には，大宝律令を一部改正した「養老律令」が施行されている。この中の戸令の32条「鰥寡条」において，救済に関する規定がなされている。そこでは，救済の対象者として「鰥寡孤独貧窮老疾」が挙げられ，16歳以下で父のいない子ども（孤）が含まれていた。救済の方法については，生活が困難な者は第一に近親者が扶養することを基本とし，それがかなわない場合には地域社会に委ねるとされるなど，血縁や地縁による相互扶助を原則としたものであった。

　こうして，古代の時代より子どもを救済するための取り組みはみられたものの，相互扶助が基本とされ，仏教思想による慈善救済の取り組みが一部行われたのみであった。

2）「口減らし」の対象とされる子どもたち

　中世になると，武家政権による封建社会が生まれる。一定程度の武士が御家人として将軍と主従関係を結ぶ形となるが，武士同士による権力争いや，農民への搾取など，様々な問題も起きた。また，大規模な飢饉や災害の際には，子どもを中心に人身売買も行われたと伝えられている。

　室町時代の末期には，フランシスコ・ザビエル（Francisco de Xavier）が来日しキリスト教の宣教が行われており，以後，キリスト者による慈善活動も行われた。その代表的なものとして，ポルトガル人のルイス・デ・アルメイダ（Luis de Almeida）が，現在の大分県に，身寄りのない子どものための施設や総合病院を創設した活動が挙げられる。

　その後，江戸時代にかけて，相次ぐ飢饉などにより人々の生活が困窮することも多かった。生活苦から，「口減らし」のため，古くからの慣習として存在していた堕胎（人工妊娠中絶）や間引き（生まれたばかりの子を殺めること）が行われることも多く，江戸時代の中期から後期にかけて，国の人口が増加せずに停滞する背景の一つであったともされている。江戸幕府も，1690（元禄3）年に棄児禁止の布令，1767（明和4）年に間引き禁止令を出すなど対策を進めたものの，十分な成果は得られなかった。[12]

3）労働者として酷使される子どもたち──イギリスの歩みから

　この時期，世界の子どもたちはどのような状況に置かれていたのであろうか。ここでは，イギリスの歩みについて取り上げる。

　中世のイギリスでは，長らく強固な封建社会が続き，共同体による助け合い（相互扶助）が行われていた。しかし，14世紀頃になると，貨幣経済が浸透していき，封建社会は衰退を始めていく。社会構造の変化の中で，力を付けていく農民が現れる一方，貧困のため生活に困窮する者も多くなり，貧困者や浮浪者への対応が大きな社会問題となっていった。

　そうした中，1601年，エリザベスⅠ世（Elizabeth I）の治世においてエリザベス救貧法が制定された。これは，教会による区域（教区）を行政区域とし，貧困者を労働が可能な者と高齢や障がいなどのため労働できない者とに分けた上で，労働可能な者は労働に従事させ，労働できない者は施設に収容させることにより，労働力の確保と社会秩序の維持を図るものであった。また子どもについては，男子は24歳，女子は21歳を迎えるか結婚するまで徒弟奉公に出され，職業訓練や雑務に従事することとされた。

　その後，市民革命により絶対王政は崩壊し，立憲君主制の近代国家が生まれた。18世紀後半には産業革命が起こり，工業化が進む中，安価な労働力として幼い子どもたちは厳しい労働に従事させられ，児童労働のあり方が社会問題となっていった。こうした状況を受け，1802年には工場法（徒弟の健康と道徳のための法）が制定され，徒弟の労働時間が12時間以内に制限されることとなったが，12時間以内という基準からも，当時の児童労働がいかに過酷なものであったかがうかがえる。こうした児童労働は，イギリスのみでなく世界各地で幅広くみられ，大きな問題となっていた。

当時，紡績工場を経営していたロバート・オーエン（Robert Owen）は，児童労働の改善や幼児教育の必要性を訴え，自らも1816年，性格形成学院という幼児教育施設を創設するなど，社会改善に向けた活動を展開した。こうした活動の影響もあり，1833年に制定された工場法では，9歳未満の雇用禁止，13歳未満の労働時間が1日9時間以内に制限され，夜間労働も禁止されるなど，改善が進められた。

このように，封建社会の崩壊から近代資本主義社会の確立期において，子どもは，安価で従順な労働力として酷使され，厳しい生活を強いられていた。

（2）近代国家の成立と子どもの保護——明治期における児童保護

1）国力の基盤としての子ども

江戸幕府は鎖国政策を続けていたが，アメリカのペリー艦隊の来日を機に，1854（安政元）年に日米和親条約が締結され，国際社会との国交が開かれた。開国により，欧米資本主義国との貿易が始まるが，産業革命を進めていた列強国とは国力に大きな差があり，従属的立場から逃れるためにも，日本は近代化を推し進めることを余儀なくされていった。

明治維新により始まる明治時代は，そうした背景の中「殖産興業」と呼ばれる機械制工業の発展による近代化を推し進めるための諸政策や「富国強兵」と呼ばれる軍事力の増強に向けた諸政策が進められていった時代であった。

1868（明治元）年，明治政府は堕胎禁止令を出し，堕胎を取り締まることで，国力の基礎となる子どもの数を増やすことを目指した。また，1871（明治4）年に棄児養育米給与方，1873（明治6）年に三子出産ノ貧困者へ養育料給与方を公布するなど，子どもの保護を徐々に進めていった。

そして1874（明治7）年，公的救済制度の中核となる恤救規則が制定された。規則は「人民相互の情誼」すなわち，血縁や地縁関係による住民同士の助け合い（相互扶助）を原則とし，そうした助けを受けることのできない，身寄りのない13歳以下の者や，病気や老衰で働くことのできない70歳以上の者などの「無告の窮民」に対し，限定的に米代を給付するというもので，律令制における救済と本質を同じくするものであった。

その後，子どもに関する法律として，他に先駆けて成立したのが1900（明治

33) 年の感化法である。当時，急激な社会変化に伴う矛盾は子どもにも影響を与え，非行少年による放火などの犯罪が大きな社会問題となっていた。また，欧米の監獄改良思想が日本に紹介されるにつれ，罪を犯した少年に対し，大人の監獄とは異なる場で教育的処遇を行うことの有効性が認識されはじめていた。こうした動きを受け，1883（明治16）年に池上雪枝が大阪に池上感化院を設け，非行少年を保護したのをはじめとして，1885（明治18）年には高瀬真卿による「私立予備感化院」（翌年，東京感化院と改称）が，1899（明治32）年には留岡幸助による「家庭学校」が創設された。こうした，民間の感化院設立運動を受け，非行少年に関する処遇を法的に整備したものが感化法であった。感化法では，適当な親権者のいない満 8 歳以上16歳未満の非行少年等を感化院に収容し，保護，教育を行うこととされた。1908（明治41）年の感化法改正により，対象年齢の上限が18歳未満に引き上げられるとともに，道府県への設置が義務づけられたことで，感化院は全国に広がっていった。この感化院は，現在の児童自立支援施設の原点となる施設である。

　感化法は，非行少年への処遇を改善することが犯罪予防や国力の増強に効果的であるという刑事的視点に留まらず，刑罰ではなく保護，教育を与えることを重視しているという点で福祉的視点を含んだものであった。

2）子どもの保護に尽力した人々

　恤救規則，感化法など，国としての救済法が成立していくが，その対象は限定的であり，社会には困難を抱える子どもたちが数多く存在していた。そうした子どもを救済すべく，民間の宗教家や篤志家らが，欧米の思想などを取り入れながら積極的に事業を展開していった。これらの事業では，孤児や障がい児など対象別にケアが行われ，戦後の福祉制度にも影響を与えている。以下，この時期に活躍した代表的な人物を取り上げる。

　① 　石井 十 次

　宮崎県に生まれた石井十次は，岡山県甲種医学校に通い，医師を目指していた。在学中，貧しい母子の子どもを引き取ったことを契機に，敬虔なクリスチャンであった石井は，孤児救済の道を志すこととなった。1887（明治20）年，孤児教育会を創設し，後に「岡山孤児院」と改称している。岡山孤児院では，震災や飢饉の際には全国から孤児を受け入れ，最大で1,200人ほどの子どもが

生活していたと伝えられている。

石井は，養育方針として岡山孤児院十二則を掲げた。その中には，小集団による家庭的な養育を重視する「家族主義」や，一般家庭（里親）への委託を進める「委託主義」，職業訓練に従事し自活を目指す「実業教育」，体罰に依らない「非体罰主義」など，今日の社会的養護・児童養護施設につながる先駆的な理念が含まれていた。

　② 留岡幸助

岡山県に生まれた留岡幸助は，受洗し教会の牧師になった後，北海道空知集治監（監獄）に赴任し，受刑者に教えを説く教誨師となった。そこで，犯罪者の多くが少年時代より罪を繰り返していることを知り，犯罪者たちを真に更生させるためには，何より非行少年に対する処遇の改善が不可欠であると考えた。そこで，留岡は単身渡米し，欧米の監獄学，少年処遇に関する知見を深め，少年には，刑罰ではなく家庭的で温かな環境と教育が必要であると信じるに至った。

そうした信念を基に，帰国後の1899（明治32）年，東京の巣鴨に私立感化院「家庭学校」を創設した。この名称にも，家庭的な愛情と教育を重視する留岡の思想が表れている。留岡の理念は，翌年の感化法制定やその後の感化教育事業に大きな影響を与えた。1914（大正3）年には北海道に家庭学校の社名淵分校（現・北海道家庭学校）を創設しており，現在でも数少ない民間の児童自立支援施設として事業が継続されている。

　③ 石井 亮一

佐賀県に生まれた石井亮一は，立教女学校の教頭を勤めていた1891（明治24）年，濃尾大地震で被災し親を失った女児を保護するため「孤女学院」を創設した。保護した女児に知的障がいがみられたが，当時，知的障がいに対する専門的な養育の方法は明らかにされていなかった。そこで，石井は渡米し，欧米の教育法や障がいに関する知識について学んだ。帰国後の1897（明治30）年，「滝乃川学園」へと改称し，日本で最初の知的障がい児・者の専門施設として教育・福祉事業に取り組んだ。

　④ 野口幽香

兵庫県に生まれた野口幽香は，東京女子高等師範学校を卒業後，同校の附属

幼稚園を経て，華族女学校附属幼稚園に保母として勤務していた。当時，華族女学校附属幼稚園に限らず，幼稚園は基本的に富裕階級の子どものための施設という性格が強かった。しかし，野口は貧しい家庭の子どもの様子に触れ，園の子どもの姿との間に大きな差を感じ，貧しい家庭の子どもにこそ幼稚園が必要であると考えた。そこで，同僚であった森島峰とともに，1900（明治33）年，東京麹町に「二葉幼稚園」を創設した。後に貧民街であった四谷鮫ケ橋に移転し，貧民幼稚園としての性格を明確にしている。園では，長時間の保育や 2 歳児の受け入れなど，先駆的な実践を行った。1916（大正 5 ）年には「二葉保育園」へと改称している。

3 ）20世紀は「児童の世紀」——欧米における子どもをめぐる動き

18世紀以降，世界では，幼児教育や児童保護に関わる先駆的な理論，実践が展開されていった。例えば，1762年，フランスの哲学者ルソー（Jean-Jacques Rousseau）が『エミール』において「人は子どもというものを知らない。…（中略）…かれらは子どものうちに大人をもとめ，大人になるまえに子どもがどういうものであるかを考えない」と述べ，「小さな大人」としてではない子ども固有の価値を主張したことは世界的に大きな影響を与えた。このほか，ペスタロッチ（Johann Heinrich Pestalozzi）やフレーベル（Friedrich Wilhelm August Fröbel）らの教育思想も，広く知られている。

19世紀には，産業化の進展により深刻となった貧困問題に対し，知識人が実際に貧困地域に移り住み，日常的に住民と関わることを通して地域福祉の向上を目指す活動である「セツルメント」が行われるようになった。1884年，イギリスで世界最初のセツルメント施設とされる「トインビーホール」が創設され，1889年にはアメリカで「ハル・ハウス」が設立されるなど，活動は世界的に広がっていった。「ハル・ハウス」では，子どものクラブ活動が盛んに行われるとともに，労働問題の調査などを通して環境の改善が図られた。

そして1900年，スウェーデンの思想家エレン・ケイ（Ellen Key）により『児童の世紀』が刊行された。ケイは，子どもの自主性，自発性を何よりも重んじ，子どもが子どもとしての生活を送ることの必要性を説いた。そのため，「子どもを教育するということは，子どもの精神を子ども自身の手のなかに握らせ，子どもの足で子ども自身の細道を進ませるようにすることである」と述べ，強

制的な教育のあり方を否定している。そして，「20世紀は児童の世紀になる」ということは，「大人が子どもの心を理解すること」「子どもの心の単純性が大人によって維持されること」という二重の意味を持っていると述べた。ケイの思想は日本でも早くから紹介され，大きな影響を与えた。

　アメリカでは，セオドア・ルーズベルト（Theodore Roosevelt）大統領の下，1909年，第 1 回となる白亜館会議（ホワイトハウス会議）が開催された。会議では，家庭生活は文明の所産のうち最も高く美しいものであり，子どもに緊急でやむを得ない理由がない限り，家庭生活から引き離されてはならないとする家庭尊重の原則が確認されている。

（3）戦時体制の強化と子どもの権利思想──大正・昭和初期の児童保護

1 ）近代化の進展と社会の混乱──大正時代の児童保護

　明治時代には，日清戦争（1894～1895年）・日露戦争（1904～1905年）という 2 つの戦争が起きたが，大正時代に入ると1914（大正 3 ）年に第 1 次世界大戦が開戦し，世界規模の争いに呑み込まれていくこととなった。

　世界的な近代化の流れの中，日本でも資本主義社会の拡大により，産業の機械化や工場労働化が進んでいくが，そうした流れの中，幼い子どもや女性は，安価な労働力として厳しい労働に従事させられていた。劣悪な状況を受け，労働者を保護するための法律として，明治末期の1911（明治44）年に工場法が制定されたが，施行は 5 年後の1916（大正 5 ）年まで待たねばならず，かつ従業員15名未満の工場は適用外とされるなど限定的なものであった。内容も12歳未満の就業禁止，15歳未満の子ども・女性の労働時間を 1 日当たり12時間に制限，深夜労働や危険な業務への就業禁止など，決して十分なものではなかった。[15]

　産業の近代化は，他方で都市部への人口流出，農家の人手不足を引き起こした。そうした中，1918（大正 7 ）年には，シベリア出兵による米価格の高騰を期待した米商人の売り惜しみや，様々な要件が重なったことで「米騒動」と呼ばれる暴動事件にまで発展した。その後，1923（大正12）年には関東大震災が発生し，死者・行方不明者約10万5,000人ともいわれる甚大な被害が出るなど，人々の生活は大きな困難に見舞われた。

　戦後の混乱の中，少年による非行・犯罪行為も問題となり，1922（大正11）

年には，18歳未満の犯罪・非行を犯した少年に対する処遇について定めた少年法が制定された。少年法の制定により，非行少年に関し内務省管轄の感化法と，司法省管轄の少年法という2つの法の並立状態が生まれることとなった。そのため感化法も同年改正され，14歳未満へと対象年齢が改められ，14歳未満は感化法，14歳以上18歳未満は少年法による対応がなされることとなった。

2）戦時体制の強化と各種保護法の成立──昭和初期の児童保護

　時代は大正から昭和に移るが，昭和初期には，アメリカの株価大暴落を契機として世界恐慌が起こり，日本も深刻な影響を受けた。そうした中，満州事変（1931〜1933年），日中戦争（1937〜1945年），第2次世界大戦（1939〜1945年）と続く戦争に突入し，多くの子どもたちが苦しい生活を強いられることとなった。

　1929（昭和4）年には，50年以上前に制定された恤救規則に代わる新たな救貧法として，救護法が制定された。対象年齢が65歳以上の老衰者へと引き下げられ，妊産婦も加えられるなど対象者は拡大しているが，血縁による相互扶助を基本とし，保護を請求する権利を否定するという原則は維持された。居宅での救護が原則とされ，それができない場合に収容するための救護施設として，孤児院，養老院，病院が位置づけられた。この救護法により，これまでに比べ多くの子どもが救護の対象となり，施設処遇の改善も図られている。

　戦火が拡大する中，様々な困難を抱える子どもに対する保護法が，個別法の形で整備されていった。

　1933（昭和8）年には，生活苦のため，子どもの物乞いや人身売買などの児童虐待行為が増加したことを受け，児童虐待防止法が制定された。この法律は，14歳未満の児童に対する虐待を禁止し，保護することを目的としていた。

　同じく1933（昭和8）年に感化法を改正する形で少年教護法が制定され，感化院は少年教護院へと改められた。

　1937（昭和12）年には，貧困による母子心中事件が社会問題となったことなどを背景に母子保護法が制定された。13歳以下の子どもを持つ貧困母子が救済の対象とされ，生活扶助や養育扶助などの扶助が定められた。

　このように子どもを対象とする法が整備されていくが，1938（昭和15）年には国家総動員法が制定されるなど，戦時体制が強化されていく中，国力増強のために将来の国民を育成することが主眼とされていった。

なお，児童虐待防止法と少年教護法は児童福祉法の制定に伴い廃止され，その内容の一部は児童福祉法に受け継がれた。母子保護法も戦後廃止され，生活保護制度へと受け継がれている。

3）戦争への反省と子どもの権利思想の萌芽

　欧米では，先駆的思想家らの影響もあり，子どもの権利思想が徐々に芽生えはじめていた。しかし，そうした願いとは裏腹に，1914年には世界規模での戦争が起こり，多くの子どもたちが犠牲となった。

　子どもたちが苦しんでいることを受け，1922年，イギリスの児童救済基金団体（Save the Children）が，世界の国々で力を合わせて子どもを保護することを呼びかけ，世界児童憲章を発表した。これに基づき，国際連盟により，1924年，児童の権利に関するジュネーブ宣言（以下，ジュネーブ宣言）が採択された。ジュネーブ宣言では，人類が子どもに対して最善のものを与えるべき義務を負うことを認めるとして，子どもの救済・保護・育成に関する5つの原則が掲げられている。宣言の理念は，後の児童の権利宣言（1959年）や児童の権利に関する条約（以下，子どもの権利条約）（1989年）へと受け継がれている。

　その後，1930年には，アメリカの第3回白亜館会議において児童憲章が採択されるなど，各国で取り組みが進められた。

　こうした欧米の思想は，日本においても多く紹介され，先駆的な論が展開されていった。例えば，内務省嘱託として社会事業政策に大きな影響を与えた生江孝之は，その著書『社会事業綱要』（巌松堂書店，1923年）において，欧米の動向を紹介しつつ，児童は生まれながらに父母や国家社会に要求すべき3つの権利を有しているとして「立派に生んで貰ふ事」「立派に養育して貰ふ事」「立派に教育して貰ふ事」を挙げていた。また，ベストセラーとなった自伝的小説『死線を越えて』（改造社，1920年）で知られる社会活動家，賀川豊彦も，実際に貧困地域で生活した経験を元に，貧しい人々の生活と結びついた権利論を展開した。1927（昭和2）年の「子供の権利」（児童保護協会編『児童保護』2〔7〕）では，子どもの権利として，「生きる権利」「喰ふ権利」「眠る権利」「遊ぶ権利」「指導して貰ふ権利」「教育を受ける権利」「虐待されない権利」「親を選ぶ権利」「人格としての待遇を受ける権利」という幅広い9つの権利を挙げている。

　こうした論調は，戦火が激しさを増していく中で次第に弱まっていくが，戦前より子どもの権利に関する論が展開されていたことは注目される。

（4）子ども家庭福祉の発展に向けた取り組み──児童福祉の成立と発展

1）児童福祉法の成立と児童福祉の誕生

　1945（昭和20）年 8 月，第 2 次世界大戦は終戦を迎えた。しかし，戦争による被害は大きく，戦災や外国からの引き揚げ中に親を亡くした子どもや，住む場所を失った子どもたちが街に溢れ，劣悪な生活を強いられていた。

　そうした状況の中，1946（昭和21）年11月，戦後日本の根幹となる日本国憲法が公布，翌年 5 月に施行された。憲法において基本的人権の尊重が謳われ，子どもを含むすべての国民には「健康で文化的な最低限度の生活を営む権利」があり，国は社会福祉等の向上，増進に努めなければならないと示されたことは，その後の子ども家庭福祉の基本理念となっていった。

　新たな国家建設に向けた機運が高まる中，子どもの保護に向けた法律の検討が始まった。当初は，戦前の児童虐待防止法や少年教護法が対象とする要保護児童の保護に保育施設の構想が加えられた形で検討されており，「児童保護法」という名称が想定されていた。しかしこうした案に対し，新たな国を担う子どものためには，要保護児童の保護の徹底に留まらず，一般児童も含めた基本法を制定することで積極性を与えるべきという意見が出された。そこで，法の対象をすべての児童へと広げ，名称も「児童福祉法」とする法案がまとめられ，1947（昭和22）年11月に成立，同年12月に公布された。児童福祉法の成立により，18歳未満のすべての子どもを対象とし，保護に留まらず，その健全育成を積極的に増進することを理念とする児童福祉が誕生したといえる。児童福祉法が施行された1948（昭和23）年 4 月に厚生省児童局より刊行された『児童福祉法とは』では「一国の文化も子供が大切にされるかどうかによってきまります。子供はまさに宝，国の宝です。第二の国民子供を幸福に育てましょう。文化日本の建設のために！」と述べられており，法に込められた当時の人々の思いを感じることができる。

2）児童憲章の制定とその意義

　日本国憲法・児童福祉法が制定され，基本的人権を尊重する新たな福祉制度

が形づくられていくが，子どもをめぐる状況は厳しく，1948（昭和23）年2月に実施された全国孤児一斉調査では，孤児の総数が12万人を超えるほどであり，貧しさのため身売りされる子どもも多くいた。

児童福祉法では，孤児院・育児院が養護施設（現・児童養護施設），少年教護院が教護院（現・児童自立支援施設）として法的に位置づけられたのをはじめ，計9施設の児童福祉施設が設けられ，公的責任で子どもを護るための仕組みが整えられた。ただし，戦後の厳しい状況の中，施設の養育環境は子どもにとって必ずしも十分なものではなく，強制収容や施設からの逃走なども相次いだ。

こうした状況を受け，内閣総理大臣により招集された各界の代表者からなる児童憲章制定会議により，1951（昭和26）年5月5日のこどもの日に児童憲章が制定された。前文において，「われらは，日本国憲法の精神にしたがい，児童に対する正しい観念を確立し，すべての児童の幸福をはかるために，この憲章を定める」と憲章制定の理念が述べられ，「児童は，人として尊ばれる」「児童は，社会の一員として重んぜられる」「児童は，よい環境のなかで育てられる」という3つの原則に続き，12の項目が挙げられている。

この憲章は，法律ではなく強制力を有するものではないが，すべての子どもの幸福を実現するための社会の責任を明確に示した「道徳的規範」であり，「敗戦直後の深い反省と，高い理想と，固い決意が込められており，今日もなお，日本社会が世界に誇れる宝としての尊い子ども観が明示されている[18]」と今日でも高く評価されている。

3）子どもの権利保障のさらなる発展に向けて

1950年代半ば頃より，日本は急速に経済発展を遂げていく。それと同時に，子ども家庭福祉に関しても様々な法制度が整えられていき，充実が図られていった。

1961（昭和36）年には，手当の支給により母子家庭の福祉の増進を図るため児童扶養手当法が，1964（昭和39）年には，障がい児・者の福祉の増進を図るため特別児童扶養手当等の支給に関する法律が制定された。同じく1964（昭和39）年には，母子家庭の生活の安定と向上を図るため母子福祉法（現・母子及び父子並びに寡婦福祉法）が，翌1965（昭和40）年には，母子の健康の保持増進を図るため母子保健法が制定された。さらに，1971（昭和46）年には児童手当法

が制定され，翌年より一定の要件を満たす児童を養育している者に対する児童手当の支給が始まった。これらの法は，社会状況の変化や家庭の姿の多様化などに対応する形で対象の拡充を図りつつ，子ども家庭福祉を支える制度の根幹として，今日に至っている。

　児童福祉法制定時は，理念としてはすべての子どもを対象としつつも，実際には，混乱した社会状況への対応のため，特に保護を必要とする子どもへの対応が中心であった。その後，対象が徐々に広がっていき，社会のすべての子どもを対象とした制度の充実が目指されてきたといえよう。

　平成の時代になると，出生率の低下により，少子化が社会問題として大きく注目されるようになった。1994（平成6）年の文部・厚生・労働・建設4大臣（いずれも当時の名称）の合意による計画「今後の子育て支援のための施策の基本的方向について」（エンゼルプラン）以降，少子化対策が子ども家庭福祉の分野に留まらない政策課題として幅広く取り上げられ，保育や子育て支援施策の充実が図られてきた。

　国際的には，1989年，ジュネーブ宣言からの流れを受け継ぎ，子どもの権利条約が国連で採択された。条約は，保護の対象に留まらない形へと子ども観を豊かに広げ，子どもの権利思想の発展に大きな影響を与えた。日本は1994年に条約を批准し，少しずつ子どもの権利擁護に向けた取り組みが進められていく。

　そして，2022（令和4）年には，日本国憲法と子どもの権利条約の精神に則り，心身の発達の過程にある「こども」の権利擁護を図り，「将来にわたって幸福な生活を送ることができる社会の実現」を目指すこども基本法が制定された。日本における，子どもを包括した初めての基本法の誕生であり，今後の発展が期待される。

3　現代社会と子ども家庭福祉

（1）子ども家庭福祉とは

　子ども家庭福祉は，社会福祉の一つの領域として位置づけられる。かつての子ども家庭福祉は，孤児救済など親が養育できない子どもに対する社会的養護の意味も包括していた。

しかし，今日の子どもと子育て家庭をめぐる社会環境は大きく変化し，その影響を受けて発生した子どもをめぐる諸問題への対応が求められるようになってきている。そして，現段階で困難が生じている子どもへの対応だけでなく，子どもが将来に向けてよりよく成長し生きていくことができるよう，支援していくこと，さらには子どもを中心に据えながら，子どもを取り巻く環境への働きかけも重要だと考えられている。

　その子どもを取り巻く環境のうち，子どもの成長に最も影響を及ぼすのは家庭であるが，その家庭の姿や家庭のニーズも大きく変化してきている。このように，子どもと子どもを養育する親・家庭をも対象とした支援と，子育て家庭を社会全体で支えていく視点も必要であることから，単に「児童福祉」ではなく「子ども家庭福祉」と呼ばれているのである。

　子ども家庭福祉とは，以上のような子どもや子育て家庭の問題と様々なニーズへの対応，そしてこれらの成長（変化）を促す一連の法律や制度・政策，支援活動，支援を行う人材や援助技術，それに関わる実践ということができる。

（2）子ども家庭福祉と児童福祉法

1）児童福祉法改正と少子化対策

　1973（昭和48）年の第一次オイルショック以降，社会福祉予算も大幅に減額される中で，福祉見直し論が台頭してくる。そして，1989（平成元）年の合計特殊出生率が1.57を記録（いわゆる1.57ショック）し，少子化対策が重要な課題として浮上する中，子どもや家庭の問題の多様化・複雑化を背景に，制定後50年を経過した児童福祉法が環境の変化に対応するために法改正へと進んでいったのである。

　そして1997（平成9）年，児童福祉法は大幅に改正される。保育施策の拡充（保育所の入所を措置から選択利用方式に変更，保育所への保育に関する情報提供の努力義務，保育所における子育て支援の実施）や施設名称の変更（養護施設から児童養護施設へ，母子寮は母子生活支援施設へ，教護院は児童自立支援施設へ），児童相談所の機能強化，放課後児童健全育成事業の法制化，児童家庭支援センターの創立，母子家庭施策の充実などであり，1998（平成10）年4月より施行された。

　「1.57」ショックを契機に始まった少子化対策は，保育サービスの充実を中

心とした「仕事と子育ての両立支援」であったが，少子化に歯止めがかからないことから，これに加え「男性を含めた働き方の見直し」「地域における子育て支援」「社会全体で均衡のとれた総合的少子化対策」の推進へと移行している。

　また具体的な子育て支援サービスも家庭・地域を取り巻く環境の変化等に伴う保護者や地域の多様化したニーズに応えるものが求められ，新制度（エンゼルプラン〔1994年〕，新エンゼルプラン〔1999年〕）や新法の成立のみならず児童福祉法は毎年のように改正されている。その後，2000（平成12）年の児童虐待の防止等に関する法律（児童虐待防止法）の成立，2003（平成15）年の少子化社会対策基本法や次世代育成支援対策推進法の成立に関連した改正など，子育て家庭の支援をポイントとして，市町村における子育て支援事業の実施や地域の子育て家庭の相談支援体制の強化策が盛り込まれているのである。

　そのほか，待機児童解消の必要もあり，「就学前の子どもに関する教育，保育等の総合的な提供の推進に関する法律」に基づく認定こども園が創設された。そして，認定こども園制度の改善と普及を図ることを目的の一つに掲げた子ども・子育て支援新制度が2015（平成27）年から始まったのである。

2）高度経済成長と子ども家庭福祉

　戦後の混乱期から復興期，そして高度経済成長期に入ると，工業を中心として飛躍的な経済発展を遂げると共に国民の生活水準は上昇した。当時は，三世代世帯も多く，子どもの数が3人以上という家族も珍しくはなかった。また農林水産業などを中心に自営という形で生計を立てていたが，経済成長とともに，高等学校や大学に進学し正社員として雇用され，安定した収入によって家族を養うことが一般的になってきた。

　一方，産業構造の変化（第1次産業人口の減少，第3次産業へのシフト）に伴い，仕事を求め大都市で就職し結婚するケースが多くなり，三世代世帯の減少や核家族世帯，単独世帯が増加していく。また，「父親は就労，母親は専業主婦」という家庭が一般的だった当時，父親が労働災害等で死亡すると，母子家庭を生むこととなり，多子世帯の場合は経済的貧困を生むことにつながった。このように，高度経済成長期以降の産業構造，就業構造の変化は，家族のあり方にも大きな影響を及ぼしたのである。

（3）子どもと家庭を取り巻く現状

1）日本の産業構造の変化と世帯

　戦後の日本社会は急速な変化を遂げた。高度経済成長期を迎えた1950年代から1970年代にかけて，それまで産業の中心であった第1次産業に従事する人口は急速に減少し，第2次・第3次産業の就業人口が増加した。特に第3次産業に従事する就業人口は増加傾向にあり，2015（平成27）年時点では7割を占めた。このような産業構造の変化は，自営業者や家族従事者が減り，会社員が増加するといった就業構造に変化をもたらし，全国的に人口を都市に移動させ，人々の暮らしは大きく変化していったのである。

　日本の世帯は第2次世界大戦以降，三世代世帯から単独世帯へと縮小傾向にある。「国勢調査」（総務省，2020年）によると1世帯あたりの平均世帯人員は1960（昭和35）年まで4人を超える値で推移していたが，その後の1990（平成2）年には3人を割り込み，2010（平成22）年2.42人，2015（平成27）年は2.33人，2020（令和2）年は2.21人と年々減少している。次に世帯構造をみてみると，一般世帯全体に対する「核家族世帯」の割合は，2010（平成22）年56.4%，2015（平成27）年55.9%，2020（令和2）年は54.2%の値で推移している。

　一方，近年では「単独世帯」の増加が顕著である。1960（昭和35）年には16.1%であったものが，2010（平成22）年32.4%，2015（平成27）年34.6%，2020（令和2）年38.1%となり確実に増加している。また，ひとり親と子どもからなる世帯（核家族に含まれる）も増加傾向であり，2010（平成22）年8.7%，2020（令和2）年は9.0%となっている。

2）ひとり親家庭の実態と支援

　厚生労働省の「令和3年度全国ひとり親世帯等調査結果」によると，ひとり親世帯（母子・父子世帯）となった理由別の割合は「離婚」が最も多く，母子家庭（79.5%），父子家庭（69.7%）となっており，ひとり親家庭になる主な要因となっている。[20]

　また同省の「令和4年度離婚に関する統計の状況」（人口動態統計特殊報告）によると，2020（令和2）年に離婚した総数19万3,253組中「親権を行う子」がある家庭は11万1,335組（57.6%）であった。[21]

　離婚が与える子どもへの影響については，健康面（精神的不安定，だるさ，腹

痛，不眠等），経済面（養育費の支払いが確保できない，貧困状態にある）生活面（家族関係を話すことができない，家族イベントがなくなる）など様々である。また，再婚に伴う問題（新しい生活環境になじめない，再婚相手と合わない）など，離婚による深い「心の傷」を負うだけでなく，心理的な負担も大きいことがわかる[22]。

　このことから「離婚する」という選択は子どもへの直接的影響に加え，経済面・養育面などの観点からも家庭全体に大きな影響を与えかねない。

① 　ひとり親家庭の経済的課題

　ひとり親家庭では，経済的な課題を抱える場合が多く，特に母子世帯は深刻である。2020（令和 2 ）年の母子世帯の平均収入は373万円（母親自身の平均年間就労収入は236万円），父子世帯の平均収入は606万円（父親自身の平均年間就労収入は496万円）であり，児童のいる世帯（2021年 1 月 1 日〜12月31日までの 1 年間所得）の平均所得785.0万円と比較するとかなり少ない[23]。

　ひとり親家庭の場合，就労と子育てを以前（ひとり親家庭になる前）と同様に両立することは限界があり，ひとり親のみで一家を支えられるまでの十分な収入を得ることが難しく，厳しい経済的環境にあることがうかがえる。このようなことからも，ひとり親家庭（特に母子世帯）は支援の対象として考える必要が生じてくる。一方，父子世帯の収入は母子世帯よりは高いといえるが，経済的な課題のみならず父親のみによる子育てや家事への負担なども考えられる。

② 　ひとり親家庭を支援する主な仕組み

　ひとり親家庭の福祉を図ることを目的としている母子及び父子並びに寡婦福祉法では，母子・父子福祉施設として，母子・父子福祉センター，母子・父子休養ホームについて規定している。また，厚生労働省母子家庭等自立支援室は，ひとり親家庭支援担当職員の専門性の向上と個別性に配慮した事業展開ができるよう「ひとり親家庭支援の手引き」を作成している[24]。

母子・父子福祉センターと母子・父子休養ホームによる支援　　母子・父子福祉センターでは，簿記やパソコンなどの技能や資格が取れる講座を開いて自立を促進したり（母子家庭等就業・自立支援事業），一時的に家事援助，保育等のサービスが必要となった場合，日常生活を営むのに支障が生じている場合，家庭生活支援員を派遣し（又は家庭生活支援員の居宅等において）サービスの提供を行っている。

2013（平成25）年３月には，「母子家庭の母及び父子家庭の父の就業の支援に関する特別措置法」が施行され，母子及び父子並びに寡婦福祉法の基本方針に父子家庭の父親の就業支援に関する事項を定め，民間事業者に対して優先的に雇用するよう協力を要請することを定めている。

　母子・父子休養ホームは，ひとり親家庭等に対して無料又は低額な料金で，レクリエーションその他休養のためのサポートをする施設である。

　労働災害被災家族児童の就学等の援助　　業務災害又は通勤災害によって死亡し，又は重度障害を受けあるいは長期療養を要することとなった労働者の子弟のうちには，労働者の死亡や災害が原因となって進学を断念するなどの事例が少なくない。

　また，一家の働き手を失ったために被災労働者の家族が自ら働きに出ざるを得ない場合，保育を必要とする子どもがいれば保育所等に預けて就労しなければならない。このような子弟の就学状況及び保育状況，労災遺家族の就労状況等に鑑み，業務災害又は通勤災害を被った者や遺家族等の就学を援護するため，厚生労働省では，労働者災害補償保険の労働福祉事業の一環として，労災就学援護費及び労災就労保育援護費の支給を実施している。[25]

　労災就学援護費　　労災就学援護費とは，労働災害によって亡くなった者の遺族や，重度の障害を負った者，長期の療養を余儀なくされた者で，遺族年金（障害年金，傷病年金）受給者のうち，その学費等の支払いが困難と認められた場合に学費の一部を支給するものである。

　労災就学援護費の支給額（2022〔令和4〕年3月現在）は在学者等の区分に応じて，小学生等1人月額1万4,000円，中学生等1人月額1万8,000円，高校生等1人月額1万7,000円，大学生等1人月額3万9,000円とされた。また，2013（平成25）年からは通信制の中学校（1万5,000円），通信制の専修学校や大学（3万円）も支給対象となった。

　なお，2022（令和4）年4月から公共職業能力開発施設に準ずる施設において実施する教育，訓練，研修，講習その他これらに類するものとして厚生労働省労働基準局長が定めるものを受ける者が支給対象者として追加された。

　労災就労保育援護費　　労災年金受給権者又はその家族が，就労のため未就学の子どもを保育所・幼稚園等に預けている場合で，保育に係る費用を援護

する必要があると認められる時に支給される。労災就労保育援護費の支給額は，保育を要する子ども1人につき月額1万3,000円支給される。

3）教育機関での問題

①　いじめ問題

いじめは「児童等に対して，当該児童等が在籍する学校に在籍している等当該児童等と一定の人的関係にある他の児童生徒が行う心理的又は物理的な影響を与える行為（インターネットを通じて行われるものを含む）であって，当該行為の対象となった児童等が心身の苦痛を感じているもの」（起こった場所は学校の内外を問わない）と定義されている（いじめ防止対策推進法第2条）。

「暴力を伴ういじめ」とは，ひどくぶつかる・たたく・蹴るなどの行為であり，加害行為を繰り返す子どもは限られるといえる。そのため特定の児童・生徒に関わる問題として，注意していれば発見しやすい問題であり，早期発見・介入が有効に働くといえる。

一方，「暴力を伴わないいじめ」は仲間はずれ・無視・陰口・からかう・悪口などであり，行為自体は「ささいなこと」と認識される。最近では，「パソコンや携帯電話等で，ひぼう・中傷や嫌なことをされる」といった行為もみられ，何かのきっかけで誰もが被害者にも加害者にもなり得る行為といえる。そのためすべての児童・生徒に目を向けるべき問題であり，早期発見もさることながら，防ぐ（予防）ことに力を注ぐことが有効と考えられる。このように，「暴力を伴わないいじめ」と「暴力を伴ういじめ」を区別した対応の必要性が指摘されている[26]。

2013（平成25）年には，いじめ防止対策推進法が施行され，いじめの定義や基本方針策定等が規定されている。2020（令和2）年度は，昨今のCOVID-19の影響により，学校や家庭における生活や環境の変化（休校による登校日数の減少，子ども間の物理的距離の広がり，交流機会の減少等）もあり，いじめの認知件数は減少したが，2019（令和元）年度のいじめ認知件数以前を確認してみると5年連続で過去最高を更新している。特に，小学校低学年でのいじめの認知件数が増えていることがうかがえる。本法律の施行後，いじめの認知件数は上昇傾向にあるが，初期段階のいじめを積極的に認知し，その解消に向けて早期対応を図っているとも読み取れる。

いじめ問題については，個別相談・対応の充実，スクールカウンセラー（以下，SC）スクールソーシャルワーカー（以下，SSW）の活用など，学校の相談機能を充実させ，子どもの悩みをいち早く受け止め解決を図るなど，組織的な判断と組織的な対応が求められている。

② 不登校問題

文部科学省は，不登校を「何らかの心理的，情緒的，身体的あるいは社会的要因・背景により，児童生徒が登校しない，あるいはしたくともできない状況にあること（ただし，病気や経済的な理由によるものを除く）」と定義している。

年間30日以上欠席した全国の小・中学校における不登校児童生徒数は，2021（令和3）年度は小学校8万1,498人，中学校16万3,442人で合計24万4,940人と報告されており，8年連続で増加し過去最高となっている。また，令和2年度調査から，長期欠席の理由に「COVID-19感染回避」を追加しその影響で登校できていない児童生徒は小学校4万2,963人，中学校1万6,353人の合計5万9,316人にのぼる。

不登校の原因（主たるもの）について小学校・中学校共通して最も多いものが「無気力，不安」である。小学生の原因では上位から「親子の関わり方（13.2%）」「生活リズムの乱れ，遊び，非行（13.1%）」「友人関係をめぐる問題（いじめを除く）（6.1%）」「家庭の生活環境の急激な変化（3.3%）」の順となっている。中学校では「友人関係をめぐる問題（いじめを除く）（11.5%）」「生活リズムの乱れ，遊び，非行（11%）」「学業の不振（6.2%）」「親子の関わり方（5.5%）」となっている。

近年では学校が家庭訪問を行って学業や生活面での相談に乗るなどの指導や援助を行ったり，登校を促したり，SCが専門的に相談に乗ったりなど，対策が取り組まれているものの，子どもが不登校になる割合は増加傾向にある。

③ 子どもの自殺

小・中・高等学校から報告のあった自殺した児童・生徒数は411人（2022〔令和4〕年度）であり，いじめを苦にして不登校になる，自殺を図るなど個々のケースは深刻化している（表1-1）。

また，自殺した児童・生徒が置かれていた状況をみてみると，「家庭不和」「精神障害」「進路問題」「父母等の叱責」「友人関係（いじめ除く）」が多く，子

どもの自殺と家庭での問題（親
との関係性やしつけ，虐待問題等）
は深い関係性があるといえる。

　文部科学省では，2021（令和
3）年12月に「自殺予防に係る
文部科学大臣メッセージの発
信」や「SNS による相談窓口

表 1-1　児童生徒の自殺の状況

	小学校	中学校	高等学校	合　　計
2020年	7	103	305	415
2021年	8	109	251	368
2022年	19	123	269	411

出所：文部科学省「令和 4 年度 児童生徒の問題行動・
不登校等生徒指導上の諸課題に関する調査結果，
（7-1）児童生徒の自殺の状況」。

の周知」を発信した。X（旧 Twitter），Facebook，TikTok などの SNS（ソー
シャルネットワークサービス）を活用した相談窓口を開設し，教育機関における
アンケート調査，担任やカウンセラーによる個人面談，ネットパトロール強化
に取り組んでいる。

　また厚生労働省は，教職員，保健師，看護師，ケアマネージャー，民生委員，
児童委員，各種相談窓口担当者など，教育・医療・福祉分野の人材が「命の番
人」であるゲートキーパーとして活動できるよう養成に取り組んでいる。[28]

　このような国の制度・政策は重要ではあるが，やはり身近で気軽に相談でき
る窓口の整備や体制づくりが何よりも大切であろう。そして，子どもの声を聴
き，真摯に向き合おうとする大人の姿が求められるのである。

④　セクシュアルマイノリティ（性的マイノリティ・性的少数者）

　セクシュアルマイノリティとは，性的指向や性自認が少数派である人のこと
を指す言葉である。性的指向とは，恋愛・性愛の対象が異性に向かう（異性愛），
同性に向かう（同性愛），男女両方に向かう（両性愛）であり，性自認とは，性
別に関して自分がどのように認識しているのか，ということである。

　性の多様性を示す言葉として用いられているのが「LGBTQ」であり，Les-
bian（レズビアン：女性同性愛者），Gay（ゲイ：男性同性愛者），Bisexual（バイセ
クシュアル：両性愛者），Transgender（トランスジェンダー：性同一性障がい者を含
む，心の性別と身体の性別が一致しない人），そして，いずれにも属さない人を含
めるために，Queer や Questioning（クイアやクエスチョニング）の頭文字をと
っている。また性的指向（Sexual Orientation）と性自認（Gender Identity）の頭
文字をとった「SOGI」という表現もある。

　「LGBT 意識行動調査2019」によれば，このようなセクシュアルマイノリテ

ィの割合は，全国の20〜60代で10％程度いるといわれている。[29]

　また実際に「LGBTQ」という言葉自体の認知は91.0％と高くなっているものの「どのような人たちを指すのか理解している人」(57.1％)は，それ程多いわけではなく，「セクシュアルマイノリティの人は自分の身近にはいない」(83.9％)となっている。そのため正しく理解しその存在を実感として得られている人が決して多いわけではないことがうかがえる。

　また，社会的養護関連施設（児童養護施設等）においても，性的マイノリティと思われる子どもについて，現在いる(10.5％)，現在いて過去にもいた(5.9％)，過去にいた(28.6％)を合わせると，半数近い施設職員が現在いるかまたは，過去にいたと認識しているのである。[30]

　このような現状において，2017（平成29）年の新しい社会的養育ビジョンでは，子どもの意見表明権やアドボケイトの観点から「性的マイノリティの子どもなどについて，差別されることがあってはならず，児童福祉施設の職員や里親等は適切な対応ができるような技能を身につけるようにする必要がある」としており，性的マイノリティへの正しい理解と対応の必要性について言及している。[31]

　セクシュアルマイノリティについては，身近な存在であることの認識を持ち，正しく理解をしていくとともに，その個別性に配慮したきめ細やかな対応が必要になるだろう。また，すべての人がその人らしく生きることができる社会，多様で豊かな価値観を享受し合える社会の実現に向けて取り組んでいくことが求められているのである。

　⑤　ヤングケアラー

　ヤングケアラーについて法令上の定義はないが，「本来大人が担うと想定されている家事や家族の世話などを日常的に行っている子ども」とされている。例えば，家族にケアを要する人がいる場合，大人が担うようなケアの責任を引き受け，家族の世話，家事，介護，感情面のサポートなどを行っている18歳未満の子どもである。[32]

　2020（令和2）年，厚生労働省と文部科学省の連携によって全国の中高生を対象に実施された「ヤングケアラーの実態に関する調査研究」によると，公立中学2年生の5.7％（約17人に1人），公立の全日制高校2年生の4.1％（約24人に

1人）がヤングケアラーに該当するという結果が出ている。つまり，1学級につき1～2人ほどのヤングケアラーが存在しているということになる。

　また，日本総研の調査によると，家族の世話をしていると回答した小学生は6.5％にのぼり，世話を必要としている家族はきょうだいが最も多く71.0％，次いで母親が19.8％という結果であった⁽³³⁾。そもそも，本来大人が担うべき家事や家族のケアを日常的に行っていることにより，社会が守るべき子どもの権利が守られていない可能性がある。また，年齢や成長の度合いに見合わない重い責任や負担があることで，子どもの育ちや教育に大きな影響を及ぼすであろう。

　しかし，家庭内のプライベートな問題に介入する難しさがあること，さらには本人や家族に自覚がないといった理由から，支援が必要であったとしても表面化しにくい問題のため，その実態を把握することが困難になり，適切な外部機関との連携ができていない場合がある。そのため，子どもに日々接している身近な大人（保育者や教員等）の「気づき」が適切な支援につながるきっかけになることもあり，何気ない表情やしぐさ，態度，言葉にも注意が必要である。

　そして，家庭内の状況を把握するための多様な関係機関との連携は必須である。学校などの教育機関との連携においては，学級担任のみならず，SSW やSC といった専門職と子ども家庭福祉に携わる専門職が一緒になって取り組み，まずは子ども・家庭にアプローチすることができる関係性を築いていくことが重要であろう。

4）外国籍の子どもの受け入れ

①　外国につながる家族への支援の背景

　日本に在留し子育てをする外国人が増え，外国籍の家庭で育つ子どもが保育所を利用する機会も増えている。また，英語圏ではない国にルーツを持つ家族も多く，言語や生活習慣も多様である。ここでは，外国につながる子どもたちの課題を言葉と生活習慣の視点から考えてみる。

　コミュニケーションの課題　　外国につながる家族の出身地は様々であり，日常使う言葉が英語ではない場合も多い。言葉によるコミュニケーションを支援するために各地で日本語教室が開催されている。現物やイラストを見せながら説明したり，ジェスチャーを交えて示したりと，言葉によらない情報提供が必要な場面も多々ある。また日本ではごく一般的な物についての説明が通じな

いことや，求めている行動が伝わらないこともあるが，これは言葉の問題とは限らない。例えば，その品物自体が出身国にないために想像できない，日本では常識とされている態度や考え方が理解しがたい，といった場合もあるだろう。

　　生活習慣の課題　　外国につながる家族は，食事，他者との距離感，持ち物，時間の管理などの生活習慣も多様である。出身国の文化を理解しながら，日本での考え方や形式を知らせていくことが必要である。日本の生活習慣を押し付けるのではなく，その国独自の文化や生活習慣を尊重し教えてもらうという姿勢が望ましい。自分のルーツとなる生活文化に周囲が関心を寄せ，驚いたり楽しんだりする姿を見ることによって，子どもが自分のルーツや家族に誇りを持ち「大切な自分」を実感できる場合もある。

　しかし，外国につながる家族に合わせて無理に体制を変えるということではない。現状の体制でできることとできないことを明示し，互いに歩み寄ることが求められる。「日本ではこれが常識」「日本で暮らすならばこうするべき」などというのではなく，「この国ではこのような考えがあってこうしている」といった伝え方が望ましいだろう。

　②　外国につながる子どもの就学状況

　日本に暮らす外国人の家族が増える一方，その中には義務教育を受けるべき年齢にもかかわらず通学できていない子どもたちがいる。「外国人の子供の就学状況等調査」（令和4年度，文部科学省）では，7,000人程の外国人の子どもが，就学していないか，就学状況が確認できていない状況にあることが明らかになっている。また，公立学校における日本語指導が必要な子ども（日本国籍含む）は約10年間で1.8倍に増加し，多様化に加えて集住化・散在化が進行している。こうした子どものうち1割程度が，日本語指導等の特別な指導を受けることができていない状況にある。⁽³⁴⁾　そのため文部科学省は，外国につながる子どもへの就学等に関する支援として以下のような事業を行っている。

　③　帰国・外国人児童生徒等教育の推進支援事業

　「帰国・外国人児童生徒等に対するきめ細かな支援事業」　　2013（平成25）年以降，帰国・外国人児童生徒等（日本語指導を必要とする幼児や日本国籍であっても日本語指導を必要とする児童生徒を含む。）の受入れから，卒業後の進路まで一貫した指導・支援体制の構築を図るため，各自治体が多様な関係者と連携し

て行う事業であり，2023（令和5）年4月現在で，72（30都道府県，18指定都市，24中核市）の地域で実施している⁽³⁵⁾。日本語を話すことができない子どもらへの初期適応指導教室の開設，日本語指導補助者・母語支援員の派遣，幼児や保護者を対象としたプレスクール，親子日本語教室，オンライン指導や多言語翻訳システムなどICTを活用した教育・支援など，地域の特色を活かした様々な活動が実施されている。

　　外国人の子供の就学促進事業　　2009年から実施された「定住外国人の子どもの就学支援事業（通称：虹の架け橋教室事業）⁽³⁶⁾」は，当時，リーマンショックの影響から派遣切りに遭い収入が激減した日系ブラジル人の子どもの教育費を基金で賄う取り組みであった（3年間の時限付き）。その後，日系ブラジル人の子どもだけではなく，不就学や不登校に苦しむ子ども達の就学や復学を支援する取り組みへと拡大し，事業が2014年度まで延長され実施されることになった。しかし，景気が回復傾向になると文部科学省は2015年度以降継続しないことを決定，その代わりに「外国人の子供の就学促進事業」を新設し「地方自治体3分の2，国3分の1」の補助事業へと改められた。2023（令和5）年4月1日現在，32の自治体（2都道府県，5指定都市，3中核市，22一般区市町村）で実施されている⁽³⁷⁾。

　　外国人児童生徒等教育を担う教員の養成・研修プログラム　　文部科学省委託事業により，公益社団法人日本語教育学会が作成し，2019（平成31）年度に完成している。教員や支援者の指導経験，地域や学校の状況・課題等に応じて体系的な養成・研修を行うことで，外国人児童生徒等の教育を担う者の資質・能力の向上を図ることを目的としている。養成・研修の内容構成は外国人児童生徒等教育の課題から，母語・アイデンティティ，社会参加とキャリア教育等14に分類されている。

　　日本語指導が必要な児童生徒等の教育支援基盤整備事業　　日本語指導が必要な外国につながる子どもに対して，外国人の子どもの就学状況調査，「かすたねっと」による多言語資料集（外国人の子どもの教育に関する研修用動画，外国人の子ども・保護者向け動画）の提供，教材・文書検索ツール等の発信，ICTを活用した教育支援，日本語指導者，母語支援員派遣によるきめ細かな支援事業等，共生社会の一員として外国人の子どもたちが将来にわたり居住し日本の

形成に寄与する存在になることを目標とした取り組みがなされている。

④　保育所などにおける外国籍の子どもとその家庭の実態

近年の日本では外国人居住者の増加に伴い，保育所などに外国籍の子どもが在籍していることも珍しくない。全国の市町村保育主管課を対象とした国の調査においても，「外国にルーツを持つ子どもが入園している保育所がある」と回答した自治体は71.1％であった⁽³⁹⁾。その国籍も中国，韓国，フィリピン，ブラジル，ベトナムなど多岐にわたり，中には保護者は外国籍で子どもだけは日本国籍などといったケースもある。

このような家庭の場合，子どもと保護者の日本語能力が不十分で，コミュニケーション上の課題を抱えている場合が多い。また簡単な日常会話は可能でも，日本語のニュアンスの理解や文字の読み書きがうまくできず，保育者から子ども・保護者への細かな情報伝達や保育者と保護者との連絡帳，書類のやり取りなどに支障をきたす場合もある。

他にも，慣習や宗教，食事（給食のメニュー），衣類など日本とは様々な面で価値観や様式が異なる。そのため，保育所・施設内で「あたりまえ」となっている事柄（例：子どもとのスキンシップ，服装，給食のメニューなど）でも，外国籍の子どもや保護者にとっては困惑・困難をもたらすだけでなく，日常の保育にも影響することがある。

⑤　保育所などにおける外国籍の子どもとその家庭への支援

保育所などで前述のようなトラブルを防ぐためには，外国籍の子どもを受け入れる前から，保育者一人ひとりが多文化理解に努め，支援の質を向上させる機会として捉えることが大切である。例えば，日本語でのコミュニケーションが困難な保護者や子どもに対しては，日本語能力に応じた対応（イラストやジェスチャーを交える，日本語で話す際はゆっくり話す，など）に努め，信頼関係を構築することが必要である。

そして，保育所・施設の考え方，ルールを一方的に押し付けるのではなく，その子ども・保護者の性格・特性，文化的背景（例：宗教を背景とした食事，服装の決まり）などを考慮し，相互理解を得ることが求められる。外国籍の子ども・保護者の多くは，異国の地である日本での生活において大きな不安や困難を伴い，子育て面においても様々な支援を必要としている。したがって保育

所・施設の努力や取り組みに加え，自治体や様々な民間団体の活用も含めた総合的な支援の実施が重要になってくる。

注
⑴　内閣府「少子化社会対策大綱」（概要）（https://www8.cao.go.jp/shoushi/shoushika/law/pdf/r020529/shoushika_taikou_g.pdf，2022年 9 月10日アクセス）。
⑵　同前。
⑶　厚生労働省「2022（令和 4 ）年　国民生活基礎調査の概況」（https://www.mhlw.go.jp/toukei/saikin/hw/k-tyosa/k-tyosa22/index.html，2023年 7 月 5 日アクセス）。
⑷　厚生労働省「令和 3 年度児童相談所での児童虐待相談対応件数」（https://www.mhlw.go.jp/content/11900000/000987725.pdf，2022年 9 月10日アクセス）。
⑸　こども家庭庁支援局家庭福祉課「社会的養育の推進に向けて」2023年 4 月 5 日，2 頁（https://www.cfa.go.jp/assets/contents/node/basic_page/field_ref_resources/8aba23f3-abb8-4f95-8202-f0fd487fbe16/e979bd1e/20230401_policies_shakaiteki-yougo_67.pdf，2024年 3 月 1 日アクセス）。
⑹　同前，146頁。
⑺　朝日訴訟記念事業実行委員会編『人間裁判──朝日茂の手記』大月書店，2004年，116頁。
⑻　日野秀逸『「私らしく生きる自由」と憲法・社会保障』新日本出版社，2017年，7 頁。
⑼　日野秀逸『憲法がめざす幸せの条件──9 条，25条と13条』新日本出版社，2010年，32-34頁。
⑽　渡辺洋三『日本国憲法の精神』新日本出版社，2007年，35-36頁。
⑾　四箇院の創建については，「史実としては疑問があるにしても，その伝承がもつ意味は太子信仰とともに慈善事業史上，見逃すことができない」と指摘されている（長谷川匡俊「古代・中世・近世社会と慈善・救済」仲村優一ほか監修『エンサイクロペディア社会福祉学』中央法規出版，2007年，159頁）。
⑿　豊島よし江「江戸時代後期の堕胎・間引きについての実状と子ども観（生命観）」『了徳寺大学研究紀要』10，2016年，77-86頁。
⒀　ルソー／今野一雄訳『エミール 上』岩波書店，1962年，18頁。
⒁　ケイ，エレン／小野寺信・小野寺百合子訳『児童の世紀』冨山房，1979年，145-146・202頁。
⒂　この時代の過酷な労働を題材とした作品として，細井和喜蔵『女工哀史』（改造社，1925年）や，山本茂実『あゝ野麦峠──ある製糸工女哀史』（朝日新聞社，

35

1968年）などが有名である。

⑯　詳細は，厚生省五十年史編集委員会編『厚生省五十年史（記述編）』中央法規出版，1988年，585・781頁を参照。

⑰　網野武博・柏女霊峰・新保幸男編『児童福祉法とは・児童福祉法・児童の福祉・児童福祉のために』（児童福祉文献ライブラリーシリーズ①・児童福祉基本法制第4巻）日本図書センター，2005年，6頁。

⑱　増山均『子どもの尊さと子ども期の保障──コロナに向き合う知恵』新日本出版社，2021年，38頁。

⑲　総務省統計局「令和2年国勢調査人口等基本集計結果の概要」（https://www.stat.go.jp/data/kokusei/2020/kekka/pdf/outline_01.pdf，2022年9月20日アクセス）。

⑳　厚生労働省「令和3年度　全国ひとり親世帯等調査結果報告（令和3年11月1日現在）」（https://www.mhlw.go.jp/content/11920000/001027808.pdf，2023年8月31日アクセス）。

㉑　厚生労働省「人口動態統計特殊報告　令和4年度 離婚に関する統計の概況」（https://www.mhlw.go.jp/toukei/saikin/hw/jinkou/tokusyu/rikon22/index.html，2022年9月20日アクセス）。

㉒　商事法務研究会「未成年期に父母の離婚を経験した子の養育に関する実態についての調査・分析業務 報告書」2021年（https://www.moj.go.jp/content/001346918.pdf，2023年8月31日アクセス）。

㉓　厚生労働省「2022（令和4）年　国民生活基礎調査の概況Ⅱ各種世帯の所得等の状況」（https://www.mhlw.go.jp/toukei/saikin/hw/k-tyosa/k-tyosa22/dl/03.pdf，2023年8月31日アクセス）。

㉔　厚生労働省母子家庭等自立支援室「ひとり親家庭支援の手引き」（https://www.mhlw.go.jp/content/000463584.pdf，2022年9月20日アクセス）。

㉕　厚生労働省「『労災就学援護費の支給について』（昭和45年基発第774号）の一部改正について」（https://www.mhlw.go.jp/hourei/doc/tsuchi/T220721K0040.pdf，2022年9月20日アクセス）。

㉖　文部科学省国立教育政策研究所「いじめ追跡調査2016─2018」（https://www.nier.go.jp/shido/centerhp/2806sien/tsuiseki2016-2018.pdf，2023年8月31日アクセス）。

㉗　文部科学省「令和4年度児童生徒の問題行動・不登校等生徒指導上の諸課題に関する調査結果の概要」（https://www.mext.go.jp/content/20221021-mxt_jidou02-100002753_1.pdf，2024年2月25日アクセス）。

㉘　文部科学省「児童生徒の自殺対策について」2022年（https://www.mhlw.go.jp/content/12201000/000900898.pdf，2022年9月20日アクセス）。

⑳　LGBT 総合研究所「LGBT 意識行動調査2019」2019年（https://www.daiko. co.jp/dwp/wp-content/uploads/2019/11/191126_Release-1.pdf，2022 年 9 月20日 アクセス）。

㉚　レインボーフォスターケア調査研究部門ヒアリングチーム「児童養護施設における性的マイノリティ（LGBT）に関するヒアリング調査報告書」2018年。

㉛　同年 8 月17日には厚生労働省子ども家庭局家庭福祉課「児童養護施設等におけるいわゆる性的マイノリティの子どもに対するきめ細かな対応の実施等について」を発出し，個々のニーズにきめ細やかに対応するよう通知した。

㉜　厚生労働省「ヤングケアラー」（https://www.mhlw.go.jp/stf/young-carer. html，2022年 9 月20日アクセス）。

㉝　日本総合研究所「ヤングケアラーの実態に関する調査研究報告書」（令和 3 年度子ども・子育て支援推進調査研究事業）2022 年（https://www.jri.co.jp/ MediaLibrary/file/column/opinion/detail/2021_13332.pdf，2023年 8 月31日アクセス）。

㉞　文部科学省「日本語指導が必要な児童生徒の受入状況等に関する調査結果について」（https://www.mext.go.jp/content/20220324-mxt_kyokoku-000021406_02.pdf，2023年 8 月31日アクセス）。

㉟　令和 5 年度（2023）帰国・外国人児童生徒等教育の推進支援事業「Ⅰ．帰国・外国人児童生徒等に対するきめ細かな支援事業」（補助事業）実施地域（https:// www.mext.go.jp/content/20230509-mxt_kyokoku-100002007_02.pdf，2023 年 9 月20日アクセス）。

㊱　この事業において，保育所や幼稚園に通っていない就学前の子ども達の課題が顕在化したため，2011（平成23）年度からは就学前の子ども達も対象となった。

㊲　令和 5 年度（2023）帰国・外国人児童生徒等教育の推進支援事業「Ⅱ．外国人の子供の就学促進事業」（補助事業）実施地域（https://www.mext.go.jp/content/ 20230523-mxt_kyokoku-000019771_01.pdf，2023年 9 月20日アクセス）。

㊳　かすたねっと（https://casta-net.mext.go.jp/）とは「文部科学省が公開している教育関係者が外国人児童生徒等に対して，効果的に日本語指導・教科指導等を行える環境づくりを支援するための情報検索サイト」である。

㊴　三菱 UFJ リサーチ＆コンサルティング「保育所等における外国籍等の子ども・保護者への対応に関する調査研究事業報告書」2020年，6 頁。

参考文献

・第 1 節

朝日訴訟記念事業実行委員会編『人間裁判』大月書店，2004年。

日野秀逸『「私らしく生きる自由」と憲法・社会保障』新日本出版社，2017年。

渡辺洋三『日本国憲法の精神』新日本出版社，2007年。

・第2節

赤木正典・流王治郎編著『児童家庭福祉論 第2版』建帛社，2015年。

一番ケ瀬康子『アメリカ社会福祉発達史』光生館，1963年。

井上光貞ほか校注『律令』（日本思想体系③）岩波書店，1976年。

金子光一「イギリスの児童福祉領域における国家責任主義への移行過程」『東洋大学社会福祉研究』2，2009年，42-53頁。

矯正協会編『少年矯正の近代的展開』矯正協会，1984年。

厚生省五十年史編集委員会編『厚生省五十年史 記述編』中央法規出版，1988年。

児童福祉法研究会編『児童福祉法成立資料集成 上巻』ドメス出版，1978年。

児童福祉法研究会編『児童福祉法成立資料集成 下巻』ドメス出版，1979年。

人権思想研究会編『世界各国人権宣言集』巌松堂書店，1954年。

鈴木政次郎編著『現代児童福祉概論』川島書店，1999年。

寺脇隆夫「児童福祉の歴史」庄司洋子・松原康雄編著『児童家庭福祉』放送大学教育振興会，2003年，25-71頁。

古川孝順『子どもの権利——イギリス・アメリカ・日本の福祉政策史から』有斐閣，1982年。

松浦崇「子どもをめぐる人権を知ろう——『子どもの権利』をめぐる困難」古橋エツ子監修，和田幸司編著『人権論の教科書』（学問へのファーストステップ④）ミネルヴァ書房，2021年，38-54頁。

松本園子「児童福祉の歴史」松本園子・堀口美智子・森和子『子どもと家庭の福祉を学ぶ 改訂版』ななみ書房，2017年，61-80頁。

室田保夫編著『人物でよむ近代日本社会福祉のあゆみ』ミネルヴァ書房，2006年。

百瀬孝『日本福祉制度史——古代から現代まで』ミネルヴァ書房，1997年。

吉田久一『日本社会事業の歴史 全訂版』勁草書房，1994年。

・第3節

荒牧重人・榎井縁・江原裕美・小島祥美・志水宏吉・南野奈津子・宮島喬・山野良一編『外国人の子ども白書 第2版 権利・貧困・教育・文化・国籍と共生の視点から』明石書店，2022年。

柏女霊峰『子ども家庭福祉論 第7版』誠信書房，2022年。

中坪史典・山下文一・松井剛太・伊藤嘉余子・立花直樹編『保育・幼児教育・子ども家庭福祉辞典』ミネルヴァ書房，2021年。

<table>
<tr><td>第 2 章</td><td>子どもの人権擁護</td></tr>
</table>

1　子どもの人権擁護の歴史的変遷

（1）子どもの権利・人権とは

　子どもの権利は，「すべての子どもが生まれながらに持つ」ものであり，健全な成長を保障するために誰にとっても必要なものが「人権」である。人権は固有の権利であり，他者から奪われることなく，また譲ることもできない基本的人権のことであり，日本国憲法第11条では「国民に保障する基本的人権は，侵すことのできない永久の権利」であると明記されている。また，子どもの人権とは「自分らしくありたい」「自分らしくいきたい」という基本的欲求を保障され，自ら行使できる権利である。しかし，子どもは発達の途上にありその権利をうまく使えない場合もある。そこで大人がその権利を護り，保障することを考えていくことが重要になる。

（2）子どもの権利の歴史

1）古代から中世にかけての子どもの権利

　古代から中世にかけて，身分制度や封建社会の下では「子どもは親の所有物である」という考え方が一般的であった。貴族社会を中心とした中世，子どもは「小さな大人」という考え方が広まっていき，「かけがえのない存在」というよりも単純な労働力や大人と同じような言動や考え方を求められ，子どもの考え，気持ちや欲求に関係なくその存在が扱われていた。

2）近代の子どもの権利

　当時の子どもの救済・保護は貧困対策中心ではあったものの「子どもの尊重と人権擁護」という視点ではないため，国同士の争いや地域内の紛争，自然災害等が生じた際には，まず弱者である子どもたちが犠牲となった。

近代に入ると「子どもを子どもとしてみる」考え方が意識されはじめた。ここにはルソー（Jean-Jacques Rousseau）やフレーベル（Friedrich Wilhelm August Fröbel）ら教育学者や教育思想家の思想面での主張なども影響している。ルソーは1762年の『社会契約論』で「子どもたちは人間としてまた自由なものとして生まれる」「子どもの自由は，誰も阻害することができない」など，権利が子ども自身の固有のものであることを強く主張している。また20世紀に入ると，スウェーデンの女性教育家であるエレン・ケイ（Ellen Key）は『児童の世紀』（1900年）を著し「20世紀は子どもたちが安心して育つことができる平和な社会の実現を」と提唱し，子どもの権利が具体化されることとなる。しかしその後，世界中を巻き込む大きな戦争が繰り返され，多くの子どもたちの命が失われていくこととなる。2度の世界大戦で多くの犠牲となった歴史への反省から，子どもの権利の立法化へと世界が動きはじめることとなる。

（3）子どもの権利——立法化の歴史

1）ホワイトハウス会議（1909年）

　1909年第26代合衆国大統領セオドア・ルーズヴェルト（Theodore Roosevelt）の招集により，ホワイトハウスにおいて世界ではじめて子どもの福祉のために会議（白亜館会議）が開催された。その会議で「家庭生活は，最高にして，最も美しい文明の所産である。児童は，緊急にして止むを得ないニーズを除いては，家庭からひき離されてはならない」と「家庭尊重の原則」が宣言された。

　この会議の結果，1912年には連邦政府児童局（母親と乳児の生命保護を最優先課題に掲げ，出生登録など資料整備，母親たちへの教育的活動，母子保護プログラムの実施を提案）が設置された。

2）児童の権利に関するジュネーヴ宣言（1924年）

　第1次世界大戦（1914〜1918年）によって発生した多大な被害と犠牲（子どもや女性など社会的に弱い立場にある人々の被害が大きかった）という反省を踏まえ，1920年1月に国際連盟が設立された。

　その国際連盟によって1924年「児童の権利に関するジュネーヴ宣言」（ジュネーヴ宣言）採択された。これは国際的機関が採択した世界初の子どもに関する権利宣言である。前文では各国の国民に対し，「子どもの生命や存在を守っ

ていくための最善の努力を尽くす」よう，その義務が宣言されている。以下は，その全文である。[(1)]

　「広くジュネーヴ宣言として知られているこの児童の権利宣言によって各国の男女は，人類は児童にたいして最善の努力を尽さねばならぬ義務のあることを認め，人種，国籍，信条の如何を一切問わず，つぎのことを，その責任なりと宣言し承認する。

(1)　児童が身体上ならびに精神上正当な発達を遂げるために，必要なあらゆる手段が講ぜられなければならない。

(2)　児童にして飢えたる者は，食を給せられなければならない。病めるものは，治療されなければならない。知能の遅れた者は，援護されなければならない。不良の者は，教化されなければならない。孤児や浮浪児は，住居を与えられ教護されなければならない。

(3)　児童は，危難に際して最先に救済されるものでなければならない。

(4)　児童は，生計を立てうる地位に導かれ，またあらゆる種類の搾取から保護されなければならない。

(5)　児童は，その能力が人類同胞への奉仕のために捧げられなければならないことを自覚して，育てられなければならない。」

　戦争の惨禍を繰り返すことのないよう結成された国際連盟も，その目的を果たすことができず，第2次世界大戦（1939〜1945年）が勃発する。再び世界各国が戦場となり，長引く大戦で約1,300万人の子どもが死亡したといわれている。

　1945年に終結した第2次世界大戦は，前大戦よりもさらに多くの子どもたちの犠牲を生み出した。この戦争を経て同年10月，国際的平和の維持を目的として国際連合が設立された。また子どもの権利の国際的保障に直接関わりを有する国際機関として1946年11月にユネスコ（UNESCO：国際連合教育科学文化機関），12月にユニセフ（UNICEF：国際連合児童基金）が発足した。

　そして，国際連合総会（1948年）において「世界人権宣言」が採択される。この宣言では「すべての人の人権」について規定した上で，子どもは「特別の保護及び援助を受ける権利を有する」（第25条）と定められた。

3）児童権利宣言（1959年）

　1959年には，世界人権宣言における子どもの権利を発展させる形として「児

童の権利に関する宣言」（以下，児童権利宣言）が採択され，10カ条の原則を打ち出した。児童固有の権利とその保障を明示し，「保護される存在」「守られる存在」としての児童観が大きな特徴となっている。ジュネーヴ宣言をもとに新たな内容を加えるとともに，前文では「子どもは未熟であるため，出生の前後において特別に守り世話する必要がある」と明記した。このように，子どもは社会的に弱い存在であり，守られなければならないという保護意識の下，子どもの権利が示されたのである。また，1979年の国際児童年は児童権利宣言の20周年を記念して定められた。以下は，その全文である。⁽²⁾

「前　文

　国際連合の諸国民は，国際連合憲章において，基本的人権と人間の尊厳及び価値とに関する信念をあらためて確認し，かつ，一層大きな自由の中で社会的進歩と生活水準の向上とを促進することを決意したので，国際連合は，世界人権宣言において，すべて人は，人種，皮膚の色，性，言語，宗教，政治上その他の意見，国民的若しくは社会的出身，財産，門地その他の地位又はこれに類するいかなる事由による差別をも受けることなく，同宣言に掲げるすべての権利と自由とを享有する権利を有すると宣言したので，児童は，身体的及び精神的に未熟であるため，その出生の前後において，適当な法律上の保護を含めて，特別にこれを守り，かつ，世話することが必要であるので，このような特別の保護が必要であることは，1924年のジュネーヴ児童権利宣言に述べられており，また，世界人権宣言並びに児童の福祉に関係のある専門機関及び国際機関の規約により認められているので，人類は，児童に対し，最善のものを与える義務を負うものであるので，よって，ここに，国際連合総会は，児童が，幸福な生活を送り，かつ，自己と社会の福利のためにこの宣言に掲げる権利と自由を享有することができるようにするため，この児童権利宣言を公布し，また，両親，個人としての男女，民間団体，地方行政機関及び政府に対し，これらの権利を認識し，次の原則に従って漸進的に執られる立法その他の措置によってこれらの権利を守るよう努力することを要請する。

第1条　児童は，この宣言に掲げるすべての権利を有する。すべての児童は，いかなる例外もなく，自己又はその家族のいづれについても，その

人種，皮膚の色，性，言語，宗教，政治上その他の意見，国民的若しく
は社会的出身，財産，門地その他の地位のため差別を受けることなく，
これらの権利を与えられなければならない。

第2条　児童は，特別の保護を受け，また，健全，かつ，正常な方法及び
自由と尊厳の状態の下で身体的，知能的，道徳的，精神的及び社会的に
成長することができるための機会及び便益を，法律その他の手段によっ
て与えられなければならない。この目的のために法律を制定するに当っ
ては，児童の最善の利益について，最高の考慮が払われなければならな
い。

第3条　児童は，その出生の時から姓名及び国籍をもつ権利を有する。

第4条　児童は，社会保障の恩恵を受ける権利を有する。児童は，健康に
発育し，かつ，成長する権利を有する。この目的のため，児童とその母
は，出産前後の適当な世話を含む特別の世話及び保護を与えられなけれ
ばならない。児童は，適当な栄養，住居，レクリエーション及び医療を
与えられる権利を有する。

第5条　身体的，精神的又は社会的に障害のある児童は，その特殊な事情
により必要とされる特別の治療，教育及び保護を与えられなければなら
ない。

第6条　児童は，その人格の完全な，かつ，調和した発展のため，愛情と
理解とを必要とする。児童は，できるかぎり，その両親の愛護と責任の
下で，また，いかなる場合においても，愛情と道徳的及び物質的保障と
のある環境の下で育てられなければならない。幼児は，例外的な場合を
除き，その母から引き離されてはならない。社会及び公の機関は，家庭
のない児童及び適当な生活維持の方法のない児童に対して特別の養護を
与える義務を有する。子供の多い家庭に属する児童については，その援
助のため，国その他の機関による費用の負担が望ましい。

第7条　児童は，教育を受ける権利を有する。その教育は，少なくとも初
等の段階においては，無償，かつ，義務的でなければならない。児童は，
その一般的な教養を高め，機会均等の原則に基づいて，その能力，判断
力並びに道徳的及び社会的責任感を発達させ，社会の有用な一員となり

うるような教育を与えられなければならない。

　　児童の教育及び指導について責任を有する者は，児童の最善の利益を
その指導の原則としなければならない。その責任は，まず第一に児童の
両親にある。

　　児童は，遊戯及びレクリエーションのための充分な機会を与えられる
権利を有する。その遊戯及びレクリエーションは，教育と同じような目
的に向けられなければならない。社会及び公の機関は，この権利の享有
を促進するために努力しなければならない。

第8条　児童は，あらゆる状況にあって，最初に保護及び救済を受けるべ
　　き者の中に含められなければならない。

第9条　児童は，あらゆる放任，虐待及び搾取から保護されなければなら
　　ない。児童は，いかなる形態においても，売買の対象にされてはならな
　　い。

　　児童は，適当な最低年令に達する前に雇用されてはならない。児童は，
いかなる場合にも，その健康及び教育に有害であり，又はその身体的，
精神的若しくは道徳的発達を妨げる職業若しくは雇用に，従事させられ
又は従事することを許されてはならない。

第10条　児童は，人種的，宗教的その他の形態による差別を助長するおそ
　　れのある慣行から保護されなければならない。児童は，理解，寛容，諸
　　国民間の友愛，平和及び四海同胞の精神の下に，また，その力と才能が，
　　人類のために捧げられるべきであるという充分な意識のなかで，育てら
　　れなければならない。」

4）児童の権利に関する条約（1989年）

　国際連合は世界人権宣言を基に，人権に関する国際間の決まりを条約化した
ものとして，1976年に国際人権規約を発効した。同様に児童権利宣言を条約化
する動きがあり，1978年，ポーランドが児童の権利に関する条約の草案を国連
人権委員会に提出した。その背景には，ユダヤ人孤児のための孤児院の院長を
務め，第2次世界大戦中のユダヤ人収容所において孤児院の子どもたちととも
に命を落としたヤヌシュ・コルチャック（Janusz Korczak）の存在がある。コ
ルチャックが主張していた「子どもの権利の尊重」の理念とこれまでの宣言や

条約を踏まえ，1989年に児童の権利に関する条約（以下，子どもの権利条約）が国際連合で採択された。

（4）日本の子どもの権利保障

第2次世界大戦後，日本においても子どもたちの自由と開放そして権利の保障を目指して，日本国憲法・児童福祉法・児童憲章が制定された。

1）日本国憲法（1946年）

1946（昭和21）年，連合国軍最高司令官総司令部（GHQ）の助言・指導の下日本国憲法を制定した。日本国憲法は，日本の政治のあり方の基本を定めている最高法規であり「国民主権」「基本的人権の尊重」「平和主義」の3つを基本原理としている。人権保障は憲法の目的の1つであり，中でも基本的人権の尊重は，人間が生まれながらにして持つ，侵すことのできない永久の権利（第11条）として定められている。

2）児童福祉法（1947年）

1947（昭和22）年に児童福祉法が制定された。戦後の混乱期である当時の日本は，親を亡くした戦争孤児たちは家もなく路上での生活を余儀なくされていた。また身売りされる子どもや，貧困により命を落とす子どもが後を絶たなかった。そのような社会背景の中，すべての子どもの健やかな成長と最低限度の生活を保障するために児童福祉法が制定された。その児童福祉法は時代の流れによって幾度か改正をされている。

2016（平成28）年の児童福祉法等改正では第1条（児童福祉の理念）が「全て児童は，児童の権利に関する条約の精神にのつとり，適切に養育されること，その生活を保障されること，愛され，保護されること，その心身の健やかな成長及び発達並びにその自立が図られることその他の福祉を等しく保障される権利を有する」と，子どもの権利条約の精神を掲げる内容となった。

日本が子どもの権利条約を批准してから22年が経過し，子どもが「権利の主体」として法律上に位置づけられたのである。

3）児童憲章（1951年）

児童福祉法制定の後「子どもの権利宣言」等の内容を踏まえ，日本国憲法や児童福祉法の理念を広めるため，1951（昭和26）年の5月5日（子どもの日）に

児童憲章が制定された。

　児童憲章は，日本国憲法の精神の下，子どもたちの幸福のためにつくられた内容になっており，子どもと関わる大人や国の姿勢やなすべきことが示されている。また「日本国憲法の生存権に関連する生活の保護について」「家庭で育てられない子どもはそれに代わる環境で育てられる」など近代的な子どもの福祉・権利を保障する内容になっている。一方，法的拘束力がないこと，子どもは大人から保護や支援を「与えてもらう」存在として表現されていることなどから，子どもに主体的な権利があるという視点には乏しいといえる。以下は，その全文である(3)。

　　「われらは，日本国憲法の精神にしたがい，児童に対する正しい観念を確立し，すべての児童の幸福をはかるために，この憲章を定める。

　　児童は，人として尊ばれる。

　　児童は，社会の一員として重んぜられる。

　　児童は，よい環境のなかで育てられる。

　1　すべての児童は，心身ともに，健やかにうまれ，育てられ，その生活を保障される。

　2　すべての児童は，家庭で，正しい愛情と知識と技術をもつて育てられ，家庭に恵まれない児童には，これにかわる環境が与えられる。

　3　すべての児童は，適当な栄養と住居と被服が与えられ，また，疾病と災害からまもられる。

　4　すべての児童は，個性と能力に応じて教育され，社会の一員としての責任を自主的に果すように，みちびかれる。

　5　すべての児童は，自然を愛し，科学と芸術を尊ぶように，みちびかれ，また，道徳的心情がつちかわれる。

　6　すべての児童は，就学のみちを確保され，また，十分に整つた教育の施設を用意される。

　7　すべての児童は，職業指導を受ける機会が与えられる。

　8　すべての児童は，その労働において，心身の発育が阻害されず，教育を受ける機会が失われず，また児童としての生活がさまたげられないように，十分に保護される。

　9　すべての児童は，よい遊び場と文化財を用意され，わるい環境からまもられる。

　10　すべての児童は，虐待，酷使，放任その他不当な取扱からまもられる。あやまちをおかした児童は，適切に保護指導される。

　11　すべての児童は，身体が不自由な場合，または精神の機能が不十分な場合に，適切な治療と教育と保護が与えられる。

　12　すべての児童は，愛とまことによつて結ばれ，よい国民として人類の平和と文化に貢献するように，みちびかれる。」

４）児童の権利に関する条約（1994年）

　①　条約の批准

　1989年に子どもの権利条約が成立し，世界で子どもの権利の考え方が示された。日本が1990年 9 月21日に条約に署名した後に批准したのは世界158カ国目となる1994年 4 月22日だった。本条約の批准に時間がかかった経緯についていくつか理由は考えられるが，条約そのものが紛争国や発展途上国に必要なことであり，日本国憲法や児童福祉法などで十分保障されている日本には関係がないという見方もある。[4]

　②　子どもの権利条約の特徴

　この子どもの権利条約では，子どもを18歳に達するまでのものと定義し（第 1 条），人として持っている基本的人権などの権利を子ども自身が持っていると認めた上で，子どもの生存・発達・保護・参加の権利を子ども自身が行使することができるとして，具体的な子どもの権利として規定している。

　また第 3 条では，「児童に関するすべての措置をとるに当たっては，公的若しくは私的な社会福祉施設，裁判所，行政当局又は立法機関のいずれによって行われるものであっても，児童の最善の利益が主として考慮されるものとする」とされており「児童の最善の利益」の明示は（一般には「子どもの最善の利益」という）子どもの権利を保障するにあたって，何が最善であるのかを常に考えなければならないということである。子どもの条約は前文と本文54条から成り立っており，ユニセフでは，子どもの権利条約をわかりやすく解説するために，次の 4 つの柱を挙げている。[5]

　　①　生きる権利：住む場所や食べ物があり，医療を受けられるなど，命が

　　　　守られること。

②　育つ権利：勉強したり遊んだりして，もって生まれた能力を十分に伸
　　　　ばしながら成長できること。

③　守られる権利：紛争に巻き込まれず，難民になったら保護され，暴力
　　　　や搾取，有害な労働などから守られること。

④　参加する権利：自由に意見を表したり，団体を作ったりできること。

　子どもの権利宣言がなされた当時の子どもに関する権利意識は，子どもを社
会的に弱い立場と捉え，保護されるべき存在としての子ども（受動的権利）を
保障する性格を持っていた。しかし，子どもの権利条約においては受動的権利
だけでなく，子どもの最善の利益を常に考慮することを念頭に，子どもが自由
に自らの意見を述べ，権利を行使する主体である子ども（能動的権利）の保障
が明示されたところが特徴である。以下は主な条文の抜粋である。[6]

「第12条

　子どもは，自分に関係のあることについて自由に自分の意見を表す権利
をもっています。その意見は，子どもの発達に応じて，じゅうぶん考慮さ
れなければなりません。

第13条

　子どもは，自由な方法でいろいろな情報や考えを伝える権利，知る権利
をもっています。

第15条

　子どもは，ほかの人びとと一緒に団体をつくったり，集会を行ったりす
る権利をもっています。

第31条

　子どもは，休んだり，遊んだり，文化芸術活動に参加する権利をもって
います。」

③　子どもの権利保障の動き

　日本が「子どもの権利条約」を批准してから法整備だけでなく「子どもの人
権・権利」を守るために国・各自治体レベルで様々な取り組みがなされている。

　国の取り組みとして法務省人権擁護機関では，「全国中学生人権作文コンテ
スト」（人権尊重の重要性について理解を深める）「人権教室」（いじめ等について考

える機会を設けることによって，相手への思いやりの心や生命の尊さを体得してもら
う）の開催や「こどもの人権110番」「こどもの人権 SOS ミニレター」（子ども
の発する信号をいち早くキャッチし解決に導く）など，人権擁護の積極的な啓発活
動と相談体制の整備，救済活動等を行っている(7)(8)。

　また主な自治体の取り組みとして，兵庫県川西市の「子どもの人権オンブズ
パーソン条例」制定，大阪府箕面市の「子ども条例」制定，神奈川県川崎市の
「子どもの権利に関する条例」制定など，子どもの人権・権利擁護に関する取
り組みが普及しつつある(9)。

　一方，社会的養護の下（児童福祉施設）で生活する子どもたちなど一部措置
制度の範囲では，子どもの意見表明が難しい状況もある。施設によっては，子
ども自治会の組織や意見箱の設置，第三者委員の活用，権利ノートの配付，自
立支援計画を策定する際に子どもの意向を反映するなど，様々な取り組みがな
されている。また，最近では児童相談所（一時保護所）への「子ども意見表明
支援員」などの配置も検討されており，アドボケイトに関する具体的な取り組
みが進められている。

　子どもの権利擁護を考えていく上で，様々な場面において子どもが自らの意
見をいえる機会が準備されることは非常に重要である。その機会を通して語ら
れた意見が汲み取られた経験を重ねていくことで，権利が護られたこと（この
場合でいえば，意見表明権）が実感できるのではないだろうか。また，自らの意
見がどのように影響し活かされたのか，（もしくは活かされなかった）その経過や
背景を知ることで，子どもの権利意識の高まりにつながり，他者の権利擁護に
もつながるのではないか。

2　児童の権利に関する条約の理解

（1）国連・子どもの権利委員会

1）国連・子どもの権利委員会の設置

　児童の権利に関する条約（以下，子どもの権利条約）は，前文（子どもの権利条
約が成立した歴史的背景とその基本になる精神が述べられている），第Ⅰ部（第 1 ～41
条：条約の内容），第Ⅱ部（第42～45条：条約をうまく働かせるためのきまり），第Ⅲ

部（手続きに関する規定，第46～54条まで）に分かれている。条約の日本語訳文は国際教育法研究会訳を使用している。

第43条は，「この条約において約束された義務の実現を達成することにつき，締約国によってなされた進歩を審査するために，子どもの権利に関する委員会（Committee on the Rights of the Child）を設置する」としている（この委員会は英語の頭文字をとって CRC と略称されている）。

第44条の締約国の報告義務では，国の義務として CRC へ「権利の実施のためにとった措置およびこれらの権利の享受についてもたらされた進歩に関する報告」（政府報告書）を提出する義務が，批准2年後，その後は5年ごとに課せられている。

2）児童の権利に関する条約を効果的に働かすための特徴

子どもの権利条約の特徴は，この政府報告書の提出の機会に，「市民・NGO（非政府組織）の会」からも報告書（カウンターレポート：政府報告とは違った立場からの報告）を提出できる点にある。CRC は政府報告書やカウンターレポートなどに基づいて各国において子どもの権利が条約の趣旨に則して守られているか審査し，国連審査として最終所見を出している。

第1回目は，第1回政府報告書が1996年5月に提出され，その機会に日本弁護士連合会や様々な市民サイドからカウンターレポートが提出された。カウンターレポートの一つとして「市民・NGO の会」は，「第1回『"豊かな国" 日本社会における子ども期の喪失』（1997年10月）」を提出した。これらの報告に基づいて，CRC は第1回 CRC 最終所見を1998年6月5日に発表した。

この第1回最終所見は，例えばその項目22では，「識字率がきわめて高いことに表れている通り締約国が教育を重視していることに留意しながらも，委員会は，競争が激しい教育制度のストレスにさらされ，かつその結果として余暇，運動および休息の時間が得られないために子どもたちの間で発達障害が生じている」こと，「学校忌避の事例が相当数にのぼることを懸念するものである」と述べ，競争原理に基づく日本の教育制度の改善を勧告している。

3）第4・5回 CRC 最終所見

第4・5回 CRC 最終所見が2019年3月5日に出されたが，教育については「ストレスの多い学校環境（過度に競争的なシステムを含む）から子どもを解放す

るための措置を強化すること」と述べられている。このように，第1回目から過度に競争的教育制度の改善といった指摘が繰り返されている。また，生命，生存および発達に対する権利に関しては，「子どもが，社会の競争的性質によって子ども時代および発達を害されることなく子ども時代を享受できることを確保するための措置をとること」と述べ，教育制度だけでなく社会における競争的環境の改善が子ども家庭福祉にとっての前提条件であることが指摘されている。

　「市民・NGO の会」による第4・5回のカウンターレポートのテーマは「日本における子ども期の貧困化──新自由主義と新国家主義のもとで」となっている。

（2）児童の権利に関する条約の理念

　子どもの権利条約の理念は，前文および第29条（教育の目的）Ⅰ(a)に記されている。前文では，「人格の全面的かつ調和のとれた発達」を目指すこと，第29条では，「子どもの人格，才能ならびに精神的および身体的能力を最大限可能なまで発達させること」と規定している。この教育は，子どもの人間として生まれもった諸能力を，教育を基軸とする豊かな社会的諸関係を通して，子どもの発達段階に即して成長・発達させ，子どもたちが将来自ら自主的・能動的に社会の一員として振る舞うことができるように育成することを理念としている。

（3）児童の権利に関する条約の基本原則

1）差別の禁止（第2条）

　子どもの権利条約の基本原則は，差別の禁止（第2条），子どもの最善の利益（第3条），生命，生存および発達に対する権利（第6条），意見表明権（第12条）の4つが挙げられている。これらは，条約全体に関わる原則である。

　第1条では子どもの定義が述べられているが，第2条に差別の禁止が置かれていることから，条約ではあらゆる側面での平等の実現を重視していることがわかる。

　第2条（差別の禁止）1では，「締約国は，その管轄内にある子ども一人一人

に対して，子どもまたは親もしくは法定保護者の人種，皮膚の色，性，言語，宗教，政治的意見その他の意見，国民的，民族的もしくは社会的出身，財産，障害，出生またはその他の地位にかかわらず，いかなる種類の差別もなしに，この条約に掲げる権利を尊重しかつ確保する」と規定している。

また第2条2で，子どもがその保護者の地位や活動，表明した心情を根拠とする差別からも保護されることが規定されている。この条約が初めて，民族的出身と障害（第23条）とを差別禁止事項として規定した。

日本において法律上の問題としては，国籍（無国籍・外国籍）による差別，非嫡出子への差別などが改善すべき課題として残っている。実際の課題としては，女性差別，部落差別や障がい児，社会的に困難な状況に置かれた子ども，児童虐待の犠牲になった子ども，家庭環境を奪われた子どもたちが，そうではない子どもたちと同じように権利が保障されていないという現状がある。こういった問題の実質的平等が，子ども家庭福祉の分野においてこれまでも追求されてきた。

2）子どもの最善の利益（best interests of the child）（第3条）

第3条は，第1項で子どもの最善の利益の原則について述べられ，第2項では国の子どもの福祉を行う義務を定め，第3項では福祉を行うための機関・サービス・施設の適切な基準を順守する義務を規定している。

「　**第3条**（子どもの最善の利益）

1　子どもにかかわるすべての活動において，その活動が公的もしくは私的な社会福祉機関，裁判所，行政機関または立法機関によってなされたかどうかにかかわらず，子どもの最善の利益が第一次的に考慮される。

2　締約国は，親，法定保護者または子どもに法的な責任を負う他の者の権利および義務を考慮しつつ，子どもに対してその福祉に必要な保護およびケアを確保することを約束し，この目的のために，あらゆる適当な立法上および行政上の措置をとる。

3　締約国は，子どものケアまたは保護に責任を負う機関，サービスおよび施設が，とくに安全および健康の領域，職員の数および適格性，ならびに職員の適正な監督について，権限ある機関により設定された基準に従うことを確保する。」

　子どもの最善の利益という言葉は，第 3 条の 1 以外に，第 9 条（親からの分離禁止と分離のための手続）の 1，第18条（親の第一次的養育責任と国の援助）の 1，第20条（家庭環境を奪われた子どもの保護），第21条（養子縁組），第37条（死刑・拷問等の禁止，自由を奪われた子どもの適正な取り扱い），第40条（少年司法）の 7 つの条項において使用されている。このことから，子どもの最善の利益は，子どもの権利条約の指導原理になっている。

　子どもの最善の利益の原則は，子どもの利益をその親や保護者，社会からの利害から独立したものと位置づけられている点に特徴があり，子どもに影響を与えるあらゆるものに対する判断基準であり，司法判断や行政措置における手続き上の原則であり，立法や政策の指針となっている。

　また，国連・子どもの委員会においても，子どもの最善の利益とはどのような内容か，その基準をどのように確保するのかについて具体的に示しているわけではなく，この原則については各国において深められ発展させていくものとして考えられている。

3）意見表明権（第12条）

　以下は，子どもの意見表明権に関する条文である。

「　**第12条**（意見表明権）

　1　締約国は，自己の見解をまとめる力のある子どもに対して，その子どもに影響を与えるすべての事柄について自由に自己の見解を表明する権利を保障する。その際，子どもの見解が，その年齢および成熟に従い，正当に重視される。

　2　この目的のため，子どもは，とくに，国内法の手続規則と一致する方法で，自己に影響を与えるいかなる司法的および行政的手続においても，直接にまたは代理人もしくは適当な団体を通じて聴聞される機会を与えられる。」

　子どもの意見表明権については，大きく分けて 4 つの理解がある。

　第 1 に，狭い意味での意見表明権として「聴聞」権，「手続き的権利」の保障が挙げられる。本条第 1 項では，国は，「自己の見解をまとめる力のある子どもに対して，その子どもに影響を与えるすべての事柄について自由に自己の見解を表明する権利を保障」し，「子どもの見解が，その年齢および成熟に従

53

い，正当に重視される」としている。第2項では，第1項の目的を実現するために子どもには「自己に影響を与えるいかなる司法的および行政的手続においても，直接にまたは代理人もしくは適当な団体を通じて聴聞される機会を与えられる」としているように，司法判断や行政措置の際の手続き上の権利を確保（家庭裁判における子どもの聴聞権の保障，少年審判手続き，里親委託，児童養護施設等の措置入所の際の手続きなど）している。具体例としては，児童福祉施設の入所において「子どもの権利ノート」の活用とその普及が挙げられる。

　第2は「意見」をどう理解するかという点である。英語の原文は "the child who is capable of forming his or her own views" となっている。「意見」と訳されているところが，言語で表現する「意見」である opinions ではなく，それも含むより広い概念としての views が使われていることから，もっと広い意味で理解する必要があり，意見表明権は子ども期に特有の権利，自己の成長に対する権利であり，0歳から始まり18歳まで継続的に保障されなければならない，という見解である。こういった理解は広く受け入れられている。

　第3は，意見表明を言論の自由，表現の自由といった自由権的基本権の側面から捉える理解である。第12条に続いて，第13条から第17条（第13条：表現・情報の自由，第14条：思想・良心・宗教の自由，第15条：結社・集会の自由，第16条：プライバシー・通信・名誉の保護，第17条：適切な情報へのアクセス）にかけての規定と意見表明権を同じ種類の自由権的基本権として理解する立場である。

　第4に，意見表明権を，子ども自身や同世代の利害に関わる事項についての決定事項について発言し参加する子どもの権利としての参加とセットにして理解する立場である。この理解は，意見表明権は第13条の表現・情報の自由，第15条の結社・集会の自由など，子どもの結社の自由および平和的な集会の自由への権利につながるものとして考えられている。

（4）児童の権利に関する条約の内容

　ここでは，4つの原則の中の第6条の「生命・生存，発達の確保」原則を基本として，それを確保するための4つの内容分類（生存の権利，発達する権利，保護される権利，参加する権利）に関して解説する。

1）生存の権利（第24～27条）

　生存の権利は，第24条（健康・医療への権利），第25条（医療施設等に措置された子どもの定期的審査），第26条（社会保障への権利），第27条（生活水準への権利）で規定している。

　第24条は，国が「到達可能な最高水準の健康維持，病気の治療と回復の権利を子どもに保障すること」としている。この権利を保障するために6つの項目を挙げているが，その一つには，母親のための出産前後の適当な保健を確保することを定めている。日本には「育児休業，介護休業等育児又は家族介護を行う労働者の福祉に関する法律」（育児・介護休業法）があるが北欧諸国に比べ，育児休業の期間や所得補償，受け入れのための保育所の設置など子育てをめぐる環境の整備はまだまだ不十分である。

　また，家族とともに生活することができない子どもたちは，乳児院や児童養護施設，児童心理治療施設や児童自立支援施設などの児童福祉施設で生活している。さらに病気によって病院や医療施設で治療やケアを受けるために入院している子どもたちもいる。そして，障がいが理由で福祉型の障がい児施設で生活している子どももいる。第25条は，これらの施設で生活している子どもたちがどのような支援を受けているのか，どういった治療を受けているのかについて，定期的に審査を受ける権利を規定している。施設内虐待を未然に防ぐためにもこの条項の遵守は重要である。

　第26条は，子どものための社会保障の権利を定めたものである。これに最も関係が深いものとして，児童手当法に基づく児童手当（15歳の誕生日後の最初の3月31日までの児童を養育している人を対象に，月額3歳児未満1万5,000円，3歳以上1万円の支給）が挙げられる。また，父母の離婚などで，ひとり親家庭で育成される子どもの家庭環境の福祉のための児童扶養手当や在宅の障がい児のための特別児童扶養手当がある。

　前述してきたように，日本国憲法第25条は，「すべて国民は，健康で文化的な最低限度の生活を営む権利を有する」と規定している。子どもの権利条約第27条はそれをさらに補完して，子どもが人間にふさわしい生活と発達する権利が保障される生活の確保を求めている。

2）発達の権利

　発達の権利は，子どもが人間として成長・発達していくために必要不可欠な項目がその内容になっている。名前・国籍を得る権利（第7条），アイデンティティの保全（第8条），親からの分離禁止と分離のための手続（第9条），家族再会のための出入国の自由（第10条），国外不法移送・不返還の防止（第11条），親の第一次的養育責任と国の援助（第18条），家庭環境を奪われた子どもの保護（第20条），養子縁組（第21条），教育への権利（第28条），教育の目的（第29条），休息・余暇，遊び，文化的・芸術的生活へ参加する権利（第31条）などが含まれる。以下は，第28条第1項の条文である。

　「第28条（教育への権利）

　　1　締約国は，子どもの教育への権利を認め，かつ，漸進的および平等な機会に基づいてこの権利を達成するために，とくに次のことをする。

　　a．初等教育を義務的なものとし，かつすべての者に対して無償とすること。

　　b．一般教育および職業教育を含む種々の形態の中等教育の発展を奨励し，すべての子どもが利用可能でありかつアクセスできるようにし，ならびに，無償教育の導入および必要な場合には財政的援助の提供などの適当な措置をとること。

　　c．高等教育を，すべての適当な方法により，能力に基づいてすべての者がアクセスできるものとすること。」

　ここでは初等教育と中等教育をすべての子どもに保障すること，能力に基づいてすべての子どもが高等教育を受けることができるよう保障することを規定している。

　また，第39条は虐待等の犠牲になった子どもに対して，国は「身体的および心理的回復ならびに社会復帰することを促進するためにあらゆる適当な措置をとる。当該回復および復帰は，子どもの健康，自尊心および尊厳を育くむ環境の中で行われる」と，心身を回復し社会復帰を果たす権利を規定している。乳児院や児童養護施設，児童心理治療施設や児童自立支援施設などの児童福祉施設等では，虐待関係に陥った子どもと保護者の援助を通じてそこからの回復に向けた実践が営まれている。

3）保護を受ける権利

　保護の権利は，子どもの権利侵害に対して子どもが法的・行政的・社会的・教育的に保護を受ける権利をその内容としている。以下は，第19条第 1 項の条文である。

「第19条（親による虐待・放任・搾取からの保護）

　1　締約国は，（両）親，法定保護者または子どもの養育をする他の者による子どもの養育中に，あらゆる形態の身体的または精神的な暴力，侵害または虐待，放任または怠慢な取扱い，性的虐待を含む不当な取扱いまたは搾取から子どもを保護するためにあらゆる適当な立法上，行政上，社会上および教育上の措置をとる。」

　その他，経済的搾取・有害労働からの保護（第32条），麻薬・向精神薬からの保護（第33条），性的搾取・虐待からの保護（第34条），誘拐・売買・取引の防止（第35条），他のあらゆる形態の搾取からの保護（第36条）などが挙げられる。

4）参加の権利

　参加の権利は，子どもが個を確立していく上で欠かせない意見表明権（第12条）を前提にしており，その機会の保障として，第13条の表現・情報の自由，第15条の結社・集会の自由などと併せて捉えられている。

3　子どもの人権擁護と現代社会における課題

（1）子どもの特性

1）子どもは保護され守られるもの

　子どもには，大別すると 2 つの特性がある。

　1 つは，保護され守られなければ生きていくことができないという特性であり，年齢が低ければ低いほど顕著である。アメリカの心理学者，アブラハム・マズロー（Abraham Maslow）は，人間の欲求を 5 段階のピラミッド型（マズローの欲求階層説）に表し（図 2 - 1），最も低い階層の欲求から順に人間にとって必要な欲求とし，1 つが満たされると，順に再び新しい（さらに高次の）欲求が出現してくるとした。[10]

　第 1 の欲求は「生理的欲求」で，あらゆる欲求の中で最も優勢なもので，生

図 2 - 1　マズローの欲求階層説

出所：吉川眞理編著『よくわかるパーソナリティ心理学』ミネルヴァ書房，2020年，130頁。

きるために必要な「食欲・睡眠欲・性欲」などの他，排せつ・呼吸などの欲求を指す。

　第 2 の欲求は「安全の欲求」であり，身体的に安全が保障され経済的にも安定した環境を確保したいという欲求を指す。

　第 3 の欲求は「所属と愛の欲求」であり，何らかの仲間や集団に帰属し，安心感を得たいという欲求を指す。

　第 4 の欲求は「承認（尊重）の欲求」であり，帰属する仲間や集団の中で高く評価されたい，認められたいという欲求を指す。

　そして第 5 の欲求が「自己実現の欲求」であり，自分らしく生きたい，自分自身にしかできないことを成し遂げたいという欲求である。

　子どもは，最も低い段階である生理的欲求すら自らで獲得することができないため，この生理的欲求を満たすために，第一義的な存在である「親」に依存するのである。ところが，何らかの事情があってこの生理的欲求を「親」が満たすことができない状態にある時，親に代わってそれを担うのが子ども家庭福祉の専門職なのである。例えば，保育士は保育所などでの日中の保育だけでなく施設などの代替養育の場において，養育の中心的な担い手として子どもの生活を支えていく。その際に，生理的欲求をいかに保障し次の段階である安全の欲求につなげていくかが重要なのである。

2 ）受動的権利と能動的権利

　子どもがこのように守り育てられることによって，時間をかけて成長していくという特性は，権利の面からみると「受動的権利」「保護される権利」ということができる。子どもは，命が守られる，保護される，育てられる，教えられる，など受け身の存在として，まず受動的権利が保障されることが大切である。歴史的にみても，子ども家庭福祉はこの受動的権利を保障することがすべてであり，これが満たされていればよいという時代もあった。

　2 つ目の特性は，子ども期は長い人生の出発点に位置しているという点である。マズローの提唱した欲求階層説の最高位である「自己実現」に向けて，自分らしく生きていくこと，自分自身の理想に少しでも近づくために，年齢や発

達の段階に合わせた適切な支援を受けながら，自らが判断し決定していくのである。

　そのような過程の中で，子どもは親の所有物でもなく，1人の人間として尊重されることがとても大切なことで，その中で子ども自身の意思や希望，考えや能力が十分認められ伸ばされるものでなくてはならない。これは，前述した「受動的権利」に対して「能動的権利」といわれるものである。

　近年の子ども家庭福祉の領域で注目され，児童福祉施設や事業の目的にも登場した「自立支援」は，この能動的権利を十分に支援するものといえる。児童福祉施設では自立支援計画を策定し，自立に向けた支援を行っている。それは子どもの権利を尊重していくことにつながっていくのである。もちろん，この能動的権利は，受動的権利が十分に満たされた状態でなければ，活かすことができない。例えば，「自立」も経済的自立（収入を得て自己管理する），生活的自立（身の回りのことを自分で行う），社会的自立（社会の一員として責任ある行動をとり，人との関わりの中で合意形成する），精神的自立（自分で判断し意思決定する），性的自立（他者の性も尊重した責任ある行動をとる）などに分類できるが，子どもの場合は精神的自立に加え心身の成長，社会的自立や性的自立など，人間関係の向上に関する自立（例えば社会に出ていく際の人間関係を適切に結んでいく力）といったものが重要になる。子ども家庭福祉における自立支援は，そのような子どもの成長も十分に支援するものでなくてはならない。

　近年，能動的権利を強調する言葉として，ウェルビーイング（well-being）が用いられるようになっている。「福祉」という言葉（ウェルフェア：welfare）には子どもは救済されるという保護的・受動的な見方があったが，ウェルビーイング（well-being）は，子どもが（主体的に）選択や決定を行い，自分らしく生きること，身体的・精神的・社会的に良好な状態でいることを意味する概念である。

　このことからも，子ども家庭福祉には，子どもの受動的権利と能動的権利を擁護し保障していくという意味があるといえるだろう。

（2）子どもの人権擁護と現代社会における課題

1）子どもへの虐待問題

　子どもへの虐待は，子どもに対する不適切な関わり・対応（マルトリートメント）であり，英語の abuse の意味が示す「子どもを身勝手に濫用・乱用すること」を意味する。子どもは守られる存在であるにもかかわらず，支配・被支配の関係が，人としての尊厳である「安心・自信・自由」の権利を奪っているのである。虐待は親が子ども自身を支配している関係にあり，親はその状態であることに意識がない場合もある。

　2020（令和 2 ）年 4 月に施行された改正児童虐待防止法では，親が「子どものしつけに際して体罰を加えてはならない」と規定されており，法律上も暴力は明確に禁止されている。

2）インターネット利用に関する課題

　2022（令和 4 ）年の内閣府の調査（ 9 歳以下の子どもを持つ保護者対象）によると，ゲーム機，スマートフォン，学習用タブレット，子ども用携帯電話のほか，何らかの機器で「インターネットを利用している」子どもは74.4％であり，その内容は，動画を見る（93.4％），ゲームをする（60.6％），勉強する（36.6％）の順に多く，音楽を聴く（27.2％），検索する（24.5％），撮影や制作，記録をする（17.1％）と続いている。平均利用時間は121.9分となっている[11]。

　またインターネットを利用していると回答した保護者に子どものインターネット上の経験行動を聞いた結果「インターネットにのめりこんで，保護者が注意してもインターネットをやめないことがある」（29.9％）「保護者が設定したパスワードを，保護者の知らないうちに，解除したことがある」（7.5％）「保護者の知らないうちに，メッセージやメールを送ったり，書き込みをしたことがある」（4.0％）と答えていた[12]。

　文部科学省が推進する GIGA スクール構想（児童生徒 1 人 1 台の端末配付と大容量通信ネットワーク環境の整備）による ICT 環境の変化や，昨今のコロナ禍における教育・保育機関での利用増など，インターネットが非常に身近なものになっており便利で恩恵が多い反面，子どもがインターネットの被害者もしくは意図せず加害者になっている事例（ネット依存，ネットいじめ，誘い出し・なりすまし，ネット詐欺）もあり，深刻な問題に発展する可能性も高い[13]。

　近年は，誰でも気軽にアクセスできるコミュニティサイトをきっかけとした
被害に遭うケースも増えており，警察庁が公表した「令和4年における少年非
行，児童虐待および子どもの性被害の状況」によると，SNSに起因する事犯
の被害を受けた18歳未満の子どもは1,732人にのぼる。児童買春や児童ポルノ
等の性犯罪被害に遭う子どもが多く，被害者は「善悪の区別や危険の判断はで
きるから」と，比較的自由にSNSを活用している中・高生が9割近くにのぼ
る。⁽¹⁴⁾

　これからの時代を生きる子どもたちにとって，情報活用能力は不可欠であり
避けて通ることはできない。今後はタブレットやスマートフォンをはじめとす
るデジタル機器，SNSによるコミュニケーションなどを「賢く安全に使うた
めの知識・知恵」や「ルールを守って使える心」を育むことが大切だといえる。
子ども自身がインターネットリテラシー（インターネット正しく使うために必要な
知識やスキル）を身に付けるための支援をするとともに，特に子どもたちを保
護・教育・指導する立場にある大人たちが，安心・安全にインターネットを利
用できる環境を整えることが必要である。

3）障がい児・者に関する課題

①　障がい児の教育に関すること（インクルーシブ教育）

　インクルーシブ（包み込む状態）な社会を目指して，障がいのある子どもに
も多様な活動・学びの場や機会を提供できることが求められているが，現実に
は社会の意識や環境も追いついていない。障害者差別解消法によって地域の状
況は少しずつ改善しているが，十分な環境にはまだ遠いといえよう。

　障害者の権利に関する条約（2007年9月署名，2014年1月批准）第24条1には
「インクルーシブ教育システム」という考え方が規定されており，「締約国は，
教育についての障害者の権利を認める。締約国は，この権利を差別なしに，か
つ，機会の均等を基礎として実現するため，次のことを目的とするあらゆる段
階における障害者を包容する教育制度（an inclusive education system）及び生
涯学習を確保する。（後略）」としている。

　また，「共生社会の形成に向けたインクルーシブ教育システム構築のための
特別支援教育の推進（報告）⁽¹⁵⁾」（2012年）では，「同じ場で共に学ぶことを追求す
るとともに，個別の教育的ニーズのある幼児児童生徒に対して，自立と社会参

加を見据えて，その時点で教育的ニーズに最も的確に応える指導を提供できる，多様で柔軟な仕組みを整備する」ことが重要であるとしている。

このように障害者の権利に関する条約に基づくインクルーシブ教育システムの理念が重要であり，そのためには，特別支援教育を着実に進めていく必要がある。特別支援教育により多様な子どものニーズに的確に応えていくためには，学校全体で組織的に対応する必要があるだけでなく，スクールカウンセラー（SC），スクールソーシャルワーカー（SSW），言語聴覚士（ST），作業療法士（OT），理学療法士（PT）等の子ども家庭福祉分野の専門職との連携の下，障がいのある子どもへの支援を充実させることが重要である。

そして障がいのある子どもが学習活動に充実感や達成感を持ち，障がいのない子どもとできるだけ同じ場所で共に学ぶことができるよう，障がい特性に応じた個別の「合理的配慮[16]」を提供するなど，多様で柔軟な仕組みづくりが求められる。

② 障がい者の社会的及び職業的自立の促進

障がい者が，生涯にわたって自立し社会参加していくためには，企業等への就労を支援し，職業的な自立を果たすことが重要である。『障害者白書 令和5年版』によると，2022年5月1日現在，特別支援学校高等部卒業者の進路をみると，福祉施設等入所・通所者の割合が約61.6％に達する一方で，就職者の割合は約30.2％となっており，職業自立を図る上で厳しい状況が続いている[17]。そのため，障がい者の就労を促進するためには，教育，福祉，医療，労働などの関係機関が一体となった施策を講じる必要がある。

障害者就業・生活支援センターでは，障がい者の職業生活における自立を図るために，雇用や保健，福祉，教育等の地域の関係機関との連携の下，障がい者の身近な地域において，就業面及び生活面の両面における一体的な支援を行っている（2023年4月現在337ヵ所[18]）。

一方，障がいに対する偏見，差別，理解の乏しさから，障がい児の社会参画を阻んでいる場合もある。これは，2人の障がい児（発達障がい児と医療的ケアを必要とする児）を育てる木村さん（仮名）の語りである。

　事　例

　この子たちが生まれた時，障がいがあるとわかった時，私は私自身の責任だと責め続けました。この子らを保育所に預けることは，他の子どもに迷惑がかかると思いできませんでした。

　本来であれば，健常児と一緒に遠足や運動会などの園行事に参加させたい。一緒にできないことはわかっていても，同じ空間にいること，雰囲気を味わうことがどれだけ重要か。そして，この子らが成人を迎え，成人式に参列する時に地元の仲間と成人を祝うことができるのか，厳粛な式の中で落ち着いて話が聞けるのだろうか，この子らの将来は親が守るべきものだと思いながらも，責任を持って託す場所（人）があるのだろうか。この子らと過ごす毎日は幸せな日々である一方，そんな心配と不安が押し寄せてくるのです。

　全国保育協議会によると，障害児保育を実施している保育所は全国平均で76.6％であり，民設民営（73.3％）より公設公営の実施割合が高かった（84.2[19]％）。

　中でも「医療的ケア児[20]」を受け入れている保育所は1.6％にしか過ぎず，多くの保育所では重度の障害のある乳幼児を受け入れていない実態が明らかとなっている[21]。

　また立花は，調査対象者の勤務先における医療的ケア児保育の実施状況を調べたところ，多くの保育所等（91.2％）で重度障害のある「医療的ケア児」に対する保育を実施していない実態を明らかにしている[22]。

　2016（平成28）年 6 月に改正された児童福祉法第56条の 6 第 2 項には「医療を要する状態にある障害児が，その心身の状況に応じた適切な保健，医療，福祉その他の各関連分野の支援を受けられるよう，保健，医療，福祉その他の各関連分野の支援を行う機関との連絡調整を行うための体制の整備に関し，必要な措置を講ずるように努めなければならない」と明記された。

　そのため，医療的ケア児が在宅生活を継続し，医療的ケア児とその保護者が必要な支援を安心して受けられるようになるためには，障害福祉だけでなく，保育，教育等における機関が医療的ケア児とその保護者の目線に立ち，緊密に連携して対応することが求められている[23]。

　また，高齢者，障害者等の移動等の円滑化の促進に関する法律では2021（令

和3）年4月より，すべての公立小中学校にすべての建物をバリアフリー化することが義務づけられ，東京都では建築物バリアフリー条例を制定し，バリアフリー化が義務づけされる用途（特別特定建築物）として，保育所や児童厚生施設なども明記されている[24]。

　このように，医療的ケアを必要とする重度の障がいのある子どもでも，地域の保育施設や教育施設において「合理的配慮」の下，施設環境を整備し受け入れができるよう，最大限の努力を行うことが義務づけられたのである。

　そのため，地域の保育・教育機関が障がい児（医療的ケア児を含む）を積極的に受け入れ交流を深めていくなど，子ども，児童・生徒同士の交流教育を推進し，障がいに対する理解を深めていくことも必要であろう。また，車いす体験や手話・点字などを身近に取り入れていくなど，就学前から少しずつ意識的に取り組んでいくことが，よりよい共生社会の構築につながっていくのではないか。

　障がい児への支援は，個別的かつ専門的な支援を必要とする一方で，木村さん（仮名）の語りのように，仲間と一緒に育ち合っていく姿を望んでいる。そして，将来にわたる不安や心配が少しでも解消できるよう，その心情に思いをはせ，寄り添い，常に利用者（当事者）目線であるかどうかを省察できる専門職になるべきである。

注
(1)　ミネルヴァ書房編集部編『社会福祉小六法2023』2023年，279頁。
(2)　同前書，280-281頁。
(3)　同前書，279頁。
(4)　大谷美紀子「子どもの権利条約を起点とした政策への転換──世界と日本における子どもの権利をめぐる動き」『JRIレビュー 2020』7（79），30頁。
(5)　ユニセフ「子どもたちには，どんな権利があるの？」（https://www. unicef.or. jp/about_unicef/about_rig.html，2022年10月19日アクセス）。
(6)　子どもの権利・教育・文化全国センター『ポケット版子どもの権利ノート』2010年，14-16・28頁。
(7)　法務省「こどもの人権を守りましょう」（https://www.moj.go.jp/JINKEN/jinken04_00107.html，2024年2月25日アクセス）。

⑻　これらの相談には法務局職員又は人権擁護委員が秘密厳守で対応する。人権擁護委員とは，人権擁護委員法第 2 条に基づき，法務大臣の委嘱を受けた者である。全国の市町村・特別区に配置され，人権擁護に関する活動を行っており，子どもの権利擁護でいえば，学校におけるいじめ，体罰，家庭での虐待など人権侵害の相談・調査及び救済活動が該当する。

⑼　子ども権利条約批准の後，子どもの権利保障とそれに関する施策の推進を主たる目的とした条例「子どもの権利に関する総合条例」が制定されており，子どもの権利条約総合研究所によると，2022（令和 4 ）年 4 月現在で61の自治体が制定している（http://npocrc.org/wp-content/uploads/2022/04/jorei2204.pdf，2022年10月 5 日アクセス）。

⑽　マズロー，A. H.／小口忠彦訳『人間性の心理学——モチベーションとパーソナリティ』産業能率大学出版部，1987年，56-90頁。

⑾　内閣府「令和 4 年度　青少年のインターネット利用環境実態調査（PDF 版）」2023年，219・237頁（https://www8.cao.go.jp/youth/kankyou/internet_torikumi/tyousa/r04/net-jittai/pdf/2-3-1.pdf，2023年 8 月31日アクセス）。

⑿　同前。

⒀　警察庁・文部科学省「夏休みを迎える君たちへ——ネットには危険もいっぱい」（2017年 6 月27日公表）。

⒁　警察庁「令和 4 年における少年非行及び子供の性被害の状況」2023年（https://www.npa.go.jp/bureau/safetylife/syonen/pdf-r4-syonenhikoujyokyo.pdf，2023 年 8 月31日アクセス）。

⒂　中央教育審議会初等中等教育分科会「共生社会の形成に向けたインクルーシブ教育システム構築のための特別支援教育の推進（報告）」2012年 7 月23日（https://www.mext.go.jp/b_menu/shingi/chukyo/chukyo0/gijiroku/__icsFiles/afieldfile/2012/07/24/1323733_8.pdf，2022年 9 月27日アクセス）。

⒃　合理的配慮とは，「学校（または学校の設置者）に対して，体制や財政面において過度の負担を課さない範囲において，障害のある子どもに対しその状況に応じて，学校教育を受ける場合に個別に必要とされるもの」としている。

⒄　『令和 5 年版　障害者白書』第 3 章第 1 節（https://www8.cao.go.jp/shougai/whitepaper/r05hakusho/zenbun/pdf/s3-1-6.pdf，2023年 8 月31日アクセス）。

⒅　『令和 5 年版　障害者白書』第 3 章第 2 節（https://www8.cao.go.jp/shougai/whitepaper/r05hakusho/zenbun/pdf/s3-2-4.pdf，2023年 8 月31日アクセス）。

⒆　全国保育協議会「全国保育協議会会員の実態調査（2021報告書）」（https://www.zenhokyo.gr.jp/cyousa/r04_07/kaiin2021.pdf，2022年 9 月27日アクセス）。

⒇　厚生労働省社会保障審議会障害者部会第112回（2021年 6 月21日）資料 7 による

と，医療的ケア児とは，医学の進歩を背景として，NICU 等に長期入院した後，引き続き人工呼吸器や胃ろう等を使用し，たんの吸引や経管栄養などの医療的ケアが日常的に必要な児童のことで，全国の医療的ケア児（在宅）は推計約2.0万人といわれている。

⑵⑴ みずほ情報総研「保育所における障害児保育に関する研究報告書（平成29年3月）」2017年（https://www.mizuho-rt.co.jp/case/research/pdf/kosodate2017_03.pdf，2022年9月27日アクセス）。

⑵⑵ 立花直樹「保育現場における障害児保育の現状と課題」『聖和短期大学紀要』7，2021年，35-46頁。

⑵⑶ 厚生労働省・内閣府・文部科学省合同通知「医療的ケア児の支援に関する保健，医療，福祉，教育等の連携の一層の推進について（通知：雇児発0603第4号）」2016年。

⑵⑷ 国土交通省「公立小学校等のバリアフリー化を進めます──『高齢者，障害者等の移動等の円滑化の促進に関する法律施行令の一部を改正する政令』を閣議決定」2020年（https://www.mlit.go.jp/report/press/house05_hh_000844.html，2022年9月27日アクセス）。

参考文献
・第1節
喜多一憲監修，堀場純矢編『児童家庭福祉』（みらい×子どもの福祉ブックス）みらい，2017年。
新保幸男・小林理編『児童家庭福祉 第2版』中央法規出版，2017年。
直島正樹・河野清志編著『子ども家庭福祉』（図解で学ぶ保育）萌文書林，2019年。
橋本好市・宮田徹編『保育と社会福祉 第3版』（学ぶ・わかる・みえる　シリーズ保育と現代社会）みらい，2019年。
三菱 UFJ リサーチ＆コンサルティング「子どもの意見表明を中心とした子どもの権利擁護に関する調査研究 報告書」（令和2年度 子ども・子育て支援推進調査研究事業）2021年。
・第2節
喜多明人編『子どもの権利──次世代につなぐ』エイデル研究所，2015年。
喜多明人・森田明美・広沢明・荒牧重人編『逐条解説　子どもの権利条約』日本評論社，2009年。
国際教育法研究会訳「子どもの権利条約」（子どもの人権連 HP，https://www.jinken-kodomo.net/japanese2/，2022年9月10日アクセス）。
・第3節

荒牧重人・榎井縁・江原裕美・小島祥美・志水宏吉・南野奈津子・宮島喬・山野良一編『外国人の子ども白書 第 2 版　権利・貧困・教育・文化・国籍と共生の視点から』明石書店，2022年。

中坪史典・山下文一・松井剛太・伊藤嘉余子・立花直樹編『保育・幼児教育・子ども家庭福祉辞典』ミネルヴァ書房，2021年。

吉川眞理編著『よくわかるパーソナリティ心理学』ミネルヴァ書房，2020年，130頁。

<table>
<tr><td>第 3 章</td><td>子ども家庭福祉の制度と実施体系</td></tr>
</table>

1　子ども家庭福祉の制度と法体系

（1）児童福祉法とは

　子ども家庭福祉に関係する法律で中心となるものは，1947（昭和22）年に制定された児童福祉法である。戦後制定された法律の中で初めて「福祉」という名称が付けられたのである。

　1945（昭和20）年，日本はポツダム宣言を受諾し敗戦を迎える。戦後間もない日本社会は混乱と窮乏（極貧）を極め，国民の生活水準が著しく低下した時期であった。

　戦争により親を失った子どもは戦争孤児と呼ばれ，頼る身寄りも住む家もなく，街頭で浮浪児として暮らすことを余儀なくされていた。こうした子どもたちは，自分の命を守るために物乞いをして金銭や食べ物をもらったり，靴磨きや新聞売りをしたりして働いたり，徒党を組んでスリや置き引きなどの非行をする子どもも多く，子どもの保護は喫緊の課題となっていた。

　これらの状況を踏まえ政府は1947（昭和22）年にすべての児童を対象とし，積極的に子どもの健全育成や福祉の増進を目指す姿勢を示した「児童福祉法」を制定したのである。本法第1条，第2条では「児童の福祉を保障するための原理（根本的な決まり）」が示され，第3条には「この原理は，すべて児童に関する法令の施行にあたつて，常に尊重されなければならない」と規定されている。

　なお，児童福祉法では児童を18歳に満たないもの，1歳未満を乳児，1歳から小学校就学前を幼児，小学校就学から18歳になるまでを少年と定義している。

（2）児童福祉法の変遷

1）1997（平成9）年の改正

　児童福祉法は制定された1947（昭和22）年から社会状況に応じ，その都度改正されてきているが，法律の骨子自体は変わることはなかった。

　しかし，児童福祉法制定50年にあたる1997（平成9）年6月には「児童福祉法等の一部を改正する法律」が成立し，1998（平成10）年4月に施行された。この改正法は，少子化の進行や子育て環境の変化などに対応するために，①保育施策，②自立支援施策，③母子家庭施策の3つを柱とした。

　保育施策では，これまでの保育所の利用方式である措置方式（市町村が保育所の入所を決定する）から，利用者が希望する保育所を選択する契約方式に変更された。また保育料についても，各利用者の支払い能力に応じて保育料が変わる応能負担から，受けたサービス量に応じて保育料が変わる応益負担と応能負担の混合方式へと見直しが行われた。さらに保育所は，地域住民からの子育てに関する相談，助言を行っていくことを努力義務として法定化されることとなった。

　自立支援施策では，これまでの保護救済から自立支援という新たな観点が導入され，これに伴って一部児童福祉施設の機能や名称が改められた（養護施設から児童養護施設へ，教護院から児童自立支援施設へ，など）。

　また，1990年代頃から児童虐待の増加が深刻な社会問題として大きく取り上げられるようになり，虐待の早期発見，早期対応を図る必要性が高まった。そこで，児童家庭支援センターを新たに創設し，児童養護施設などに附置（付属して設置）することとし，児童相談所との連携の下，地域の子どもと家庭の福祉に関する様々な問題に専門的知識・技術をもって応じることが期待された。

　母子家庭施策では，生活に困窮する母子家庭に住む場所を提供する施設であった母子寮について，母子家庭の自立支援や雇用促進を図るため，入所者の自立の促進のための生活支援を目的に加え，母子生活支援施設に名称が変更された。

2）2001（平成13）年～2014（平成26）年の改正

　2001（平成13）年の改正により，保育士資格が法定化され，児童福祉施設の任用資格から名称独占の国家資格となった。また，保育士が保護者支援を行っ

ていくことも明記された。そして，児童委員の職務の明確化と主任児童委員の法定化を含めた児童委員活動の活性化が図られたのである。

　2004（平成16）年の改正により，児童家庭相談に関する体制の充実のために，児童家庭相談について，児童相談所だけでなく市町村も対応していくこととした。また，保護が必要な児童の早期発見や適切な保護を図り，必要な情報交換と情報共有，そして支援の内容を協議し適切な支援につなげていくために，要保護児童対策地域協議会が法的に位置づけられた。

　2008（平成20）年の改正により，新しい子育て支援事業である「乳児家庭全戸訪問事業」「養育支援訪問事業」「地域子育て支援拠点事業」「一時預かり事業」「家庭的保育事業」を法律上に位置づけた。また，社会的養護の充実として，養育里親と養子縁組を前提とした里親を区別し，養育里親に研修を義務づけるなどの里親制度の改正や小規模住居型児童養育事業（ファミリーホーム）の創設，被措置児童等虐待を防止する観点から，児童養護施設等において虐待を発見した者への通告義務を規定した。

　2010（平成22）年には，それまで障害児支援は障害種別に施設を分けて実施してきたが，重複障害に対応するとともに，身近な地域で支援が受けられるよう，障がい児施設（入所・通所）について一元化が図られた。具体的には，肢体不自由児通園施設・知的障害児通園施設・難聴幼児通園施設などの通所サービスを行う施設を児童発達支援センター（障害児通所支援）とし，知的障害児施設・盲ろうあ児施設・肢体不自由児施設・重症心身障害児施設などの入所サービスを行う施設を障害児入所施設（障害児入所支援）とした。また，放課後等デイサービス，保育所等訪問支援が創設され，障害児支援における利用形態の再編が行われたのである。

　2014（平成26）年の改正では，障害児の定義に難病である児童が加わり，小児慢性特定疾患（現・小児慢性特定疾病）対策も法定化された。このように治療研究など慢性疾患にかかっている子どもなどの健全な育成に役立つ調査・研究のための基本方針が定められるなど，小児慢性特定疾病対策の充実が図られた。

3）2016（平成28）年の改正

　2016（平成28）年5月に児童福祉法等の一部を改正する法律が成立し，一部を除いて2017（平成29）年4月より施行された。改正のポイントは以下の4点

である。

　①「児童福祉法」の理念の明確化。

　②児童虐待の発生予防。

　③児童虐待発生時の迅速・的確な対応。

　④被虐待児の自立支援。

　この中で特に大きな改正点は、1947（昭和22）年の児童福祉法制定時からそれまで変更のなかった理念が見直され、児童の権利に関する条約（以下、子どもの権利条約）に関する内容が明記され、子どもの権利をより強調したものになっている。

　具体的には、第1条から第3条に、子どもが適切な養育を受け、成長、発達、自立などを保障されている権利を有していることや、子どもを中心に位置づけて、保護者・国民・地方公共団体・国（都道府県・市町村など）はそれを支える形でその福祉が保障されることが規定されている。

　また社会的養護を必要とする子どもの多くが児童養護施設などの施設へ措置されている現状から、里親やファミリーホーム（小規模住居型児童養育事業）など、より家庭に近い養育環境の推進を図るよう国と地方公共団体にその責務があることが明記されたのである。

　そして、児童虐待の発生予防に関して、母子保健法の改正と合わせて、市町村に対して妊娠期から子育て期まで切れ目ない支援を行う、子育て世代包括支援センターの設置努力義務や、支援が必要な妊婦などを把握した医療機関や学校などは、市町村への情報提供に努めることが規定されることになった。

　加えて虐待への早期対応については、市町村にその支援を行うための拠点の整備、市町村が設置する要保護児童対策地域協議会の調整機関に児童福祉司、保健師、保育士などの専門職の配置が義務づけられ、児童虐待の発生予防、早期対応に対する市町村の役割が一層高められたのである。

4）2019（令和元）年の改正

　2019（令和元）年6月に児童福祉法等の一部を改正する法律が成立し、一部を除き2020（令和2）年4月より施行された。

　児童虐待防止策の強化を図るために、子どもの権利擁護、児童相談所の体制強化、関係機関間の連携強化などに関する規定が整備された。児童相談所長、

児童福祉施設の長，ファミリーホーム及び里親は子どもに対し，体罰を加えることはできない，と明記した他，児童相談所長，児童福祉司の任用要件に精神保健福祉士及び，公認心理師を追加したこと，児童相談所への弁護士の配置，他の児童福祉司の指導及び教育を行う児童福祉司（スーパーバイザー）の配置等を明記している。

5）2022（令和4）年の改正

2022（令和4）年6月に児童福祉法等の一部を改正する法律が成立し，一部を除き2024（令和6）年4月より施行される。児童等に対する家庭及び養育環境の支援を強化し，児童の権利の擁護が図られた児童福祉施策を推進するため，市町村における児童福祉及び母子保健に関し包括的な支援を行うこども家庭センターの設置の努力義務化，入所措置や一時保護の決定時における児童の意見聴取等の手続の整備，児童自立生活援助の対象者の年齢制限の緩和など，大幅な改正であった。

まず，従来の子ども家庭総合支援拠点（児童福祉）と子育て世代包括支援センター（母子保健）の組織を見直し，すべての妊産婦，子育て世帯，子どもへ一体的に相談支援を行う機能を有する機関（こども家庭センター）の設置に努め，身近な子育て支援の場（保育所・幼稚園・認定こども園等）と緊密に連携した相談機関の整備に努めることを明記した。また，こども家庭センターは支援を要する子どもや妊産婦等への支援計画（サポートプラン）を作成することとした。

そして，今まで福祉型・医療型に分かれていた児童発達支援センターを一元化して，地域における障がい児支援の中核的役割を担うことを明確化し，障がい種別にかかわらず障がい児を支援できるよう，支援の質の向上に取り組むことを明記している。

さらに，児童自立生活援助の年齢による一律の利用制限の弾力化における年齢要件について，都道府県知事が認めた時点まで児童自立生活援助の実施を可能にし，教育機関に在学していなければならない等の要件を緩和したのである。

一方，子どもの意見聴取等の仕組みの整備として，児童相談所等は入所措置や一時保護等の際に子どもの最善の利益を考慮しつつ，子どもの意見・意向を踏まえて措置を行うため，子どもの意見聴取等の措置を講ずるなど，意見・意向表明や権利擁護に向けた必要な環境整備を行うこととした。

また，児童相談所が一時保護を開始する際に，親権者等が同意した場合等を除き，事前又は保護開始から7日以内に裁判官に一時保護状を請求する等の手続きを設けるなど，一時保護開始時の判断に関する司法審査の導入が明記されている。

　その他，子ども家庭福祉の実務者の専門性の向上として，児童虐待を受けた子どもの保護等の専門的な対応を要する事項について十分な知識・技術を有する者を新たに児童福祉司の任用要件に追加する旨が明記された。

（3）児童福祉六法

　児童福祉法をはじめ，「児童扶養手当法」「特別児童扶養手当等の支給に関する法律」「母子及び父子並びに寡婦福祉法」「母子保健法」「児童手当法」の6つの法律を「児童福祉六法」と呼んでいる。

1）児童扶養手当法

　「父又は母と生計を同じくしていない児童が育成される家庭の生活の安定と自立の促進に寄与するため，当該児童について児童扶養手当を支給し，もつて児童の福祉の増進を図ること」（第1条）を目的とし，1961（昭和36）年に制定された。

　支給要件として，父母の離婚，父又は母の死亡，父又は母が重度の障害者，父又は母の生死が明らかでないなど，父又は母が不在であるひとり親家庭が対象となる。制定当時は母子家庭を対象としていたが，2010（平成22）年の改正で父子家庭も支給対象となった。

2）特別児童扶養手当等の支給に関する法律

　「精神又は身体に障害を有する児童について特別児童扶養手当を支給し，精神又は身体に重度の障害を有する児童に障害児福祉手当を支給するとともに，精神又は身体に著しく重度の障害を有する者に特別障害者手当を支給することにより，これらの者の福祉の増進を図ること」（第1条）を目的としており，1964（昭和39）年に制定された。ただし，いずれの手当も，児童福祉施設等に入所した障害児については父母の監護という要件に該当しないものとみなされるため，支給対象にはならない。

3）母子及び父子並びに寡婦福祉法

　母子福祉対策の総合的な推進を目指すことを目的とし，1964（昭和39）年に母子福祉法として制定・施行された。子どもが20歳に達した母子家庭の母（寡婦）も対象とした「母子及び寡婦福祉法」が1981（昭和56）年に制定された。

　その後2014（平成26）年の改正法施行で，ひとり親家庭への支援を拡充するとともに，子どもの貧困対策に資するため，「母子家庭」を「母子家庭等（母子家庭及び父子家庭）」に改め，父子家庭も対象に加えられた。この法律では「母子家庭等及び寡婦の福祉に関する原理を明らかにするとともに，母子家庭等及び寡婦に対し，その生活の安定と向上のために必要な措置を講じ，もつて母子家庭等及び寡婦の福祉を図ること」（第1条）を目的としている。具体的な福祉サービスとして，自立促進計画，母子・父子自立支援員による相談援助，母子・父子・寡婦福祉資金の貸し付け，日常生活支援事業として家庭生活支援員を派遣する事業がある。また，保育所へ優先的に入所できるよう配慮することも明記されている。

4）母子保健法

　母子保健法は1965（昭和40）年に制定された法律で，「母性並びに乳児及び幼児の健康の保持及び増進を図るため，母子保健に関する原理を明らかにするとともに，母性並びに乳児及び幼児に対する保健指導，健康診査，医療その他の措置を講じ，もつて国民保健の向上に寄与すること」（第1条）を目的としている。

　1991（平成3）年の改正では，母子保健に関する知識の普及を市町村にも義務づけるとともに，母子健康手帳の交付事務を市町村に委譲し，1994（平成6）年の改正では，母子保健施策のうち地域住民に身近で頻度が高い事業の実施主体を市町村とし，それまで市町村が担ってきた老人保健サービスと一体化させた。

　2016（平成28）年の改正では，母子保健法に児童虐待防止の観点が盛り込まれ，支援に必要な実情を把握し，妊娠期から切れ目のない支援を行う子育て世代包括支援センター（母子保健包括支援センター）の設置が市町村に位置づけられた。

　そして2019（令和元）年12月，母子保健法の一部を改正する法律が制定され，

産後ケアを必要とする出産後１年を経過しない女子及び乳児に対して，心身の
ケアや育児のサポート等を行い，産後も安心して子育てができる支援体制（産
後ケア事業）の実施の努力義務を規定した。

　母子保健法は，保健指導や訪問指導，健康診査（１歳６か月児，３歳児），妊
娠の届け出，母子健康手帳の交付，低出生体重児（2,500 g 未満）が出生した時
の届け出，未熟児に対する養育医療の給付，母子健康センターの設置等が規定
されている。

5）児童手当法

　1971（昭和46）年に制定され，中学生までの子どもがいる世帯に子ども・子
育て支援として現金を給付する制度である。「父母その他の保護者が子育てに
ついての第一義的責任を有するという基本的認識の下に，児童を養育している
者に児童手当を支給することにより，家庭等における生活の安定に寄与すると
ともに，次代の社会を担う児童の健やかな成長に資すること」（第１条）を目的
としている。

　児童手当の対象は０歳から15歳に達した年度末まで（国籍問わず，留学を除く，
日本国内在住である者）であり，児童を養育する者に対して支払われる。

　ただし，児童を養育する者の所得が一定基準以上になると，児童手当は支給
されない。その代わり，児童の年齢にかかわらず一律5,000円が支給されてい
た（特例給付）。しかし，2022（令和４）年10月の児童手当法改正により特例給
付の支給対象者が変更になり，養育する者の年収が所得上限限度額以上の場合
は，特例給付の支給も対象外となった。

　この背景には，年金・医療・介護・子育て支援など社会保障費の急激な増加
と少子化対策の充実（幼児教育・保育無償化）等が関係している。また高所得世
帯ほど，児童手当が子どものために使われているとは限らない実態も明らかで
あり，特例給付の縮小など見直しが図られたのである。[1]

（4）子ども家庭福祉に関係する主な法律

　児童福祉六法以外にも子ども家庭福祉の基盤をなしている法律はいくつかあ
る。以下，その代表的な法律について説明する。

1）児童虐待の防止等に関する法律（児童虐待防止法）

　児童に対する虐待防止を目的に，児童を保護する責任のある者を対象とし，児童の権利擁護に資するために，2000（平成12）年 5 月に児童虐待の防止等に関する法律（以下，児童虐待防止法）が制定された。

　児童虐待防止法では，18歳未満の児童に対する虐待を「身体的虐待，性的虐待，ネグレクト（育児放棄など），心理的虐待」と定義し，関係者の発見・通告を義務づけた。

　2004（平成16）年の改正により「児童虐待は著しい人権侵害」と規定され，面前 DV を心理的虐待に追加，虐待を受けたと思われる場合も通告の対象とするなど通告義務の拡大などが盛り込まれた。

　2007（平成19）年の改正では，虐待通告後の安全確認の重要性が認識され，子どもの安全確認を努力義務から義務化したこと，保護者が指導に従わない場合の措置の手続きを明確化したこと，保護者に対する面会・通信の制限，国及び地方公共団体による重大な児童虐待事例の分析の実施などが明記された。

　2016（平成28）年の法改正では，親権者は子どものしつけに際して，監護・教育に必要な範囲を超えて子を懲戒してはならないことが明記された。また臨検（強制立ち入り調査）・捜索をすることはこれまで「保護者が立ち入り調査を拒む」ことに加え「再出頭要請にも応じない」ことが要件になっていたが，再出頭要求を経ずとも裁判所の許可状があれば実施できるようになった。

　そして，児童相談所等に対して児童虐待に関する資料又は情報の提供ができる機関等を病院や学校，医師や教職員等に拡大するなど，関係諸機関の体制整備により迅速かつ的確な対応を図ることとした。

　2019（令和元）年に，改正児童福祉法とともに施行された改正児童虐待防止法では，親権者がしつけと称して「体罰」を加えることを禁止するとともに，児童相談所等の体制強化に関する内容が盛り込まれた。

　これは，2018（平成30）年 3 月の東京都目黒区の 5 歳女児虐待死事件や2019（平成31）年 1 月の千葉県野田市の10歳女児虐待死事件など，子どもの命が失われる虐待事案が頻発したことが背景にある。

　また，教職員等の児童虐待早期発見努力義務を有する者に，虐待を受けたと思われる子どもに関する秘密を漏らしてはならないとの規定が追加されたり，

児童相談所が児童虐待に対して積極的な介入を図れるよう，介入機能（部署）と支援機能（部署）を分離すること等も定められた。

2）DV防止法

配偶者からの暴力に係る通報，相談，保護，自立支援等の体制を整備し，配偶者からの暴力の防止及び被害者の保護を図ることを目的とし，2001（平成13）年制定された法律で，正式には，配偶者からの暴力の防止及び被害者の保護等に関する法律という。

この法律ができるまで，家庭内の夫婦間のことは，私的な問題とみなされていたが，1993年の国連総会において採択された「女性に対する暴力の撤廃に関する宣言」を受け，日本でも多くの女性が人権を侵され，DV（ドメスティック・バイオレンス：Domestic Violence）を受けており，子どもにも深刻な影響を及ぼしていることが社会問題として浮き彫りになってきた。

この法律において「配偶者からの暴力」を以下のように定義している。「暴力」とは，身体に対する暴力（身体に対する不法な攻撃であって，生命や身体に危害を及ぼすものや性的暴力を含む）や，心身に有害な影響を及ぼす言動など，人間としての尊厳を侵害する言葉による暴力も含まれている。「配偶者」とは，配偶者，元配偶者，事実婚なども含み，仮に離婚前に暴力を受け，離婚後も引き続き暴力を受ける場合や，生活拠点を共にする交際相手，元の生活拠点を共にする交際相手等も含み，男性，女性は問わないとしている。

同法の一部が2004（平成16）年に改正され，「配偶者からの暴力」の定義が拡大され，身体的暴力に限定されていたものから言葉や態度などによる精神的暴力も含むことになった。また，保護命令制度が拡充され元配偶者も保護命令の対象とした。

また2007（平成19）年の改正で，「配偶者暴力相談支援センター」の設置を都道府県は義務，市町村は努力義務とし，被害者支援のための相談，カウンセリング，自立援助，関係機関との連絡調整等を役割とした。

さらに2013（平成25）年の改正では，同居中または同居していた交際相手も対象に加わり「デートDV（交際相手に対する暴力）」も同居を条件として対象となったのである。

配偶者からの暴力を発見した人は，配偶者暴力相談支援センターや警察に通

報するように努めなければならない。そして婦人相談所（または民間のシェルター）での一時保護，被害者による裁判所への申し立てによって，保護命令（被害者への接近禁止命令，被害者の子又は親族等への接近禁止命令，電話等禁止命令，退去命令）を下すなど，被害者を守るために，積極的な介入と保護の体制が整備されている。

　一方，配偶者間の暴力を子どもが目撃していた場合（いわゆる面前DV）は，心理的虐待として扱われる。近年はこの面前DVの通告が急増しており，子どもにとって深刻な影響を与えるといわれている。⁽²⁾

　配偶者からの暴力の防止及び被害者の保護等に関する法律の一部を改正する法律が2023（令和5）年5月12日に成立し，同年5月19日に公布された（一部の規定を除き，2024年4月1日から施行）。主な改正点として保護命令制度の拡充・保護命令違反の厳罰化（接近禁止命令の発令要件拡大や接近禁止命令期間の延長，2年以下の懲役，200万円以下の罰金等）の他，被害者の自立支援のための施策，協議会の法定化などが明記された。

3）少 年 法

1948（昭和23）年に，「少年の健全な育成を期し，非行のある少年に対して性格の矯正及び環境の調整に関する保護処分を行うとともに，少年の刑事事件について特別の措置を講ずること」（第1条）を目的として制定された。

2000（平成12）年の改正では，刑事処分可能な年齢を16歳以上から14歳以上への引き下げ，2007（平成19）年の改正では，少年犯罪の低年齢化を受けて，少年院送致の下限年齢が14歳以上から「おおむね12歳以上」に引き下げ，2008（平成20）年の改正では，少年審判や刑事裁判に被害者の遺族が参加し，加害者に対し意見・質問ができるようになった。2014（平成26）年の改正では，有期刑の上限（15年から20年）と不定期刑の上限を15年に引き上げた。

　そして2021（令和3）年に少年法等の一部を改正する法律が成立し，2022（令和4）年4月から施行された。なお，同年に民法の一部を改正する法律も施行され，成年年齢が20歳から18歳に引き下げられた。改正少年法の主なポイントは，以下の通りである。

　① 適用のあり方

18・19歳も特定少年として引き続き少年法が適用され，家庭裁判所が処分を

決定する。ただし，検察官送致（逆送）対象の事件の拡大や検察官送致決定後は20歳以上の者と同様に扱われるなど，17歳以下の者とは異なる取り扱いとなる。

② 原則検察官送致対象事件の拡大

18歳以上の少年（特定少年）の時に犯した死刑，無期または短期1年以上の懲役・禁錮にあたる罪の事件が追加される。

③ 実名報道の解禁

18歳の特定少年の時に犯した事件について起訴された場合は犯人の実名・写真等を用いた報道が可能になる。

4）児童買春・児童ポルノ禁止法

この法律は1999（平成11）年に児童買春・児童ポルノに係る行為を規制し処罰するとともに，行為等により有害な影響をうけた児童の保護と児童の権利擁護を目的として制定され，正式には児童買春，児童ポルノに係る行為等の処罰及び児童の保護等に関する法律という。

2004（平成16）年に改正され約10年の間，インターネット・SNS等の普及により児童ポルノ被害に遭う子どもの数が大幅に増加したことを受け，特定・少数の者に対する児童ポルノの提供やこれを目的とした製造・所持等の行為等を処罰対象に含めるなど，処罰範囲の拡大がなされた。

2014（平成26）年6月の一部改正では，法令名が「児童買春，児童ポルノに係る行為等の規制及び処罰並びに児童の保護等に関する法律」に改められ，児童ポルノをみだりに所持することなどが一般的に禁止されたほか，児童ポルノの製造の罪について盗撮の場合にも処罰対象とされた。

5）障害者総合支援法

障害者自立支援法に代わり，2013（平成25）年4月から施行された法律で，正式には障害者の日常生活及び社会生活を総合的に支援するための法律という。この法律は，改正障害者基本法を踏まえ，法の目的規定の改正と基本理念を創設することにより，「障害者及び障害児が基本的人権を享有する個人としての尊厳にふさわしい日常生活又は社会生活を営むことができるよう，必要な障害福祉サービスに係る給付，地域生活支援事業その他の支援を総合的に行い，もって障害者及び障害児の福祉の増進を図るとともに，障害の有無にかかわらず

国民が相互に人格と個性を尊重し安心して暮らすことのできる地域社会の実現に寄与すること」（第 1 条）を目的とする。

　主に，障害者の定義に新たに難病等（治療方法が確立していない疾病など）を追加し障害福祉サービス等の対象とすることや，「障害程度区分」について，障害の多様な特性その他の心身の状態に応じて必要とされる標準的な支援の度合いを総合的に示す「障害支援区分」に改めることなどが盛り込まれた。

　なお，障害者総合支援法は，2022（令和 4 ）年の改正案が2023年12月に可決され2024年度より施行される。主な改正点として，障害者等の地域生活や就労の支援の強化等により，障害者等の希望する生活を実現するため，障害者等の地域生活の支援体制の充実（共同生活援助：グループホームの支援内容を法律上明確化すること，地域の障害者や精神保健に関する課題を抱える人を支援する拠点の整備等）や障害者の多様な就労ニーズに対する支援及び障害者雇用の質の向上の推進（就労アセスメントの手法を活用した「就労選択支援」の創設，企業が実施する職場定着等の取組に対する助成措置の強化）などが盛り込まれた。

6 ）発達障害者支援法

　2004（平成16）年，発達障害者が個人としての尊厳にふさわしい日常生活又は社会生活を営むことができるよう「発達障害を早期に発見し，発達支援を行うことに関する国及び地方公共団体の責務を明らかにするとともに，学校教育における発達障害者への支援，発達障害者の就労の支援，発達障害者支援センターの指定等について定めることにより，発達障害者の自立及び社会参加のためのその生活全般にわたる支援を図り，もって全ての国民が，障害の有無によって分け隔てられることなく，相互に人格と個性を尊重し合いながら共生する社会の実現に資すること」（第 1 条）を目的とし，発達障害を抱える者への支援体制の充実を図っている。

　なお，第 2 条で発達障害を「自閉症，アスペルガー症候群その他の広汎性発達障害，学習障害，注意欠陥多動性障害その他これに類する脳機能の障害であってその症状が通常低年齢において発現するものとして政令で定めるもの」と定義している。また，発達障害者のうち18歳未満の者を発達障害児とする（第 2 条第 2 項）としている。

　2016（平成28）年に改正された発達障害支援法は，早期に発達支援を行うと

ともに，切れ目なく発達障害者の支援を行うこと，教育現場では個別の支援計画や指導計画の作成を行うことが盛り込まれた。

また，発達障害者の定義において，発達障害によって日常生活での制限を受けるとしていたが，「社会的障壁」によっても日常生活で制限を受けると明記された。発達障害が見えにくい障がいであるからこそ，その障壁については障害特性に応じて考える必要があるだろう。

7）子ども・子育て支援法

2012（平成24）年に施行された，新たな子ども・子育て支援の仕組みを規定している法律である。日本における「急速な少子化の進行並びに家庭及び地域を取り巻く環境の変化に鑑み，…（中略）…子ども及び子どもを養育している者に必要な支援を行い，もって一人ひとりの子どもが健やかに成長することができる社会の実現に寄与すること」（第1条）を目的としたものである。

具体的な仕組みとして，子ども・子育て支援給付（児童手当）子どものための教育・保育給付（施設型給付と地域型保育給付）がある。また，地域子ども・子育て支援事業として，利用者支援事業や地域子育て支援拠点事業など13の事業を実施している。そして子ども・子育て会議（内閣府に設置）において，子ども・子育て支援の施行に関する重要事項について調査・審議している。

8）次世代育成支援対策推進法

次世代の社会を担う子どもが健やかに生まれ，子育てと仕事を両立できる環境を整備・充実させることを目的とし2003（平成15）年に成立した法律である。国，地方公共団体，企業，国民が担う責務を明らかにし，2005（平成17）年4月から施行されている。

具体的には，すべての都道府県・市町村に地域における子育て支援サービスの整備目標を盛り込んだ次世代育成支援地域行動計画の策定を義務づけ，2010年度からは「後期行動計画」がすべての自治体で実施された。

また企業においては，労働者の仕事と子育てに関する「一般事業主行動計画」を策定することとし，行動計画に定めた目標を達成するなど一定の基準を満たした企業は，申請により「くるみん認定・プラチナくるみん認定」を受けることができる。

本法律は2014年度末（10年間）までの時限立法だったが，法改正により2025

年3月31日まで延長された。

9）少子化社会対策基本法

本法律は，国民生活に深刻かつ多大な影響をもたらす急速な少子化の進展への対策を目的としており，少子化社会において講じ行える施策の基本理念を明らかにし，少子化に的確に対処するための施策を総合的に推進するために，2003（平成15）年に制定された。

その基本的施策として，雇用環境の整備，保育サービス等の充実，地域社会における子育て支援体制の整備，母子保健医療体制の充実等の8項目が掲げられている。また，国，地方公共団体，事業主，国民それぞれの責務が明記されるとともに，第7条には「少子化社会対策大綱」を策定し，概ね5年後を目処に見直しを行っていくこととしている。⁽³⁾

10）子ども・若者育成支援推進法

児童虐待，いじめ，少年による重大事件の発生，有害情報の氾濫など，子ども・若者をめぐる環境は悪化している。また，ひきこもりやニート，不登校，発達障害等の精神疾患など，子ども・若者が抱える問題は複雑かつ深刻化している。それらを背景に，総合的な子ども・若者育成支援のための施策と，若者を支援するための地域ネットワークの整備等を推進することを目的として2009（平成21）年に制定された法律である。

11）子どもの貧困対策の推進に関する法律（子どもの貧困対策法）

子どもの現在及び将来がその生まれ育った環境によって左右されることのないよう，貧困の状況にある子どもが健やかに育成される環境を整備し，教育の機会均等を図るため，子どもの貧困対策を総合的に推進することを目的として，2013（平成25）年に成立した。

2019（令和元）年には一部改正がなされ，子どもの貧困の解消に向けて，子どもの「将来」だけでなく「現在」の生活等に向けた対策であること，児童の権利に関する条約の精神に則り基本理念を定め，国等の責務を明らかにし，及び子どもの貧困対策の基本となる事項を定めることが明記された。

12）こども基本法

2023（令和5）年4月，こども政策の中心を担う「こども家庭庁」が発足された。同時に子どもの権利を包括的に守る「こども基本法」が2022（令和4）

年6月に国会で成立し，2023（令和5）年4月に施行された。

　本法は，その目的を「日本国憲法及び児童の権利に関する条約」の精神に則り，すべての子どもが健やかに成長することができ，状況や環境等にかかわらず，権利が護られ幸福な生活を送ることができる社会の実現を目指すとしている。そのために，国の責務等を明らかにし，こども施策の基本となる事項を定めるとともに，こども政策推進会議を設置すること等により，こども施策を総合的に推進することとしている。

　また，こども基本法第3条には，6つの基本理念が示されており，その理念は，児童の権利に関する条約の4原則や日本国憲法（第11・13・14条）の趣旨を踏まえ規定されている。

　「第3条　こども施策は，次に掲げる事項を基本理念として行われなければならない。

　一　全てのこどもについて，個人として尊重され，その基本的人権が保障されるとともに，差別的取扱いを受けることがないようにすること。

　二　全てのこどもについて，適切に養育されること，その生活を保障されること，愛され保護されること，その健やかな成長及び発達並びにその自立が図られることその他の福祉に係る権利が等しく保障されるとともに，教育基本法（平成十八年法律第百二十号）の精神にのっとり教育を受ける機会が等しく与えられること。

　三　全てのこどもについて，その年齢及び発達の程度に応じて，自己に直接関係する全ての事項に関して意見を表明する機会及び多様な社会的活動に参画する機会が確保されること。

　四　全てのこどもについて，その年齢及び発達の程度に応じて，その意見が尊重され，その最善の利益が優先して考慮されること。

　五　こどもの養育については，家庭を基本として行われ，父母その他の保護者が第一義的責任を有するとの認識の下，これらの者に対してこどもの養育に関し十分な支援を行うとともに，家庭での養育が困難なこどもにはできる限り家庭と同様の養育環境を確保することにより，こどもが心身ともに健やかに育成されるようにすること。

　六　家庭や子育てに夢を持ち，子育てに伴う喜びを実感できる社会環境を

整備すること。」

　今まで，子どもに関する様々な施策は取り組まれてきたが，少子化の現状には歯止めがかからず，児童虐待相談対応件数やいじめの認知件数は増加し続けており，また自殺，不登校等の問題等も深刻化している。

　そのような状況下，こども基本法が制定されたことにより，子どもを権利の主体として位置づけ，子どもの最善の利益と権利が護られる社会の実現に近づいてほしいと願う。そして，子どものことを大切に思う大人が増えていくことを期待したい。

2　子ども家庭福祉の実施体系

　子ども家庭福祉は，日本でどのように実施されているのか，次の3点にわたって紹介する。①子ども家庭福祉を担う国・地方自治体の行政組織とその業務，②子ども福祉の現場を担う専門機関とその役割，③福祉の経費や負担に関わる経済的側面である。

(1) 子ども家庭福祉行政の体制
　子ども家庭福祉制度は，児童福祉法を基盤として，行政機関や審議会（国では社会保障審議会，都道府県・市町村では児童福祉審議会），相談機関，児童福祉施設，民間団体等が連携して実施されている。日本の行政機関は，国，都道府県，市町村の3層構造で，子ども家庭福祉の実施体制として，体系的，総合的に運営されている（図3-1）。

　福祉・保健サービス等は，住民に身近な行政機関である市町村によって実施される傾向にある。すでに，高齢者福祉，障害者・児福祉，地域保健サービスでは，多くが市町村主体である。それに対して，子ども家庭福祉は，①子どもが単独では権利主張が困難であること，②サービスの内容，提供では，子ども本人の意向，保護者の意向において調整等が必要であること，③非行児童や被虐待児童などの要保護児童について，保護者との分離によって施設入所等の援助が必要とされること等，高度で専門的な関わりや行政権限の行使が必要となる場合があることから，従来，都道府県を中心に，体制が整備されてきた。

図3-1　子ども家庭福祉を実施する機関・施設の実施体制，全体像

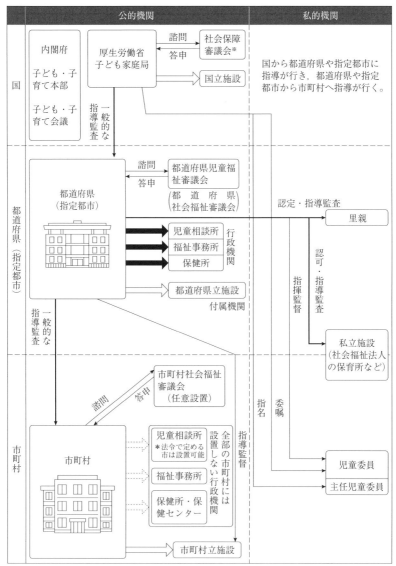

注：審議会……制度・政策などについて，どのような内容にするかを話し合う会議，大学教員や保育所所長，医師，地域の自治会長，一般の人（地域住民）まで，さまざまな立場の人がメンバーになっている。

出所：直島正樹・河野清志編著『図解で学ぶ保育 子ども家庭福祉』萌文書林，2019年。

　しかし，少子化への対応として保育施策を中心に，市町村の子育て支援施策が進められるようになった。子どもの権利擁護の観点から被虐待児童等に対する取り組みは従来通り，都道府県を中心に進められてきたが，これらが次世代育成支援という考えの下に，統合されていく方向となった。そして，2004（平成16）年の児童福祉法改正において，子ども家庭福祉施策の推進について市町村の役割を一層強化し，都道府県と連携し，子ども家庭福祉に関する相談支援の第一義的窓口を市町村が担当することになった。今後は，都道府県と市町村による連携の下に，市町村を主体に子ども家庭福祉が推進される体制を整備していくと考えられる。

　連携を推進する上で，児童福祉法に基づいて要保護児童対策地域協議会がほとんどの市町村に設置され，都道府県，市町村等の公的機関だけでなく，社会福祉法人や民間団体等も必要に応じてメンバーとなり，情報共有，対応の協議，対象児童の登録等が行われている。

　また，国及び地方公共団体（都道府県，市町村）の責務は「児童が家庭において心身ともに健やかに養育されるよう，児童の保護者を支援しなければならない」（児童福祉法第3条の2），「児童の保護者とともに，児童を心身ともに健やかに育成する責任を負う」（児童福祉法第2条）とされている。

1）国の子ども家庭福祉行政の体制

　国は，市町村が行う子ども・子育て支援給付及び，地域子ども・子育て支援事業，その他この法律に基づく業務が適正かつ円滑に行われるよう，市町村，都道府県と相互に連携を図りながら，子ども・子育て支援の提供体制の確保に関する施策など必要な措置を講じなければならないとされている。国の責務として，子ども家庭福祉に関する福祉行政全般についての企画調整，監査指導，事業に要する費用の予算措置等，中枢的機能を担う。

① 厚生労働省

　厚生労働省は，社会福祉，社会保障，公衆衛生の向上・増進と，雇用環境の整備，職業の安定・人材の育成を総合的，一体的に推進している。子ども家庭福祉に関する業務の主な担当部局は，子ども家庭局である。2017（平成29）年度に組織改編が行われ，雇用均等・児童家庭局が「雇用環境・均等局」と「子ども家庭局」に分かれた。

図3-2 子ども・子育て本部を中心とした体制

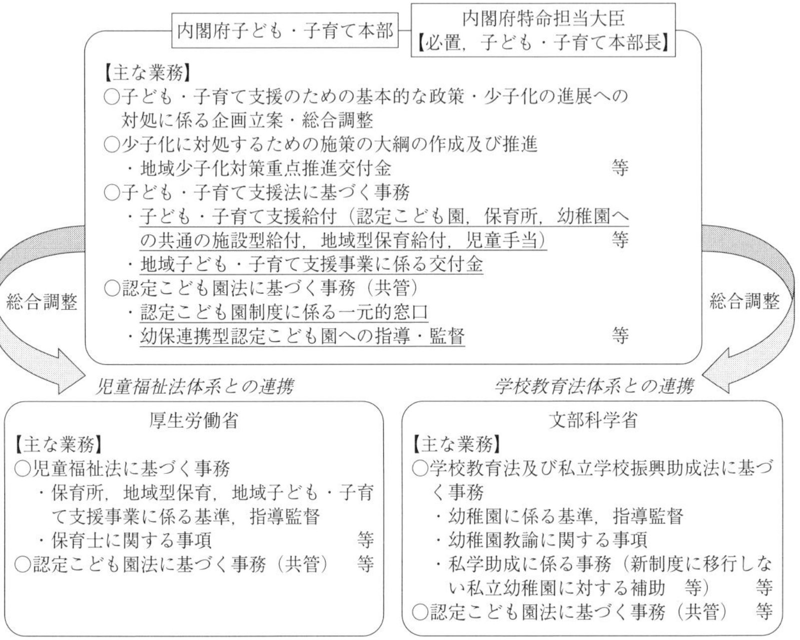

┌─────────────────────────┬──────────────────────────┐
│ 内閣府子ども・子育て本部 │ 内閣府特命担当大臣 │
│ │【必置，子ども・子育て本部長】│
└─────────────────────────┴──────────────────────────┘

【主な業務】
○子ども・子育て支援のための基本的な政策・少子化の進展への
　対処に係る企画立案・総合調整
○少子化に対処するための施策の大綱の作成及び推進
　・地域少子化対策重点推進交付金　　　　　　　　　　　　　　等
○子ども・子育て支援法に基づく事務
　・子ども・子育て支援給付（認定こども園，保育所，幼稚園へ
　　の共通の施設型給付，地域型保育給付，児童手当）　　　　等
　・地域子ども・子育て支援事業に係る交付金
○認定こども園法に基づく事務（共管）
　・認定こども園制度に係る一元的窓口
　・幼保連携型認定こども園への指導・監督　　　　　　　　　等

総合調整　　　　　　　　　　　　　　　　　　　　　　総合調整

児童福祉法体系との連携　　　　　　　　　学校教育法体系との連携

厚生労働省
【主な業務】
○児童福祉法に基づく事務
　・保育所，地域型保育，地域子ども・子育
　　て支援事業に係る基準，指導監督
　・保育士に関する事項　　　　　　　等
○認定こども園法に基づく事務（共管）　等

文部科学省
【主な業務】
○学校教育法及び私立学校振興助成法に基づ
　く事務
　・幼稚園に係る基準，指導監督
　・幼稚園教諭に関する事項
　・私学助成に係る事務（新制度に移行しな
　　い私立幼稚園に対する補助　等）　　等
○認定こども園法に基づく事務（共管）　等

出所：内閣府子ども・子育て本部HP（https://www8.cao.go.jp/shoushi/about.html，2023年8月11日
　　　アクセス）。

業務として，①児童の心身の育成や発達，保育，養護，虐待防止，②児童の福祉のための文化の向上，③母子，父子，寡婦，の福祉増進，④児童の保健の向上，⑤妊産婦その他母性の保健の向上などに関する立案や予算配分，地方行政の指導等を担っている。

②　社会保障審議会

社会保障審議会は，子ども家庭福祉を含む福祉行政全般に関わる様々な事項について，調査・審議し，厚生労働大臣，または関係行政機関へ意見を述べることになっている。子ども家庭福祉の分野では，社会保障審議会の下に，児童部会が設置されている。

業務として，①厚生労働大臣の諮問に応じ，社会保障に関する重要事項を調査・審議する，②厚生労働大臣や関係各大臣の諮問に応じ，人口問題に関する重要事項を調査，審議する，③先の2つの重要事項について，厚生労働大臣や

関係行政機関に意見を述べる，等を行っている。

③　内閣府子ども・子育て本部

内閣府には，子ども子育て支援制度に基づく業務等を所管する「子ども・子育て本部」が置かれている。子ども・子育て本部を中心として，厚生労働省や文部科学省等の関係省庁が緊密な連携を図りつつ，少子化対策や子ども・子育て支援施策を推進している（図 3 - 2 ）。

業務として，①子ども・子育て支援のための基本的な政策や少子化の進展への対処に係る企画立案・総合調整，②少子化に対処するための施策，大綱の作成及び，推進，③子ども・子育て支援給付等の子ども・子育て支援法に基づく事務，④認定こども園に基づく事務等がある。

④　子ども・子育て会議

内閣府には，子ども・子育て支援法に基づき，子ども・子育て会議が置かれており，子ども・子育て支援の施行に関する重要事項等について調査・審議している。子ども・子育て支援制度の推進役で要となるのは，内閣府の子ども・子育て本部である。役割として，制度設計，市町村に対する交付金の交付，市町村や都道府県が策定する「子ども・子育て支援事業計画」に資する基本指針の策定などがある。

2015（平成27）年 4 月に施行された子ども・子育て支援制度は，事業ごとに所管や財源が異なっていた「子ども・子育て支援対策」から，制度・財源・給付の包括的，一元的な推進体制を目指すことになった。

⑤　こども家庭庁

2023（令和 5 ）年 4 月 1 日から，こども家庭庁設置法に基づき，内閣府の外局としてこども家庭庁が設置される。こども家庭庁の所掌事務として，子どもの保育及び養護，子どものある家庭における子育て支援体制の整備，子ども，子どもの家庭及び妊産婦その他母性の福祉の増進，子どもの保健の向上，子どもの虐待の防止，いじめの防止等に関する相談の体制など地域における体制の整備などがある。

2 ）地方自治体の子ども家庭福祉行政の体制

①　都道府県・政令指定都市・中核市

都道府県の責務として，都道府県は，市町村が行う子ども家庭福祉に関する

業務が適正，かつ円滑に行われるよう，市町村に対する必要な助言及び，適切な援助を行うとともに，専門的な知識・技術及び，広域的な対応が必要な業務を適切に行わなければならないとされている（児童福祉法第3条の3）。

　また，都道府県は市町村が行う，子ども・子育て支援給付，地域子ども・子育て支援事業が適正，かつ円滑に行われるよう，市町村に対する必要な助言，適切な援助を行うとともに，子ども・子育て支援の中で特に専門性の高い施策や各市町村の区域を越えた広域的な対応が必要な施策を講じなければならないとされている（子ども・子育て支援法第3条）。

　都道府県は，市町村を包括する広域の地方公共団体として，広域に渡る事務，市町村間の統一的な処理を必要とする事務，市町村の連絡調整に関する事務等を管轄するとされている。子ども家庭福祉に関する業務として，児童福祉施設の設置・認可・監督や，市町村との連絡調整などがある。例えば，①専門的な知識・技術を必要とする相談援助・調査・判定・指導（子どもの一時保護，里親支援，養子縁組支援，要保護児童に対する里親・ファミリーホームへの委託措置，乳児院，児童養護施設，障害児入所施設等の児童福祉施設入所の決定，家庭裁判所への送致等に関する業務），②児童福祉施設の設置・認可や条例での基準の制定，③児童相談所や福祉事務所・保健所等の設置と運営，④市町村が実施する子ども家庭の相談に関する業務の市町村相互間の連絡調整，⑤市町村に関する情報提供，研修その他必要な援助，広域的な見地からの実情の把握等，を行っている。

　なお，政令指定都市は，政令で指定する人口50万人以上の市（地方自治法第252条の19）であり，都道府県と概ね同様の業務である。また，中核市は，政令で指定する人口20万人以上の市（地方自治法第252条の22）であり，子ども家庭福祉の一定の事務を行っている。

　②　市町村

　市町村の責務として，市町村は，子どもが心身ともに健やかに育成されるよう，基礎的な地方公共団体として，子ども家庭福祉に関する必要な実情把握，情報提供，家庭等からの相談・調査・指導，障害児通所支援，保育の実施等に係る業務を適切に行わなければならないとされている。2004（平成16）年の児童福祉法改正により，子ども家庭福祉に関する相談に応じることが市町村の業務として位置づけられ，市町村が第一義的な窓口としての役割を果たすことに

なった。

　また市町村は，子どもの健やかな成長のために適切な環境が等しく確保されるよう，子どもとその保護者に必要な子ども・子育て支援給付及び，地域子ども・子育て支援事業を，総合的，かつ計画的に行わなければならないとされている（子ども・子育て支援法第3条）。

　子ども家庭福祉に関する業務は，保育所等の児童福祉施設の運営や，乳幼児健康診査等の子育て支援事業の実施等，地域住民の生活において具体的に必要となるものが中心である。子ども・子育て支援制度では，市町村が実施主体として位置づけられており，子ども・子育て支援給付，保育の必要性の認定，地域のニーズに基づく「子ども・子育て支援事業計画」の策定，地域こども・子育て支援事業の実施等といった業務を行っている。

　市町村は，基礎的な地方公共団体として住民に密着した行政を実施している。子ども，及び妊産婦の福祉に関して必要な実情の把握や情報提供，家庭その他からの相談に応じ，必要な調査および指導を行い，必要に応じて児童相談所に援助依頼を行うことができる。また保育の実施，乳幼児健康診査，各種の子育て支援事業を実施している。

　③　児童福祉審議会

　児童福祉審議会は，都道府県や市町村に置かれる審議機関で，子ども家庭福祉行政に関する事項を調査・審議している。

　都道府県，政令指定都市に必置義務があるが，市町村，特別区（都の区。2023年現在は東京都の23区のみ。地方自治法第281条）の場合は任意設置となっている。都道府県児童福祉審議会は都道府県知事，市町村児童福祉審議会は市町村長の管理に属し，それぞれの諮問に答えたり，関係行政機関に意見を具申したりすることができる。また，地方の社会保障審議会で，子ども家庭福祉に関する審議を行うことも可能である。

　児童虐待等への対応において，児童相談所で援助が決定された客観性と専門性の向上を図ることにより，子どもの最善の利益を確保するため，都道府県，政令指定都市の児童福祉審議会に対する意見聴取（諮問）等が行われている。また，子ども・子育て支援制度では，市町村，都道府県に「地方版の子ども・子育て会議」といわれる審議会や合議制の機関を設置することが努力義務とさ

れ，子ども・子育て支援事業計画の策定等を行っている。

（2）子ども家庭福祉に関わる相談機関，関連機関

　これまで子ども家庭福祉に対する国や地方自治体の組織にいかなるものがあって，それぞれどのような業務や役割を担っているのかについて紹介してきた。次に，子ども家庭福祉を第一線で担っている専門機関・組織を取り上げる。それらの多くは行政機関あるいは司法制度に属するものであるが，子ども家庭福祉の現場を担う第一線の専門家集団という点で，先の行政組織とは別箇に述べる必要がある。

1）児童相談所

　児童相談所は，児童福祉法に規定されている，子ども家庭福祉に関する中核的な相談，専門行政機関である。（全国の設置数は，2023〔令和5〕年4月1日現在，232カ所。こども家庭庁HP「児童相談所一覧」〔2023年8月11日アクセス〕を参照のこと）。都道府県と政令指定都市には，児童相談所の設置が義務づけられているが，中核市，特別区などの人口規模の大きな自治体も児童相談所を設置できる。

　児童相談所は，市町村と適切な役割分担・連携を図りつつ，子ども，家庭その他からの相談に応じ，子どもが有する問題，または子どもの真のニーズ，子どもの置かれた状況等を的確に捉え，個々の子どもや家庭に最も効果的な支援を行い，子どもの福祉を図るとともに，その権利を擁護することを目的としている。児童相談所の運営は「児童相談所運営指針」に基づいて行われており，児童相談所の相談援助活動は，受理会議，判定会議，援助方針会議等を経て，援助内容を決定する流れとなっている（図3-3）。

　業務として，①市町村の行う児童，及び妊産婦に関する業務に対する広域的調整，情報の提供，助言等の援助，障害者総合支援法に基づく意見の提供，技術的援助等，②子どもに関する家庭等からの相談のうち，専門的な知識・技術を必要とする相談，③必要な調査，医学的・心理学的・教育学的・社会学的・精神保健上の判定，④調査・判定に基づいた必要な指導，⑤児童福祉施設等への措置，⑥子どもの一時保護，⑦里親に関する業務を行うこと，養子縁組，特別養子縁組によって親子となった児童，父母，養親等に相談援助を行うこと等，がある。

図3-3　児童相談所における相談援助活動の体系・展開

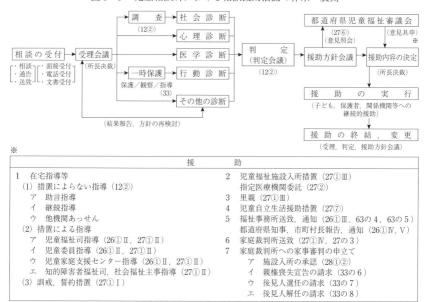

出所：厚生労働省HP「児童相談所の運営方針について図表」（2023年8月11日アクセス）。

　2005（平成17）年度から，子ども家庭福祉に関する相談に応じることが市町村の業務として位置づけられた。そのため，児童相談所の役割は専門的な知識・技術を必要とする相談への対応や，市町村の後方支援に重点が置かれている。児童相談所は，子どもに関する各般の問題について，家庭，その他からの相談を受け付ける他，地域住民や学校，警察等の関係機関からの通告，福祉事務所や家庭裁判所等からの送致を受け，相談活動を展開する。

2）福祉事務所

　福祉事務所は，社会福祉法に規定されている「福祉に関する事務所」の通称であり，社会福祉行政の第一線機関として，社会福祉六法（生活保護法・児童福祉法・母子及び父子並びに寡婦福祉法・身体障害者福祉法・知的障害者福祉法・老人福祉法の総称）に規定されている援護，育成，更生の措置に関する業務等を行っている。

　1993（平成5）年度から老人福祉法と身体障害者福祉法の入所に関する業務

等，2003（平成15）年度からは知的障害者福祉法の入所に関する業務等が市町村に移管された。さらに，2005（平成17）年度からは子ども家庭福祉に関する相談が市町村の第一義的な業務になる等，福祉事務所の業務内容が変化してきている。福祉事務所には，家庭児童相談室が設置される場合もあり，地域によって，子ども支援センター等と呼ばれ，児童相談所等と連携し，地域の子どもとその家庭からの相談にあたっている。

3）保健所

保健所は，地域保健法に基づき⁽⁴⁾，都道府県，政令指定都市，中核市，その他政令で定める市，特別区に設置するとされており，地域における保健衛生活動の中核的行政機関である。

業務として，①子どもの保健についての正しい衛生知識の普及，②子どもの健康相談，健康診査，保健指導，③身体に障害のある子どもや長期にわたって療養を必要とする子どもに対する療育指導，④児童福祉施設に対する栄養の改善，その他衛生に関する必要な助言等，が定められている。

4）市町村保健センター

市町村保健センターは，住民に対して，健康相談，保健指導，健康診査，その他地域保健に関して必要な事業を行うことを目的とする機関で，市町村に任意で設置されている。市町村では，身近で利用頻度の高い保険サービスの提供が求められることから，市町村保健センターを設置し，乳幼児から高齢者までの保健サービスを一体的に提供する体制を取っている。地域保健法，母子保健法の改正により，1997（平成9）年からは母子保健サービスの提供は，主に市町村が担うことになった。

市町村保健センターでは，住民に対して健康相談，健康指導，健康診査，その他地域保健に関して必要な事業を行う。子ども家庭福祉に関連する業務として，①母子健康手帳の交付，②保健指導，③妊産婦・新生児への訪問指導，④乳幼児（1歳6か月児，3歳児）への健康診査等，がある。

5）子育て世代包括支援センター（法律上の名称は母子健康包括支援センター）

子育て世代包括支援センターは，2016（平成28）年の母子保健法の改正によって創設された機関であり，母性と乳幼児の健康保持，及び増進に関する包括的な支援を行うことを目的としている。⁽⁵⁾

図 3 - 4　子育て世代包括支援センター（母子健康包括支援センター）の役割

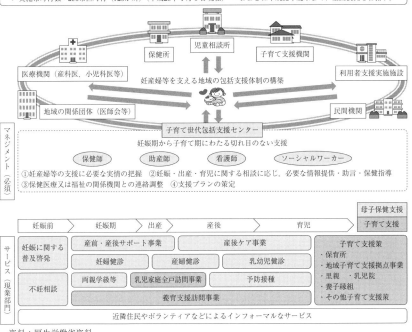

○妊娠期から子育て期にわたる切れ目のない支援のために，子育て世代包括支援センターに保健師等を配置して，「母子保健サービス」と「子育て支援サービス」を一体的に提供できるよう，きめ細かな相談支援等を行う。
○母子保健法を改正し子育て世代包括支援センターを法定化（平成29年 4 月 1 日施行）（法律上は「母子健康包括支援センター」）。
　➤実施市町村数：296市区町村（720か所）（平成28年 4 月 1 日現在）　➤おおむね平成32年度末までに全国展開を目指す。

資料：厚生労働省資料。
出所：内閣府「平成29年度少子化の状況及び少子化への対処施策の概況」。

　妊娠初期から子育て期にわたり，妊娠の届出等の機会に得た情報を基に，妊娠・出産・子育てに関する相談に応じ，必要に応じて個別に支援プランを策定し，保健・医療・福祉・教育等，地域の関係機関による切れ目のない支援を行うことが求められている（図 3 - 4）。2024（令和 6）年以降に子育て世代包括支援センターと子ども家庭総合支援拠点を一体化させて，すべての妊産婦と子ども，保護者を支援する子ども家庭センターを全国の市区町村に設置する方針が固められている。

6）家庭裁判所

　家庭裁判所は，裁判所法に規定されている裁判所の一つである。家庭裁判所

は，全国に50カ所あり，その管轄区域は北海道が4つに分かれているほかは各都道府県と同じである。

業務として，①家庭に関する事件の審判及び調停（家事事件），②人事訴訟の裁判，③少年の保護事件の審判等を行っている。児童虐待について，2011（平成23）年の児童福祉法改正で，家庭裁判所が「親権停止制度」という期限付きで親権を制限できる制度が創設され，2018（平成30）年には，児童虐待を受けている子ども等の保護者に対する指導への司法関与が可能になるというような児童福祉法改正が示すように，児童虐待における家庭裁判所の役割が増大している。

7）婦人相談所・配偶者暴力相談支援センター

婦人相談所は，売春防止法に規定されている相談機関であり，要保護女子の保護更生に関する業務を行っている。業務として，①要保護女子に関する相談，②要保護女子，及びその家庭に対する必要な調査，判定，指導，要保護女子の一時保護，等がある。婦人相談所は配偶者からの暴力の防止及び被害者の保護等に関する法律（DV防止法）に規定されている配偶者暴力相談支援センターの業務を担う施設の一つとされている。

配偶者暴力相談支援センターは，配偶者からの暴力防止，及び被害者を保護するための業務を行う機関である。業務として，①被害者に関する各般の問題についての相談，及び相談機関の紹介，②被害者の心身の健康を回復させるための医学的，心理学的な指導，③被害者の緊急時における安全確保，及び一時保護，④被害者の自立生活を促進するための援助，⑤被害者を居住させて保護する施設の利用についての援助，⑥保護命令制度の利用についての援助，等を行っている。[6]

8）その他の子ども家庭福祉に関連する機関・施設・団体

その他にも，児童家庭支援センター，保育所，幼稚園，学校，児童委員・主任児童委員，民間児童福祉関係団体等がある。このように，子ども家庭福祉に関連し，児童相談所，市町村，関係機関等が連携し，相談援助活動を行っている（図3-5）。

図 3 - 5　市町村・児童相談所における相談援助活動の系統図

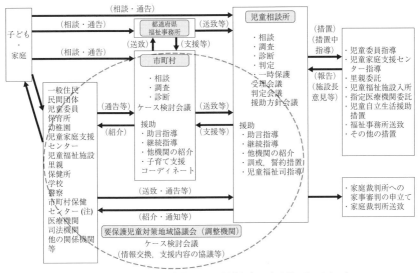

出所：厚生労働省 HP「児童相談所の運営方針について図表」(2023年 8 月11日アクセス)。

(3) 子ども家庭福祉の財源と費用負担

　子ども家庭福祉には経費・財源を要する。子ども家庭福祉の経済的側面について紹介したい。

1) 子ども家庭福祉に関する財源

　子ども家庭福祉を推進するために必要な財源は，公費（税金），利用者負担（保護者負担），事業主負担，保険料等によって賄われている。国から支出される公費は主に「地方交付税交付金」と「国庫補助金等」の 2 つに分けられる。地方交付税交付金は，使途が限定されない一般財源である。国庫補助金等は，特定の目的のために予算化されている財源であり，目的の事業以外に使用することは認められていない。

2) 児童福祉施設の整備にかかる費用

　児童福祉施設の整備に係る費用には，①次世代育成支援対策施設整備交付金，②保育所等整備交付金，③社会福祉施設整備補助金等がある。

①　次世代育成支援対策施設整備交付金

　次世代育成支援対策推進法に基づいて行動計画にしたがい，地域の実情に応

じた次世代育成支援対策に資する児童福祉施設等の施設整備を支援することを目的とした助成制度である。

② 保育所等整備交付金

保育所の施設整備を支援することを目的とした助成制度であり，2015（平成27）年に保育所の待機児童の解消を図ることを目的として創設された。

③ 社会福祉施設整備補助金

障害福祉サービス事業を実施するための施設整備を支援することを目的とした助成制度であり，子ども家庭福祉では，障害児入所施設や児童発達支援センター等の障害児通所支援を実施するための施設整備の費用が対象となる。

3）児童福祉施設措置費等

児童福祉施設等の運営費は，①児童入所施設措置費等，②子ども・子育て支援制度に係る運営費，③障害児を対象とするサービスに係る運営費の主に3つに分けられる。

① 児童入所施設措置費等

児童福祉施設（乳児院，児童養護施設，児童心理治療施設，児童自立支援施設等）や里親への措置，助産施設，母子生活支援施設への入所，児童自立生活援助事業の実施，一時保護を行った場合の養育等を保障するための費用である（表3‐1）。

② 子ども・子育て支援新制度に係る費用

子どものための教育・保育給付負担金（施設型給付と地域型保育給付にかかる費用）と，子ども・子育て支援交付金（地域子ども・子育て支援事業の実施にかかる費用）等がある。また，公立保育所の運営費は，地方交付税交付金の中に含まれているため，市町村が一般財源の中から負担している。

③ 障害児を対象とするサービスに係る費用

障害児入所給付費（障害児入所施設での支援に要する費用），障害児通所給付費（児童発達支援センター等における支援に要する費用），障害児相談支援給付費（障害児相談支援に要する費用）等がある。

4）利用者負担

利用者負担には，応能負担と応益負担の2つがある。応能負担は，利用者の所得額に応じて費用を負担する方法である。非課税世帯や生活保護受給世帯の

表 3 - 1　児童福祉施設措置費の負担区分表

経費の種別	措置等主体の区分	児童等の入所先等の区分	措置費等の負担区分		
			市町村	都道府県	国
母子生活支援施設及び助産施設の措置費等	市及び福祉事務所を管理する町村	市町村立施設及び私立施設	1/4	1/4	1/2
		都道府県立施設		1/2	1/2
	都道府県，指定都市，中核市	都道府県立施設，市町村立施設及び私立施設		1/2	1/2
その他の施設里親の措置費等	都道府県，指定都市，児童相談所設置市	都道府県立施設，市町村立施設及び私立施設		1/2	1/2
一時保護所の措置費等	都道府県，指定都市，児童相談所設置市	児童相談所（一時保護施設）		1/2	1/2
保育の措置費	市町村（指定都市，中核市含む。）	特定教育・保育施設及び特定地域型保育事業所（以下「特定教育・保育施設等」という。）	1/4	1/4	1/2

出所：厚生労働省 HP「社会的養護に関する法令・通知等一覧」を参照「児童福祉法による児童入所施設措置費等国庫負担金について」厚生省発児第86号，一部改正令和 2 年 3 月 6 日厚生労働省発子0306第 4 号。

利用者負担は無料である。応益負担は，利用者の所得額等に関係なく利用したサービスの内容に応じて費用の一部を定額負担する方法である。ただし，非課税世帯や生活保護受給世帯は免除・減免されている。

①　子ども家庭福祉サービス

利用者負担について，内閣総理大臣，都道府県知事，市町村長が，保護者等からその負担能力に応じ，費用の全額，またはその一部を徴収できると規定されている（児童福祉法第56条）。そのため，多くの場合，子ども家庭福祉サービスでは応能負担である。保育所の延長保育料等は応益負担である。

②　児童福祉施設入所

児童福祉施設に入所した場合，利用者負担は応能負担である。国が定める利用者の負担額（費用徴収）の基準は，それぞれの世帯の所得税，市町村税の課税階層区分ごとに金額が規定されている。そして，規定された利用者負担額の基準を基に，各々の地方自治体は，家計に与える影響等を考慮し，実際に支払う費用を規定している。

③　特定教育・保育施設等

特定教育・保育施設等の利用者負担は応能負担である。国が規定した基準を限度に，地域の事情を考慮しながら各々の市町村が規定している。

④　障害児を対象とするサービス

障害児を対象とするサービスの利用者負担は応能負担である。

5）利用方式

子ども家庭福祉のサービスには，措置制度，選択利用制度，利用契約制度という3つの利用方式がある。1990年代後半の社会福祉基礎構造改革により，利用者本位の制度に移行してきた。

①　措置制度

行政機関の措置（行政処分）によってサービスの利用につなげる制度である。例として，子ども家庭福祉のサービスでは，乳児院，児童養護施設等の社会的養護の施設がある。

②　選択利用制度

利用者が希望する施設を都道府県，市，福祉事務所を設置している町村に申し込むとその可否が決定される制度である。契約の当事者は，サービスの提供者，都道府県等の実施機関である。例として，助産施設における助産の実施，母子生活支援施設における母子保護の実施に適用されている。

③　利用契約制度

利用者がサービス提供者との間で利用契約を締結し，市町村が利用者に対してサービスにかかった費用（支援費）を支給する制度である。2003（平成15）年に，「支援費制度」として，障害児・者福祉サービスの利用方式として導入され，児童福祉法では障害児の居宅サービスに導入された。

2006（平成18）年には，障害者自立支援法の施行に伴い，児童福祉法が改正された。それにより，居宅サービスは，障害者自立支援法に基づく利用契約制度によって行われるようになった。現在は障害者自立支援法から，障害者の日常生活及び社会生活を総合的に支援するための法律（障害者総合支援法）になっている。

2012（平成24）年からは，障害児施設の入所・通所サービス（障害児のみ対象）は児童福祉法に根拠が一本化された。これにより，障害児入所支援は障害児入

所給付費，障害児通所支援は障害児通所給付費が支給される利用契約制度が導入されている。

<h1 style="text-align:center">3　児童福祉施設等</h1>

（1）児童福祉施設とは

　児童福祉施設とは，児童福祉法第 7 条第 1 項にある「助産施設，乳児院，母子生活支援施設，保育所，幼保連携型認定こども園，児童厚生施設，児童養護施設，障害児入所施設，児童発達支援センター，児童心理治療施設，児童自立支援施設及び児童家庭支援センター」をいう。「令和 2 年　社会福祉施設等調査の概況」によれば，2021（令和 3 ）年10月 1 日現在における児童福祉施設の総数は 4 万6,560施設にのぼる。⁽⁷⁾

　各児童福祉施設の対象や目的は，児童福祉法に示されており，施設設備や運営については，その水準を確保するため，都道府県が「児童の身体的，精神的及び社会的な発達のために必要な生活水準」を確保するための基準を条例で定めることとなっており（児童福祉法第45条），その際，参酌すべき基準として厚生労働省令「児童福祉施設の設備及び運営に関する基準」が示されている。

　児童福祉施設は，それぞれその利用形態によって，入所施設，通所施設，利用施設に分けることができる。入所施設とは，そこで生活しながら必要な支援を受ける形態の施設であり，通所施設とは自宅からそこに通って支援を受ける施設である。利用施設は，利用したい時，必要な時に利用することができる。ここでは，児童福祉施設等を上記のような利用形態によって大きく 3 グループに分け，それぞれに区分される児童福祉施設についてみていくこととする。

（2）入所施設

1）助産施設

　助産施設とは，「保健上必要があるにもかかわらず，経済的理由により，入院助産を受けることができない妊産婦を入所させて，助産を受けさせることを目的とする施設」であり（児童福祉法第36条），第 2 種社会福祉事業に位置づけられる。医療法の病院又は診療所としての機能を有する第 1 種助産施設と，医

療法の助産所である第2種助産施設の2種類あるが，文字通り「助産」が主な役割の施設であることから，第1種・第2種とも，医療法に規定される病院または診療所，もしくは助産所としての設備や職員を備えた施設となっている（児童福祉施設の設備及び運営に関する基準第2章）。2021（令和3）年10月1日現在，382施設が活動している(8)。

2）乳 児 院

乳児院は，「乳児（保健上，安定した生活環境の確保その他の理由により特に必要のある場合には，幼児を含む。）を入院させて，これを養育し，あわせて退院した者について相談その他の援助を行うことを目的とする施設」と定義されており（児童福祉法第37条），第1種社会福祉事業に位置づけられている。

上記のように，乳児院の対象児童について児童福祉法には明確に示されていないが，「児童養護施設入所児童等調査の概要（平成30年2月1日現在）」（厚生労働省子ども家庭局・厚生労働省社会援護局障害保健福祉部）によれば，乳児院入所児童の養護問題発生理由について，一般的に「虐待」とされる「放任・怠だ」「虐待・酷使」「棄児」「養育拒否」の合計が32.6％，次いで，父又は母の「精神疾患等」の合計23.4％となっており，後述する児童養護施設等同様，「保護者のない児童又は保護者に監護させることが不適当であると認められる児童」，すなわち「要保護児童」として定義される子どもたちと重なる状況下にある乳幼児を主に対象とした施設であると考えられる(9)。2021（令和3）年10月1日現在，全国に145施設存在する(10)。

乳児院の職員としては，小児科の診療に相当の経験を有する医師又は嘱託医，看護師，個別対応職員，家庭支援専門相談員，栄養士及び調理員を置くことが定められている（児童福祉施設の設備及び運営に関する基準第3章）。このうち看護師は，保育士または児童指導員に代えることができる。また，心理療法を行う必要があると認められる乳幼児又はその保護者10人以上に心理療法を行う場合には，心理療法担当職員を置かなければならないことになっている。

2012（平成24）年4月1日からは，「家庭支援専門相談員，里親支援専門相談員，心理療法担当職員，個別対応職員，職業指導員及び医療的ケアを担当する職員の配置について」（厚生労働省雇用均等・児童家庭局長通知，雇児発0405第11号，2012年4月5日）によって，里親支援専門相談員の配置も可能となった。

　2016（平成28）年の改正児童福祉法を受けて公表された2017（平成29）年の「新しい社会的養育ビジョン」で，乳児院は，これまでのような代替養育の施設としてではなく，「一時保護された乳幼児とその親子関係に関するアセスメント，障害等の特別なケアを必要とする子どものケアの在り方のアセスメントとそれに基づく里親委託準備，親子関係改善への通所指導，産前産後を中心とした母子の入所を含む支援，家庭復帰に向けた親子関係再構築支援，里親・養親支援の重要な役割を地域で担う新たな存在」として多機能化・機能転換していくという方向性が示されている。[11]

3）母子生活支援施設

　母子生活支援施設は，「配偶者のない女子又はこれに準ずる事情にある女子及びその者の監護すべき児童を入所させて，これらの者を保護するとともに，これらの者の自立の促進のためにその生活を支援し，あわせて退所した者について相談その他の援助を行うことを目的とする施設」と定義され（児童福祉法第38条），第1種社会福祉事業に位置づけられている施設である。また，配偶者からの暴力の防止及び被害者の保護等に関する法律第3条に規定されている配偶者暴力相談支援センターによる一時保護を担う施設としての役割も果たしている。

　前掲「児童養護施設入所児童等調査の概要（平成30年2月1日現在）」によれば，母子生活支援施設への主な入所理由は，「配偶者からの暴力」（50.7%）が最も多く，次いで「住宅事情による」（16.4%），「経済的理由による」（12.8%），「不適切な家庭内環境」（8.9%）となっている。[12]児童福祉施設の中では，唯一母子ともに入所支援が受けられる施設であり，上記のような状況の下にある母親と子どもの両方に対する支援が行われている。

　母子生活支援施設には，母子支援員（母子生活支援施設において母子の生活支援を行う者），嘱託医，少年を指導する職員及び調理員またはこれに代わるべき者を置くこととされている（児童福祉施設の設備及び運営に関する基準第4章）。また，心理療法を行う必要があると認められる10人以上に心理療法を行う場合には，心理療法担当職員を置かなければならないと定められている。2021（令和3）年10月1日現在，208施設存在する。[13]

4）児童養護施設

児童養護施設は,「保護者のない児童（乳児を除く。ただし,安定した生活環境の確保その他の理由により特に必要のある場合には,乳児を含む。以下この条において同じ。),虐待されている児童その他環境上養護を要する児童を入所させて,これを養護し,あわせて退所した者に対する相談その他の自立のための援助を行うことを目的とする施設」(児童福祉法第41条) であり,第1種社会福祉事業に位置づけられる。2021（令和3）年10月1日現在,全国に612施設ある[14]。

養護問題発生理由としては,乳児院同様,「虐待」に含まれる「放任・怠だ」「虐待・酷使」「棄児」「養育拒否」の合計が45.2％にのぼり,最も多くなっている[15]。

児童養護施設には,児童指導員,保育士,嘱託医,個別対応職員,家庭支援専門相談員,栄養士,調理員を置くことが定められている（児童福祉施設の設備及び運営に関する基準第7章)。また,乳児が入所している場合には看護師,心理療法を必要とする子どもが10人以上いる場合には心理療法担当職員が配置されることになっている。近年ではこれらに加え,里親支援専門相談員が配置される施設も増えている。

5）障害児入所施設

障害児入所施設には,障害児を入所させて「保護,日常生活の指導及び独立自活に必要な知識技能の付与」を行う福祉型障害児入所施設と,「保護,日常生活の指導,独立自活に必要な知識技能の付与及び治療」を行う医療型障害児入所施設の2種類があり（児童福祉法第42条),第1種社会福祉事業に位置づけられている。

福祉型障害児入所施設の入所児童には,知的障害のある児童,盲児,ろうあ児,肢体不自由児などが含まれるが,それぞれの施設が主に対象としている児童にあわせて,施設の設備や職員の配置基準が決められている（児童福祉施設の設備及び運営に関する基準第8章)。

職員としては,嘱託医,看護師,児童指導員,保育士,栄養士,調理員,児童発達支援管理責任者等が配置され,必要が認められる場合には,心理指導担当職員や職業指導員も配置されることになっている。

医療型障害児入所施設には,自閉症児,肢体不自由児,重症心身障がい児な

ど医療的ケアが欠かせない児童が入所していることから，医療法に規定する病院として必要な設備と，主たる入所児童の状況に合わせた訓練室や静養室等の設備を設けることが定められている（児童福祉施設の設備及び運営に関する基準第8章の2）。職員もまた，医療法に基づく病院として必要な職員のほか，児童指導員，保育士，児童発達支援管理責任者，理学療法士，作業療法士などが，主たる入所児童の必要に応じて配置されている。2021（令和3）年10月1日現在，福祉型障害児入所施設が249施設，医療型障害児入所施設は222施設となっている[16]。

6）児童心理治療施設

児童心理治療施設は，「家庭環境，学校における交友関係その他の環境上の理由により社会生活への適応が困難となつた児童を，短期間，入所させ，又は保護者の下から通わせて，社会生活に適応するために必要な心理に関する治療及び生活指導を主として行い，あわせて退所した者について相談その他の援助を行うことを目的とする施設とする」と規定され（児童福祉法第43条の2），第1種社会福祉事業に位置づけられる。利用形態としては，入所と通所の両方がある。

2016（平成28）年児童福祉法改正により，2017（平成29）年4月1日より，「情緒障害児短期治療施設」から現在の「児童心理治療施設」に名称変更された。2021（令和3）年10月1日現在，全国に51施設存在する[17]。

養護問題発生理由としては，「児童の問題による監護困難」が最も多く38.6％を占め，虐待にあたる項目の合計も39.6％と高くなっている。さらに，入所児童に占める虐待経験がある入所児童が78.1％と高い割合を示している[18]。

職員としては，医師，心理療法担当職員，児童指導員，保育士，看護師，個別対応職員，家庭支援専門相談員，栄養士及び調理員を置くことが定められている（児童福祉施設の設備及び運営に関する基準第9章）。

7）児童自立支援施設

児童自立支援施設は，「不良行為をなし，又はなすおそれのある児童及び家庭環境その他の環境上の理由により生活指導等を要する児童を入所させ，又は保護者の下から通わせて，個々の児童の状況に応じて必要な指導を行い，その自立を支援し，あわせて退所した者について相談その他の援助を行うことを目

的とする」施設であり（児童福祉法第44条），第１種社会福祉事業に位置づけられる。2021（令和３）年10月１日現在，58施設が運営されている[19]。児童自立支援施設も，入所と通所の両方の利用形態がある。

1997（平成９）年の児童福祉法改正で，「教護院」から「児童自立支援施設」へと名称変更すると同時に，対象もそれまでの「不良行為をなし，又はなす虞のある児童」に「家庭環境その他環境上生活指導等を要する児童」を加えて拡大し，施設養護の目的を「児童の不良性の除去」から「児童の自立支援」へと大きく変化することとなった[20]。

養護問題の発生理由としては，「児童の問題による監護困難」が68.2％と最も多く，次いで虐待にあたる項目の合計19.4％となっているが，入所児童のうち被虐待経験のある者の割合は64.5％と高くなっている[21]。

児童自立支援施設は，児童福祉法施行令第36条により，都道府県に設置義務が課されていることから，児童福祉施設で唯一公立の施設が多数を占めている（国立２施設，都道府県立51施設，市立３施設，民間２施設[22]）。また，歴史的に小舎夫婦制と呼ばれる運営形態がとられてきたが，近年では，交替制へ移行する施設も増加している。

職員としては，児童自立支援専門員（児童自立支援施設において児童の自立支援を行う者をいう），児童生活支援員（児童自立支援施設において児童の生活支援を行う者をいう），嘱託医及び精神科の診療に相当の経験を有する医師又は嘱託医，個別対応職員，家庭支援専門相談員，栄養士並びに調理員が配置されている。

（３）通所施設

１）保 育 所

保育所は，「保育を必要とする乳児・幼児を日々保護者の下から通わせて保育を行うことを目的とする施設（利用定員が20人以上であるものに限り，幼保連携型認定こども園を除く。）」（児童福祉法第39条）であり，第２種社会福祉事業として位置づけられている。2021（令和３）年10月１日現在，２万2,720施設存在する[23]。対象は，保育の必要があると認定された０歳から５歳までの子どもである。職員としては，保育士，嘱託医，調理員が置かれ，厚生労働省が定める指針（保育所保育指針）に基づいて保育を行うことが定められている（児童福祉施設の

設備及び運営に関する基準第 5 章）。

2）幼保連携型認定こども園

幼保連携型認定こども園は，「義務教育及びその後の教育の基礎を培うものとしての満 3 歳以上の幼児に対する教育及び保育を必要とする乳児・幼児に対する保育を一体的に行い，これらの乳児又は幼児の健やかな成長が図られるよう適当な環境を与えて，その心身の発達を助長することを目的とする施設」（児童福祉法第39条の 2 ）であり，第 2 種社会福祉事業に位置づけられる。2021（令和 3 ）年10月 1 日現在，その数は6,111施設にのぼる。[24]

幼保連携型認定こども園の設備や運営については，「幼保連携型認定こども園の学級の編制，職員，設備及び運営に関する基準」が示されている。同基準には，職員として，保育教諭，調理員を置くことが定められており，養護教諭，事務職員等を置くよう努めることが記されている。

3）児童発達支援センター

児童発達支援センターは，福祉型児童発達支援センターと医療型児童発達支援センターの 2 種類に分けられている。

福祉型児童発達支援センターは，障害児を日々保護者の下から通わせて，「日常生活における基本的動作の指導，独立自活に必要な知識技能の付与又は集団生活への適応のための訓練」を提供することを目的とする施設である。医療型児童発達支援センターは，やはり障害児を日々保護者の下から通わせて，「日常生活における基本的動作の指導，独立自活に必要な知識技能の付与又は集団生活への適応のための訓練及び治療」を提供する施設であり（児童福祉法第43条），第 2 種社会福祉事業に位置づけられる。2021（令和 3 ）年10月 1 日現在，福祉型児童発達支援センターは676施設，医療型児童発達支援センターは95施設となっている。[25]

福祉型児童発達支援センターは，嘱託医，児童指導員，保育士，栄養士，調理員，児童発達管理責任者のほか，機能訓練を行う場合には，機能訓練担当職員を，また，主な対象児童に合わせて，言語聴覚士などの専門職や必要な専門分野についての経験を有した嘱託医を配置することが定められている（児童福祉施設の設備及び運営に関する基準第 8 章の 3 ）。

医療型児童発達支援センターは，医療法に基づく診療所としての機能を併せ

持つことから，職員も，診療所として必要な職員，そして，児童指導員，保育士，看護師，理学療法士又は作業療法士，児童発達管理責任者を置かなければならないと規定されている（児童福祉施設の設備及び運営に関する基準第8章の4）。

　2022（令和4年）6月15日に公布，2024（令和6）年4月1日に施行される「児童福祉法の一部を改正する法律」（令和4年法律第66号）により，児童発達支援センターは，「地域の障害児の健全な発達において中核的な役割を担う機関として，障害児を日々保護者の下から通わせて，高度の専門的な知識及び技術を必要とする児童発達支援を提供し，あわせて障害児の家族，指定障害児通所支援事業者その他の関係者に対し，相談，専門的な助言その他の必要な援助を行うことを目的とする施設」と新たに定義された。児童発達支援センターの果たすべき機能や，一般の「児童発達支援事業所」との役割分担を明確化し，「福祉型」と「医療型」という障害種別による類型となっている点を改め，これを一元化し，障害種別にかかわらず，身近な地域で必要な発達支援を受けられるようにすることを企図しての改正となっている[26]。

（4）利用施設

1）児童厚生施設

　児童厚生施設は，「児童遊園，児童館等児童に健全な遊びを与えて，その健康を増進し，又は情操をゆたかにすることを目的とする施設とする」（児童福祉法第40条）と定められており，第2種社会福祉事業に位置づけられる。対象児童を限定しない利用型の施設であり，児童館と児童遊園が含まれる。2021（令和3）年10月1日現在，児童館が4,347カ所，児童遊園は，2,121カ所となっている[27]。

　児童館については，2011（平成23）年に「児童館ガイドライン」（2018年10月1日改正）が策定され，「18歳未満のすべての子どもを対象とし，地域における遊び及び生活の援助と子育て支援を行い，子どもの心身を育成し情操をゆたかにすることを目的とする施設」であることが示された。そこでは，子どもの遊びへの支援を中核とした健全育成のための施設であると同時に，保護者への子育て支援，地域の子育て支援，地域の健全育成環境づくり，ボランティア等の育成・活動支援などの活動を内容とした，子育て支援や子どもの育ちに関する

組織や人のネットワークの推進といった機能が期待されている。[28]

　児童厚生施設には，職員として，「児童の遊びを指導する者」を置くことが定められている（児童福祉施設の設備及び運営に関する基準第 6 章）。

2）児童家庭支援センター

　児童家庭支援センターは，「地域の児童の福祉に関する各般の問題につき，児童に関する家庭その他からの相談のうち，専門的な知識及び技術を必要とするものに応じ，必要な助言を行うとともに，市町村の求めに応じ，技術的助言その他必要な援助を行うほか，第26条第 1 項第 2 号及び第27条第 1 項第 2 号の規定による指導を行い，あわせて児童相談所，児童福祉施設等との連絡調整その他内閣府令の定める援助を総合的に行うことを目的とする施設」と定義され（児童福祉法第44条の 2），第 2 種社会福祉事業に位置づけられる。2021（令和 3）年10月 1 日現在，全国に154カ所あるが，[29]児童福祉施設等に附置されているものが多い。

　児童家庭支援センターは，1997（平成 9）年の児童福祉法改正で制度化され，その後，業務内容を拡大し，現在では，「地域・家庭からの相談に応ずる事業」「市町村の求めに応ずる事業」「都道府県又は児童相談所からの受託による指導」「里親への支援」「関係機関等との連携・連絡調整」を担う機関として位置づけられている。[30]児童家庭支援センターの設置・運営については，1998（平成10）年に「児童家庭支援センター設置運営要綱」が示され，職員としては，「相談支援を担当する職員」と「心理療法等を担当する職員」が配置されることが定められている。[31]

　また，2010（平成22）年 4 月 1 日からは，児童養護施設等退所者等を対象に，生活や就業に関する相談に応じ，子どもが相互に意見交換や情報交換等を行えるよう自助グループ活動を支援する等の，「退所児童等アフターケア事業」にも取り組むこととなった。[32]

3）里親支援センター

　里親支援センターは，2022（令和 4）年の児童福祉法改正により，新たに児童福祉施設に追加された施設であり，第 2 種社会福祉事業に位置づけられる。里親支援センターは，「里親支援事業を行うほか，里親及び里親に養育される児童並びに里親になろうとする者について相談その他の援助を行うことを目的

とする施設」であり，「里親支援センターの長は，里親支援事業及び前項に規定する援助を行うに当たつては，都道府県，市町村，児童相談所，児童家庭支援センター，他の児童福祉施設，教育機関その他の関係機関と相互に協力し，緊密な連携を図るよう努めなければならない」と定められている（児童福祉法第44条の3，2024年4月1日から施行）。児童相談所の業務負荷が増大する中，民間と協働して支援強化を図るため，特に家庭養育の推進を担う施設として児童福祉施設に位置づけられた。[33]

4　子ども家庭福祉の専門職

（1）専門職の責務

　子ども家庭福祉に携わる専門職は，不適切な養育環境の中で生活してきた子どもや，発達や知的に課題がある子ども，犯罪や非行，ドメスティック・バイオレンス（DV）を受けて心身ともに深い傷を負った母子を対象に専門的な知識と技術を基に支援していくために配置されている。また児童虐待の予防，保護者支援の強化に伴い，児童相談所だけでなく市区町村の関連機関，社会的養護関連施設（以下，施設），児童家庭支援センター，保育所などの幅広い職場に配置される専門職の役割は大きい。

　ここでは，子ども家庭福祉に携わる主な専門職の職種や役割，職務内容と資格要件について確認していく。

（2）児童福祉施設の専門職の役割

　保育所や施設に携わる専門職については，児童福祉法や児童福祉施設の設備及び運営に関する基準（以下，設備運営基準）により定められている。保育所等に配置されている保育士・保育教諭等は，子どもの保育や保護者支援，地域の子育て支援等の業務を担い，施設では，直接子どもの生活支援をしていく保育士や児童指導員，家庭支援や里親支援に携わる職員，施設内の運営管理を担う職員などが連携しながら子どもの支援にあたっている。

1）保育士

保育士は，保育所だけでなく多くの児童福祉施設（助産施設や児童家庭支援セ

ンターを除く）において子どもの保育・養育に携わっている。児童福祉法第18条の4に保育士の役割は「保育士の名称を用いて，専門的知識及び技術をもつて，児童の保育及び児童の保護者に対する保育に関する指導を行うことを業とする者をいう」と示されている。また，専門的な知識や技術を必要とし，都道府県の保育士登録簿への登録をした人のみ「保育士」として名乗ることができる名称独占資格でもある。以下は，その資格要件である。

①　厚生労働大臣の指定する保育士養成校を卒業した者。

②　保育士試験に合格した者。

2）保育教諭

2015（平成27）年度からスタートした「子ども・子育て支援新制度」において，認定こども園法を改正し，「学校及び児童福祉施設としての法的位置付けを持つ単一の施設」として，新たな「幼保連携型認定こども園」が創設された。「幼保連携型認定こども園」に配属されている保育教諭は，子どもの教育及び保育を行う職員で，幼稚園教諭免許状と保育士資格の両方を有することが原則である。

新制度開始後5年間は，いずれか一方の免許，資格でも保育教諭として勤務できる。仮に幼稚園教諭免許状のみを有している場合，3年以上かつ4,320時間以上の実務経験があり，固有の単位を取得することで保育士資格を有することができる（2024年までの延長措置）。

3）児童指導員

児童指導員は保育士同様，施設で子どもと主体的に関わる職員である。子どもとともに生活を送りながら保護者の代わりとなり，生活支援，指導，自立支援を行うことが主な職務である。日常生活を通して基本的な生活習慣を身に付けさせながら，地域との関係の中で社会性を育み，学習指導等を通して基礎的な学習能力を身に付けさせるなど，子どもが社会的な自立ができるよう支えていく。また，施設内で取り組む行事や地域との交流，学校や児童相談所とのケース会議，職員間の連携や調整，退所児童のアフターケアなど，様々な業務に携わる。以下は，その資格要件である（設備運営基準第43条）。

①　都道府県知事の指定する児童福祉施設の職員養成校を卒業した者。

②　社会福祉士もしくは，精神保健福祉士の資格を有する者。

③　大学の学部，または大学院で社会福祉学，心理学，教育学もしくは社会学を専攻し卒業した者。

④　小，中，高等学校の教諭になる資格を有する者。

4）母子支援員・少年指導員

　母子支援員とは，設備運営基準第27条に「母子生活支援施設において母子の生活支援を行う者をいう」と定められている。また，少年指導員は「少年を指導する者」として入所児童に対する生活指導や学習指導に携わる。職務内容は主に母子の生活支援であるが，養育相談から就労支援等多岐にわたっており，最近では，ドメスティック・バイオレンス（DV）等の被害者として緊急で保護された母親に対する精神的な支援も増えている。また，母子ともに障害を抱えているケースや外国籍の母子が施設を利用する場合など，様々な事情により家庭が崩壊し，養育が困難になり心身ともに傷ついた母子に対して，安全で安心できる環境を提供できるよう支援する必要がある。

　このように，母子支援員がそのような母親のモデルとなり支援していくことで，間接的な子どもの支援へとつながっていくため，母親自身に未熟な部分があったとしても，まずは母親であることに敬意を払うという姿勢が求められる。以下は，その資格要件である（設備運営基準第28条）。

①　都道府県知事の指定する児童福祉施設の職員養成校を卒業した者。

②　保育士の資格を有する者。

③　社会福祉士もしくは，精神保健福祉士の資格を有する者。

5）児童の遊びを指導する者（児童厚生員）

　児童厚生施設（児童館・児童遊園）に配置され，主に児童の遊びを指導する者をいう。遊びの指導を通して児童の自主性・社会性・創造性を高めたり，地域における健全育成活動の助長を図ることを目的に配置されており，児童厚生施設において展開される図画工作・絵本・紙芝居・音楽・運動などの催しや各種指導は，児童への情操教育の役割を担う。1998（平成10）年の設備運営基準の改正前までは，児童厚生員という名称であった。以下は，その資格要件である（設備運営基準第38条）。

①　都道府県知事の指定する児童福祉施設の職員養成校を卒業した者。

②　保育士の資格を有する者。

③　社会福祉士の資格を有する者。

④　幼稚園，小，中，高等学校の教諭になる資格を有する者。

⑤　大学の学部，または大学院で社会福祉学，心理学，教育学，社会学，芸術学，もしくは体育学を専攻し卒業した者。

6）児童自立支援専門員・児童生活支援員

　児童自立支援専門員は，設備運営基準第80条に「児童自立支援施設において児童の自立支援を行う者をいう」と定められており，児童生活支援員は「児童自立支援施設において児童の生活支援を行う者をいう」と定められている。これらの専門職は子どもとともに生活を送りながら，学習指導の補助や生活全般の指導，農作業やスポーツ活動などを一緒に取り組むことを通して，生活支援や自立を支援する役割がある。

　入所児童は，不良行為をする（または，おそれのある）子どもであり，生活指導を必要とする子どもが多く，その背景には虐待や DV など不適切な養育環境や，発達障害や愛着障害など発達上の課題がある。そのため，規則正しい生活の中で社会性を身に付け，次の生活につなげていけるような配慮も必要となる。また次の生活につなげていくという視点では，他の施設職員との連携や学校関係者あるいは警察や裁判所といった多機関との連携も求められるといえる。以下は，これらの資格要件である（設備運営基準第82・83条）。

　・児童自立支援専門員

①　医師。

②　社会福祉士の資格を有する者。

③　都道府県知事の指定する児童福祉施設の職員養成校を卒業した者。

④　大学の学部，または大学院で社会福祉学，心理学，教育学，もしくは社会学を専攻し卒業した者。

⑤　小，中，高等学校の教諭になる資格を有する者で，1年以上児童自立支援事業に従事した者または2年以上教員としての職務に従事した者。

　・児童生活支援員

①　保育士の資格を有する者。

②　社会福祉士の資格を有する者。

③　3年以上児童自立支援事業に従事した者。

7）家庭支援専門相談員（ファミリーソーシャルワーカー）

家庭支援専門相談員は，「入所している児童の保護者等に対し，児童相談所との密接な連携のもとに電話，面接等により児童の早期家庭復帰，里親委託等を可能とするための相談援助等の支援を行い，入所児童の早期の退所を促進し，親子関係の再構築等が図られること」を目的として，児童養護施設，乳児院，児童心理治療施設，児童自立支援施設に配置されている。

主な業務として，①対象児童の早期家庭復帰のための保護者等に対する相談援助業務，②退所後の児童に対する継続的な相談援助，③里親委託の推進のための業務，④養子縁組の推進のための業務，⑤地域の子育て家庭に対する育児不安解消のための相談援助，⑥要保護児童の状況の把握や情報交換を行うための協議会への参画，⑦施設職員への指導・助言およびケース会議への出席，⑧児童相談所等関係機関との連絡・調整，などが挙げられる。このように業務が多岐にわたるため，複数名（入所児童定員30名以上の施設には，2名の配置が可能）配置している施設もある。以下は，その資格要件である（設備運営基準第21・42・73・80条）。

　①　社会福祉士もしくは精神保健福祉士の資格を有する者。
　②　児童養護施設等において児童の養育に5年以上従事した者。
　③　児童福祉司任用資格に該当する者。

8）里親支援専門相談員（里親支援ソーシャルワーカー）

里親支援専門相談員は，「児童相談所の里親担当職員，里親委託等推進員，里親会等と連携して，所属施設の入所児童の里親委託の推進，退所児童のアフターケアとしての里親支援，所属施設からの退所児童以外を含めた地域支援としての里親支援，所属施設からの退所児童以外を含めた地域支援としての里親支援を行い，里親委託の推進及び里親支援の充実を図ること」を目的として，児童養護施設及び乳児院に配置されている。

主な業務として，①里親の新規開拓，②里親候補者の週末里親等の調整，③里親への研修，④里親委託の推進，⑤里親家庭への訪問および電話相談，⑥レスパイト・ケアの調整，⑦里親サロンの運営，⑧里親会の活動への参加奨励および活動支援，⑨アフターケアとしての相談が挙げられる。現在のところ，里親支援専門相談員は児童と里親の側に立って里親委託の推進と里親支援を行う

専門職として配置されているため，施設の直接処遇職員の勤務ローテーションには入らないようになっている。以下は，その資格要件である。

① 社会福祉士もしくは精神保健福祉士の資格を有する者。

② 児童福祉法第13条第3項各号のいずれかに該当する者。

③ 児童養護施設等において児童の養育に5年以上従事した者で，里親制度への理解及びソーシャルワークの視点を有する者。

9）心理療法担当職員

心理療法担当職員は，「虐待等による心的外傷等のため心理療法を必要とする児童等および夫等からの暴力等による心的外傷等のため心理療法を必要とする母子に，遊戯療法，カウンセリング等の心理療法を実施し，心理的な困難を改善し，安心感・安全感の再形成及び人間関係の修正等を図ることにより，対象児童等の自立を支援すること」を目的として，心理療法を行う必要が認められる児童等が10人以上いる児童養護施設，児童自立支援施設，乳児院，母子生活支援施設，児童心理治療施設におおむね児童10人につき1人以上配置されている。

主な職務として，①対象児童等に対する心理療法，②対象児童等に対する生活場面面接，③施設職員への助言および指導，④ケース会議への出席等が挙げられる。

子どもへの虐待は，子ども自身の身体と心に大きな影響を与えるため，生活場面で起きている子どもの言動や要因を職員が理解できない場合もある。そのため心理療法を通して子どもの心理面をアセスメントするとともに，その所見をケース会議や職員同士で共有することで，多面的に子どもの姿を捉え，関わりにつなげていくことが可能になる。以下は，その資格要件である（設備運営基準第21・27・42・73・80条）。

① 乳児院，児童養護施設又は母子生活支援施設に配置する場合，学校教育法の規定による大学の学部で，心理学を専修する学科もしくはこれに相当する課程を修めて卒業した者であって，個人及び集団心理療法の技術を有するもの又はこれと同等以上の能力を有すると認められる者。

② 児童自立支援施設に配置する場合，学校教育法の規定による大学の学部で，心理学を専修する学科もしくはこれに相当する課程を修めて卒業

した者又は同法の規定による大学の学部で，心理学に関する科目の単位を優秀な成績で修得したことにより，同法第102条第2項の規定により大学院への入学を認められた者であって，個人及び集団心理療法の技術を有し，かつ，心理療法に関する1年以上の経験を有する者。

10）個別対応職員

個別対応職員は，「虐待を受けた児童等の施設入所の増加に対応するため，被虐待児童等の個別の対応が必要な児童への1対1の対応，保護者への援助等を行う職員を配置し，虐待を受けた児童等への対応の充実を図ること」を目的として，児童養護施設，乳児院，児童心理治療施設，児童自立支援施設，母子生活支援施設に配置されている。

主な職務として，①被虐待児童等特に個別の対応が必要とされる児童への個別面接，②当該児童への生活場面での1対1の対応，③当該児童の保護者への援助などが挙げられる。なお，配置施設の規定のみで資格要件の記載はない。

11）職業指導員

「勤労の基礎的な能力及び態度を育て，児童がその適性，能力等に応じた職業選択を行うことができるよう，適切な相談，助言，情報の提供，実習，講習等の支援により職業指導を行うとともに，就労支援および自立を支援すること」を目的として，実習設備を設けて職業指導を行う児童養護施設，児童自立支援施設に配置されている。

主な職務として，①児童の職業選択のための相談，助言，情報の提供等，②実習，講習等による職業指導，③入所児童の就職の支援，④退所児童のアフターケアとしての就労および自立に関する相談援助が挙げられる。なお，配置施設の規定のみで資格要件の記載はない。

12）基幹的職員

基幹的職員（スーパーバイザー）は，乳児院，母子生活支援施設，児童養護施設，児童心理治療施設，児童自立支援施設に配置され，一定の施設経験と研修を修了した専門職である。主な業務として，関係機関との連携において中心的な役割を担い施設の組織力の向上を図ること，自立支援計画の作成・進行管理（ケースマネジメント）や職員の指導及び教育，メンタルヘルスに関する支援を行うこと等がある。

　基幹的職員の期待されている役割として，人材育成がある。施設内・外で開催される研修や学習会の参加により，専門性や資質の向上を図り育成していくことも必要であるが，日頃から職員の行動や子どもとの関わり，関係性に目を向け，適切な助言と調整（On the Job Training: OJT）を通して人材育成をしていくことが重要だといえる。基幹的職員が中心となり組織的な人材育成に取り組むことで，より強固な職員集団がつくられ，結果的には子どもが安心して生活できる生活環境の保障につながっていくといえる。なお，以下は任用要件である。

　　以下の要件に該当する者で，都道府県が実施する基幹的職員研修の課程を修了した者であり，修了認定された者。

　① 　児童養護施設，乳児院，児童自立支援施設，児童心理治療施設，母子生活支援施設の職員である者。

　② 　直接支援や相談支援などの業務の実務経験が概ね10年以上の者。

　③ 　人格円満で児童福祉に関し相当の知識・経験を有する者であるとして，施設長が基幹的職員の候補者として適任であるとして推薦した者。

13) 理学療法士（PT: Physical Therapist）

　病気やケガ，高齢などの何らかの原因で，寝返る，起き上がる，座る，立ち上がる，歩くなどの日々の生活に欠かせない運動や動作の維持・改善を図り，一人でトイレに行けなくなる，着替えができなくなる，外出が困難になるなどの生活を営む上で不便が生じないように治療や訓練を行い生活の質の向上を促す役割がある。

14) 作業療法士（OT: Occupational Therapist）

　リハビリテーションに従事する国家資格を有する専門職である。作業療法における作業には，日常生活の動作，家事，趣味，遊び，対人交流などの日々の生活の営みや，それを行うのに必要な心身の活動が含まれる。また，作業を通して健康や幸福になれるという考えの下，レクリエーション，遊びなどの活動を行うのも特徴といえる。

　理学療法士（PT）や作業療法士は障害児入所施設や児童発達支援センター等に配置される専門職であり，その資格は国家資格である。理学療法士及び作業療法士法の第 3 条に「理学療法士又は作業療法士になろうとする者は，理学

療法士国家試験又は作業療法士国家試験に合格し，厚生労働大臣の免許を受けなければならない」とされている。

15）言語聴覚士（ST: Speech Language Hearing Therapist）

言語聴覚士は，脳卒中後の失語症，言語障害，言葉の発達の遅れ，声や発声の障害などの子どもから高齢者まで幅広く現れるコミュニケーションの問題に対し，検査・評価を実施し，訓練，指導その他の援助を行う。

（3）行政機関の相談援助機関の専門職

子ども家庭福祉に関連する主な機関として，児童相談所や福祉事務所，保健所などがある。以下，それらの機関に配置される主な専門職について解説する。

1）児童福祉司

児童福祉法第13条により，児童相談所に配属されている。主な職務内容として，①子ども，保護者等からの子どもの福祉に関する相談への対応，②必要な調査，社会診断，③子ども，保護者，関係者等に対する必要な支援や指導，④子ども，保護者等の関係調整がある。

近年では，児童福祉司の専門性を重視する観点から，任用前・任用後研修や児童福祉司としての必要な専門的技術に関する教育・訓練・指導を行う児童福祉司（スーパーバイザー）は，児童福祉司として概ね5年以上勤務したものとなっている。

2）児童心理司

児童相談所に配置されており，名称は児童相談所運営指針に位置づけられている。主な職務内容は，①子ども，保護者等の相談に応じ，診断面接，心理検査，観察等によって子ども，保護者に対し心理診断を行う。②子ども，保護者，関係者等に心理療法，カウンセリングの助言・指導等の指導を行うこと。任用要件は，大学で心理学を修得する学科又はこれに相当する課程を修めて卒業した者や，公認心理師となる資格を有する者等が規定されている。

3）家庭相談員

都道府県または市町村の非常勤職員として，家庭児童相談室に配置されている。人格円満で社会的信望があり，健康で，家庭児童福祉の増進に熱意を持ち，かつ条件のうち一つを充足するもののうちから任用しなければならないと規定

されている。条件は，①大学において，児童福祉，社会福祉，児童学，心理学，教育学若しくは社会学を専修する学科，またはこれらに相当する課程を修めて卒業した者，②医師，③社会福祉主事として，2年以上児童福祉事業に従事した者，④家庭児童相談員として必要な学識経験を有する者，である。

4）母子・父子自立支援員

福祉事務所に配属されており，母子及び父子並びに寡婦福祉法第8条第2項で，「①配偶者のない者で現に児童を扶養しているもの及び寡婦に対し，相談に応じ，その自立に必要な情報提供及び指導を行うこと。②配偶者のない者で現に児童を扶養しているもの及び寡婦に対し，職業能力の向上及び求職活動に関する支援を行うこと」と主な業務について規定されている。

つまり，離死・別直後の精神的安定を図り，その自立に必要な情報提供，相談指導等の指導を行うとともに，職業能力の向上及び求職活動に関する支援を行うことを職務としている。また，生活一般についての相談指導等，職業能力の向上及び求職活動等就業についての相談指導，ひとり親家庭等の自立に必要な支援を行っている。

5）保健師

保健師は「厚生労働大臣の免許を受けて，保健師の名称を用いて，保健指導に従事することを業とする者」（保健師助産師看護師法第2条）と規定されている。保健師は，保健所や市町村保健センターなどに配置されており，子どもや妊産婦の保健について正しい衛生知識の普及を図るとともに，健康診断，健康診査，乳児・未熟児に対する訪問指導や医療援護などの業務も担っている。また，児童虐待の早期発見と対応とともに，支援が必要な子どもや家族と関係機関をつなぐ役割も担っている。

6）社会福祉主事

各地方自治体の福祉事務所などに従事する公務員に任用される際に必要とされる行政が定めた資格基準である。各種行政機関で，生活保護受給者やひとり親家庭，子ども，高齢者，身体障害者，知的障害者などの保護・援助を必要とする人のために，相談・指導・援助の業務を行う。児童福祉関連業務では，保育所や母子生活支援施設の入所の手続き，児童扶養手当などの手続き業務や支援などを行っている。

7）子育て支援員

2015（平成27）年度より新しく国が創設した制度で，都道府県または市町村により実施される要綱で定められた基本研修及び専門研修の全科目を修了し，「子育て支援員研修修了書」の交付を受け，子育て支援分野の各事業などに従事する上で必要な知識や技術などを修得したと認められる者のことをいう。地域において保育や子育て支援等の仕事に関心を持ち，保育や子育て支援分野の各事業等に従事することを希望する者に対し，全国共通の研修制度を創設し，地域人材を幅広く活用することを目指している。

8）こども家庭ソーシャルワーカー

子ども家庭福祉は，自ら意見表明することが難しい子どもへの支援，家庭全体を捉えた虐待予防，親子分離を伴う保護などの介入的なソーシャルワーク，など，専門性が必要とされる分野である。そのため厚生労働省の専門部会は，子ども家庭福祉分野に高い専門性を持つ認定資格「こども家庭ソーシャルワーカー」（2024〔令和6〕年4月の制度開始）の導入を進めている。既存の国家資格（社会福祉士や精神保健福祉士など）を養成する課程では，このような分野の学びが十分ではないため，専門的な研修において学ぶ機会を設定し，その専門性を客観的に担保する仕組みづくりがなされている。

まずは，一定の実務経験のある有資格者や現任者（児童相談所や市区町村（こども家庭センター等），地域の子育て支援機関，児童福祉施設などの職員等）が，国の基準を満たす認定機関が認定した研修等を経て取得する認定資格として進められている。この資格を取得するためには，①社会福祉士または精神保健福祉士などの相談援助の有資格者ルート，②一定程度のこども家庭福祉の相談援助業務の経験（4年以上）がある相談援助実務経験者ルート，③地域連携推進員・保育所長・主任保育士・副主任保育士等のいずれかで，相談援助業務の経験（4年以上）がある保育所等保育士ルートの現在3つのルートが検討されており，こども家庭福祉の業務を担う職員の資質向上の手段とソーシャルワークの専門性を十分に身につけた人材を早期に輩出することが期待されている。[34]

（4）専門職とのつながり

これまで見てきた通り，子どもとその家族を取り巻く社会問題は多様化・複

雑化している。例えば，育児と仕事を両立する困難さ，保護者自身の病気や障がい，介護，DV，貧困，孤立，ヤングケアラーなどの問題を背景に，児童虐待の件数は年々増加傾向にあり，解決すべき子ども家庭福祉ニーズも多様化・複雑化する一方である。

　仮に，言うことを聞かない子どもに対して保護者が手をあげてしまった場合，あなたはどうするだろうか。あなた自身が保育者としてその子どもの担当をしていた場合，または保護者の話を聞く中で，多くの生活課題を抱え孤立を深めていったということがわかった場合，保護者に対して「手をあげてはいけません。虐待になります」と単に助言し指導することが，虐待を防ぐことになるだろうか。

　おそらく保育者は，子どもとその保護者の気持ちに想いをはせ，その背景と心情を理解すること，うまくいかなさに共感し関連する社会資源と家族をどう結び付けていくかを考えていくだろう。

　そのために専門職である保育士には，子ども家庭福祉に関連する諸機関に配置されている他の専門職の役割を理解し，自らが住む（またはこれから勤務する）地域の専門職について理解を深め広げていくことが求められている。その上で，日常からその専門職と顔の見えるつながりを意識しながら取り組むことが望ましいのではないだろうか。

注

(1)　児童手当の使途を子どものために限定利用できない理由について，「家計に余裕がないため」の割合は300万円未満（89.2％）と最も高く，1,000万円以上では（28.7％）となっており，世帯年収が低くなるほど高くなる傾向がある。一方「使い道は自由だと考えるため」の割合は世帯年収が高くなるほど高くなる傾向がみられ，子どものために必ずしも使われているとは限らない。

(2)　内閣府男女共同参画局「DV（ドメスティック・バイオレンス）と児童虐待——DVは子どもの心も壊すもの」（https://www.gender.go.jp/policy/no_violence/dv-child_abuse/index.html，2023年9月1日アクセス）。

(3)　2004・2010・2015年に続く第4次の大綱として「少子化社会対策大綱——新しい令和の時代にふさわしい少子化対策へ」が2020年5月に閣議決定されている。

(4)　中西真「地域保健法」中坪史典・山下文一・松井剛太・伊藤嘉余子・立花直樹編

　　『保育・幼児教育・子ども家庭福祉辞典』ミネルヴァ書房，2021年，421頁。
⑸　中西真「母子保健法」中坪史典・山下文一・松井剛太・伊藤嘉余子・立花直樹編
　　『保育・幼児教育・子ども家庭福祉辞典』ミネルヴァ書房，2021年，421頁。
⑹　立花直樹・渡邊慶一・中村明美・鈴木晴子編著『児童・家庭福祉──子どもと家
　　庭の最善の利益』（最新・はじめて学ぶ社会福祉⑯）ミネルヴァ書房，2022年，182
　　-183頁。
⑺　厚生労働省「令和 3 年　社会福祉施設等調査の概況」 3 頁，2022年12月26日
　　　https://www.mhlw.go.jp/toukei/saikin/hw/fukushi/21/dl/gaikyo.pdf（2023年
　　7 月29日アクセス）
⑻　同前，　9 頁。
⑼　厚生労働省子ども家庭局・厚生労働省社会援護局障害保健福祉部「児童養護施設
　　入所児童等調査の概要」（平成30年 2 月 1 日現在）12頁（https://www.mhlw.
　　go.jp/content/11923000/001077520.pdf，2023年 7 月29日アクセス）。
⑽　前掲⑺，　9 頁。
⑾　新たな社会的養育の在り方に関する検討会「新しい社会的養育ビジョン」2017年，
　　4 頁（https://www.mhlw.go.jp/file/05-Shingikai-11901000-Koyoukintoujidoukateikyoku-
　　Soumuka/0000173888.pdf，2020年 5 月 1 日アクセス）。
⑿　前掲⑼，21頁。
⒀　前掲⑺，　9 頁。
⒁　同前。
⒂　前掲⑼。
⒃　前掲⑺，　9 頁。
⒄　同前。
⒅　前掲⑼，12-13頁。
⒆　前掲⑺，　9 頁。
⒇　厚生労働省雇用均等・児童家庭局家庭福祉課『児童自立支援施設運営ハンドブッ
　　ク』2014年，11頁（https://www.mhlw.go.jp/seisakunitsuite/bunya/kodomo/kodomo_
　　kosodate/syakaiteki_yougo/dl/yougo_book_5_0.pdf，2020年 5 月 1 日アクセス）。
㉑　前掲⑼，12-13頁。
㉒　全国児童自立支援施設協議会「会員施設情報」（http://zenjikyo.org/institution/，
　　2023年 7 月29日アクセス）。
㉓　前掲⑺，　9 頁。
㉔　同前。
㉕　同前。
㉖　厚生労働省「児童福祉法等の一部を改正する法律（令和 4 年法律第66号）の概

要」（「第11回放課後児童対策に関する専門委員会 参考資料 9 」），10頁，2022年
（https://www.mhlw.go.jp/content/11920000/000957236.pdf, 2023年 7 月29日アク
セス）。

⒄ 前掲(7)， 9 頁。

⒅ 「児童館ガイドライン」（厚生労働省子ども家庭局長通知「児童館ガイドラインの
改正について」子発1001第 1 号，2018年10月 1 日） 4 頁（https://www.mhlw.
go.jp/content/11906000/000361016.pdf, 2023年 7 月29日アクセス）。

⒆ 前掲(7)， 9 頁。

⒇ 厚生省児童家庭局長通知「児童家庭支援センターの設置運営等について」（平成10
年 5 月18日児発第397号）（https://www.mhlw.go.jp/web/t_doc?dataId=00ta9237&data
Type=1&pageNo=1, 2020年 5 月 1 日アクセス）。

(31) 同前「（別紙 1 ）児童家庭支援センター設置要綱」。

(32) 同前，「（別紙 2 ）退所児童等アフターケア事業実施要綱」。

(33) 前掲(26)， 4 頁。

(34) 『日本社会福祉士会ニュース』208，2023年 6 月日本社会福祉士会「こども家庭ソ
ーシャルワーカー創設にむけて――3 ルートの概要が固まる」（https://www.jacsw.
or.jp/introduction/news/documents/208.pdf, 2023年 9 月 1 日アクセス）。
「こども家庭福祉の認定資格（こども家庭ソーシャルワーカー）検討概要（子ど
も家庭福祉の認定資格の取得に係る研修等に関する検討会及びワーキンググルー
プ）」（資料 6 - 2 ）第53回社会保障審議会児童部会，2023年 3 月14日（https://
www.mhlw.go.jp/content/11907000/001071894.pdf, 2023年 9 月 1 日アクセス）。

参考文献

・第 1 節

厚生労働省「社会保障審議会児童部会 新たな子ども家庭福祉のあり方に関する専門
委員会 報告（提言）」2016年（https://www.mhlw.go.jp/file/05-Shingikai-12601000-
Seisakutoukatsukan-Sanjikanshitsu_Shakaihoshoutantou/0000116161.pdf, 2023 年
9 月 1 日アクセス）。

内閣府子ども・子育て本部「児童手当等の使途に関する意識調査報告書」（https://
www8.cao.go.jp/shoushi/shinseido/data/pdf/chousa/jite/houkoku1.pdf, 2023 年
9 月 1 日アクセス）。

こども基本法（令和 4 年法律第77号）（https://www.cfa.go.jp/assets/contents/
node/basic_page/field_ref_resources/40f97dfb-ff13-4434-9ffc-3f4af6ab31d5/51bee5
de/20230401policies-kodomokihon-06.pdf, 2023年 9 月 1 日アクセス）。

・第 2 節

浦田雅夫編著『新・子ども家庭福祉——私たちは子どもに何ができるか』教育情報出版，2020年。

立花直樹・渡邊慶一・中村明美・鈴木晴子編著『児童家庭福祉——子どもと家庭の最善の利益』（最新・はじめて学ぶ社会福祉⑯）ミネルヴァ書房，2022年。

中坪史典・山下文一・松井剛太・伊藤嘉余子・立花直樹編『保育・幼児教育・子ども家庭福祉辞典』ミネルヴァ書房，2021年。

・第4節

伊藤嘉余子・澁谷昌史編著『子ども家庭福祉 第2版』（MINERVA はじめて学ぶ子どもの福祉①）ミネルヴァ書房，2022年。

柏女霊峰『子ども家庭福祉論 第7版』誠信書房，2022年。

厚生労働省雇用均等・児童家庭局長「家庭支援専門相談員，里親支援専門相談員，心理療法担当職員，個別対応職員，職業指導員及び医療的ケアを担当する職員の配置について」2012年（https://www.mhlw.go.jp/bunya/kodomo/pdf/tuuchi-70.pdf, 2023年9月1日アクセス）。

厚生労働省雇用均等・児童家庭局長「基幹的職員研修事業実施要綱」（【一部改正】平成25年6月7日雇児発0607第4号）（https://www.mhlw.go.jp/bunya/kodomo/pdf/tuuchi-36.pdf, 2023年9月1日アクセス）。

中坪史典・山下文一・松井剛太・伊藤嘉余子・立花直樹編『保育・幼児教育・子ども家庭福祉辞典』ミネルヴァ書房，2021年。

「子ども家庭福祉分野の資格・資質向上について（案）」（第27回社会保障審議会児童部会社会的養育専門委員会（令和3年4月23日）資料より（https://www.mhlw.go.jp/content/11920000/000851569.pdf, 2022年9月10日アクセス）。

第4章 子ども家庭福祉の現状と課題

1 少子化と地域子育て支援

（1）子育てに影響を与える社会構造の変化

1）少子高齢社会の日本──少子化とは何か

厚生労働省（人口動態統計）の資料によれば，2021（令和3）年の日本の出生数は81万1,604人となっており，1949（昭和24）年の第1次ベビーブーム期（約270万人）に比べると約1/3程度に減少している。こうした減少傾向は，1973（昭和48）年の第2次ベビーブーム期（約210万人）から続いており，現在までに半世紀近くの年月が経過しているが，改善の兆しすら見えない状態である。また，合計特殊出生率（一人の女性が一生の間に平均して生む子どもの数）についても1974（昭和49）年に人口置換水準（人口が維持されるために必要な合計特殊出生率の水準）である2.08を下回って以降，低下傾向が続き2022（令和4）年では1.26となっている（図4-1）。

少子化が続くと，日本全体の総人口に占める子どもの割合も低下していくことになる。表4-1は，日本全体の総人口を年少人口（0〜14歳），生産年齢人口（15〜64歳），老年人口（65歳以上）の3つに区分した割合の推移である。1950（昭和25）年の年少人口の割合は35.4%であったのに対し，2020（令和2）年では，11.9%に大きく減少している。逆に，65歳以上の老年人口の割合は，4.9%から28.6%に上昇している。これらのことから，現代社会はまさに「少子高齢社会」ということができる。

このように，少子化とは，出生率が低下し子どもの数が減少し続けることを指すが，それが子どもにどのような影響を及ぼすのだろうか。

例えば，子どもの数が減少することで，子ども同士の関わりの機会が少なくなり地域における子ども集団の衰退にもつながる。そうなると，一人で遊ぶ子

図4-1　出生数及び合計特殊出生率の年次推移

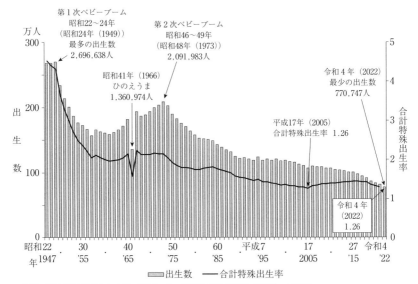

出所：厚生労働省「令和4年（2022）人口動態統計月報年計（概数）の概況」。

表4-1　総人口，年齢3区分（0～14歳，15～64歳，65歳以上）別人口および年齢構造係数：1950～2020年

年　次	人　口（1,000人）					割　合（%）		
	総　数	年齢別人口（各年報告書）[3]				0～14歳	15～64歳	65歳以上
	（改定値）[2]	総数	0～14歳	15～64歳	65歳以上			
昭和25（1950）	83,200＊	83,200＊	29,428	49,658	4,109	35.4	59.7	4.9
32（1957）	90,928	91,088	28,909	57,241	4,938	31.7	62.8	5.4
39（1964）	97,182	97,186	25,590	65,580	6,016	26.3	67.5	6.2
46（1971）	105,145	105,014	25,169	72,321	7,524	24.0	68.9	7.2
53（1978）	115,190	115,174	27,708	77,545	9,921	24.1	67.3	8.6
60（1985）	121,049＊	121,049＊	26,033	82,506	12,468	21.5	68.2	10.3
平成4（1992）	124,567	124,452	21,364	86,845	16,242	17.2	69.8	13.1
11（1999）	126,667	126,686	18,742	86,758	21,186	14.8	68.5	16.7
18（2006）	127,901	127,770	17,435	83,731	26,604	13.6	65.5	20.8
25（2013）	127,414	127,298	16,390	79,010	31,898	12.9	62.1	25.1
令和2（2020）	126,146＊	126,146＊	14,956	72,923	35,336	11.9	59.5	28.6

注：(1)　総務省統計局『国勢調査報告』（＊）および『人口推計』による。各年10月1日現在人口。総数には年齢「不詳人口」を含み，割合は年齢「不詳人口」を按分補正した人口による。昭和46（1971）年以前は沖縄県を含まない。
　　(2)　『人口推計月報　改訂数字特集』『人口推計　国勢調査結果による補間補正人口』等による。
　　(3)　各年『人口推計』等による。昭和23（1948）年～39（1964）年については『日本の推計人口』（改定値）による。昭和46（1971）年は改定値。
出所：国立社会保障・人口問題研究所「日本の将来推計人口（平成29年推計）」。

表4-2　東京圏の構成都県の転入者数，転出者数および転入超過数の推移

（人）

区　　分		2017年	2018年	2019年	2020年	2021年	2022年
東京都	転入者数	453,900	460,628	466,849	432,930	420,167	439,787
	転出者数	380,776	380,784	383,867	401,805	414,734	401,764
	転入超過数	73,124	79,844	82,982	31,125	5,433	38,023
神奈川県	転入者数	226,152	232,777	237,890	232,772	236,157	237,839
	転出者数	208,638	209,294	208,281	203,198	204,313	210,275
	転入超過数	17,514	23,483	29,609	29,574	31,844	27,564
埼玉県	転入者数	184,862	188,769	193,481	186,289	189,683	191,931
	転出者数	162,681	164,117	166,827	162,018	161,876	166,567
	転入超過数	22,181	24,652	26,654	24,271	27,807	25,364
千葉県	転入者数	161,408	163,749	165,140	159,632	160,128	163,761
	転出者数	148,697	151,860	155,602	145,359	143,513	155,193
	転入超過数	12,711	11,889	9,538	14,273	16,615	8,568

出所：総務省統計局「住民基本台帳人口移動報告2022年結果」を一部改変。

どもが増えたり限られた友達と遊んだりするようになり，必然的に体験の質や量も貧弱になることが指摘されている[1]。このように，子ども期における友人や異年齢の人とのふれあいが減少すると，人との付き合い方がわからず人間関係が築けない，社会性が育ちにくいなどの子どもの成長への影響も懸念される。

2）都市化と世帯構造の変化

　少子高齢化の問題以外にも，日本ではいわゆる「都市化」の問題も指摘されている。都市化とは，一般的に社会が都市的になっていく現象やその過程を指すことが多い。具体的には，地方から都市部への人口集中，都市人口の増大，生活様式の変化などが挙げられる。表4-2は，東京圏（東京都，神奈川県，埼玉県，千葉県）への転入者数と転出者数および転入超過数の推移である。近年では，東京都を中心にその周辺の県においても，転出者数より転入者数が多く，結果として人口増加を意味する転入超過数がプラスに推移していることがわかる。このことから，都市部において，人口が集中し都市人口が増大していることがわかるであろう。その主な理由としては，日本の産業構造の変化が挙げられる。それは，経済活動の中心が，農業や漁業といった自然の恩恵を利用して

表 4 - 3　児童数別，世帯構造別児童のいる世帯数及び平均児童数の年次推移

| | 児童のいる世帯 | 全世帯に占める割合（％） | 世　帯　構　造 | | | | | 児童のいる世帯の平均児童数 |
			核家族世帯	夫婦と未婚の子のみの世帯	ひとり親と未婚の子のみの世帯	三世代世帯	その他の世帯	
	推　計　数　（％）　単位：千世帯							（人）
昭和61年	17,364	(46.2)	12080 (69.6)	11359 (65.4)	722 (4.2)	4688 (27.0)	596 (3.4)	1.83
平成元年	16,426	(41.7)	11419 (69.5)	10742 (65.4)	677 (4.1)	4415 (26.9)	592 (3.6)	1.81
7	13,586	(33.3)	9419 (69.3)	8840 (65.1)	580 (4.3)	3658 (26.9)	509 (3.7)	1.78
13	13,156	(28.8)	9368 (71.2)	8701 (66.1)	667 (5.1)	3255 (24.7)	534 (4.1)	1.75
19	12,499	(26.0)	9489 (75.9)	8645 (69.2)	844 (6.8)	2498 (20.0)	511 (4.1)	1.71
25	12,085	(24.1)	9618 (79.6)	8707 (72.0)	912 (7.5)	1965 (16.3)	503 (4.2)	1.70
令和元年	11,221	(21.7)	9252 (82.5)	8528 (76.0)	724 (6.5)	1488 (13.3)	480 (4.3)	1.68
3	10,737	(20.7)	8867 (82.6)	8178 (76.2)	689 (6.4)	1384 (12.9)	486 (4.5)	1.69
4	9,917	(18.3)	8374 (84.4)	7744 (78.1)	629 (6.3)	1104 (11.1)	439 (4.4)	1.66

注：(1)　1995（平成7）年の数値は，兵庫県を除いたものである。
　　(2)　2016（平成28）年の数値は，熊本県を除いたものである。
　　(3)　2020（令和2）年は，調査を実施していない。
　　(4)　「その他の世帯」には，「単独世帯」を含む。
出所：厚生労働省「2022（令和4）年国民生活基礎調査の概況」を一部改変。

きた第1次産業から第2次産業（原材料を加工した製造や建築業など）や第3次産業（飲食や通信などのサービス業）へと移行してきたことにある。このような産業構造の変化により，人々はより多くの仕事がある都市部に移動し，私たちの生活に大きな影響を与えている。

　こうした都市化に伴い，子どものいる家庭の世帯構造も変化している。子どものいる世帯は，2022（令和4）年で991万7,000世帯となっており，全世帯に占める割合は18.3％となっている。また，世帯構造別では，「夫婦と未婚の子のみの世帯」が774万4,000世帯と最も多く，次に「三世代世帯」が110万4,000世帯，「ひとり親と未婚の子のみの世帯」が62万3,000世帯，「その他の世帯」が43万9,000世帯となっている。

　世帯構造別の割合をみると，「核家族世帯」は1986（昭和61）年時点で69.6％，「三世代世帯」は27.0％であるのに対し，2022（令和4）年では，「核家族世帯」が84.4％に増加しており，「三世代世帯」は11.1％まで減少している。また，「ひとり親と未婚の子のみの世帯」の割合についても4.2％から6.3％に増加し

図4-2　子育ての負担を助けてくれる人・場所（既婚・子供あり）

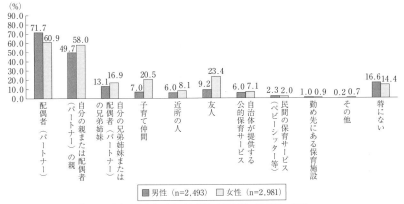

出所：内閣府編『少子化社会対策白書　令和元年版』日経印刷，2019年，45頁。

ている（表4-3）。このように子どものいる家庭の多くは核家族であり，以前に比べ祖父母などの身近な家族の協力が得られにくい環境下で子育てを行っている。そのため，「夫婦のみ」または「ひとり親のみ」の世帯では，子育てに対する保護者の負担が大きく，そのストレスから子どもへの虐待などが生じやすい状況となっている。

3）子育て家庭と地域社会の関わり

　内閣府が2008（平成20）年に行った「社会意識に関する世論調査[(2)]」によると，子育てを「楽しいと感じることの方が多い」と回答する者の割合が全体の53.9％と最も多く，半数以上は楽しいと感じながら子育てを行っている。しかし一方で，「楽しいと感じることと辛いと感じることが同じくらい」「辛いと感じることの方が多い」と回答した者の割合を合わせると40.7％となっており，子育てに何らかの負担を感じている。こうしたポジティブとネガティブな感じ方について，こども未来財団は2005年[(3)]と2007年[(4)]に子育ての意識に関する調査結果を報告している。報告書によると「子育てを楽しい」と感じやすい要因として，夫婦の会話や周囲の手助けがあることなどが挙げられている。その反対に，夫婦の会話やねぎらいの言葉かけがなかったり，身近に相談相手や協力者がいなかったりする場合は，子育てに対する負担感や不安感が高く，孤立感にもつながることなどが指摘されている。

以上のことから，子育て家庭が孤立した状況に陥らないためにも，配偶者などの周囲のサポートに加え，その家庭が居住している自治体や地域住民などを含めた社会的な支援（ソーシャルサポート）の充実は必要である。しかし，図4－2にあるように実際の子育ての負担を助けてくれる人や場所は，配偶者や自分の親，きょうだいなどの近親者が多く，公的な保育サービスや近所の人などのソーシャルサポートが少ないのが現状である。そのため，配偶者や自分の親などの近親者によるサポートがない家庭では，孤立した状況に陥りやすく，保護者の子育てに対する不安や負担増などが懸念されている。

　こうした課題に対し，国は次世代育成対策推進法や少子化対策基本法などにより，少子化対策と保護者への子育て支援としてこれまで環境整備に努めてきた。これら法律の趣旨は「地方公共団体や企業等を含めた社会全体が，子育て家庭を支援していき，皆が安心と喜びをもって子育てにあたることができるようにする」ということである。しかし現状は，前述したように子育て家庭を取り巻く環境は厳しい状況にある。今後は，子どもの育ちを支えていく人材や環境を社会全体でどのように構築していくかが大きな課題である。

（2）子育て家庭へのソーシャルサポート

1）地域における子育て支援サービス

　前述したように，保護者が安心と喜びを感じながら子育てをしていくためには，配偶者などの近親者による協力に加えソーシャルサポートが必要である。しかし，実際の保護者の意識や感覚としては，子育てに対するソーシャルサポートが効果的に得られていないのが現状である。こうした状況は，子育ての孤立を加速させ生活上の様々な問題や課題を生じさせるリスクも高めることになる。そうならないためにも子育て家庭を社会全体で支援し，子どもと家庭の福祉を実現していくことが望まれる。

　柏女霊峰[5]は，子育ち・子育て支援の定義について「子どもの成長発達及び子どもが生まれ，育ち，生活する基盤である親や家庭における子どもの養育の機能に対し，家庭以外の私的，公的，社会的機能が支援的に関わることにより子どもの健やかな育ちと子育てを保障・支援する営みの総称である」としている。さらに「子どもは個々の家庭の子どもであるだけでなく社会全体の子どもであ

り，その健全な育成は社会全体で行っていくことが，時代の変容のなかでこれまで以上に必要とされてきている」と指摘している。

　このような問題意識を背景に，2015（平成27）年に施行された「子ども・子育て支援新制度」では「保護者が子育てについての第一義的な責任を有する」という基本的な認識の下に，幼児期の学校教育・保育，地域の子ども・子育て支援を総合的に推進することを目的にしている。具体的には，①認定こども園や幼稚園，保育所を対象とした施設型給付および小規模保育等への地域型給付，②地域の実情に応じた地域子ども・子育て支援事業の実施，③市町村を主体に地域のニーズに基づいた支援計画を策定すること，などが挙げられる。

2）地域子ども・子育て支援事業とは

　地域子ども・子育て支援事業は，子育て家庭を対象に「市町村子ども・子育て支援事業計画」に従い，事業の実施とその推進にあたる。具体的には，地域子育て支援拠点事業や放課後児童健全育成事業など，従来から児童福祉法に規定されていた子育て支援事業に，利用者支援事業などの新規事業を加えた以下の13事業が定められている。

　①　利用者支援事業

　子ども及びその保護者等の身近な場所で，教育・保育・保健その他の子育て支援の情報提供及び必要に応じ相談助言を行うとともに，関係機関との連絡調整等を実施する事業。

　②　延長保育事業

　保育認定を受けた子どもについて，通常の利用日及び利用時間以外の日及び時間において，認定こども園，保育所等において保育を実施する事業。

　③　実費徴収に係る補足給付を行う事業

　保護者の世帯所得の状況等を勘案して，特定教育・保育施設等に対して保護者が支払うべき日用品，文房具その他の教育・保育に必要な物品の購入に要する費用等，特定子ども・子育て支援に対して保護者が支払うべき食事の提供にかかる費用を助成する事業。

　④　多様な事業者の参入促進・能力活用事業

　特定教育・保育施設等への民間事業者の参入の促進に関する調査研究その他多様な事業者の能力を活用した特定教育・保育施設等の設置又は運営を促進す

るための事業。

⑤　放課後児童健全育成事業（放課後児童クラブ）

保護者が労働等により昼間家庭にいない小学校に就学している児童に対し，授業の終了後に小学校の余裕教室，児童館等を利用して適切な遊び及び生活の場を与えて，その健全な育成を図る事業。

⑥　子育て短期支援事業

保護者の疾病等の理由により家庭において養育一時的に困難となった児童について，児童養護施設等において必要な養育・保護を行う事業（短期入所生活援助事業〔ショートステイ〕及び夜間養護等事業〔トワイライトステイ事業〕）。

⑦　乳児家庭全戸訪問事業

生後4か月までの乳児のいるすべての家庭を訪問し，子育て支援に関する情報提供や養育環境等の把握，育児に関する不安や悩みの相談を行う事業。

⑧　養育支援訪問事業

養育支援が特に必要な家庭に対して，保健師や助産師，保育士が居宅を訪問し，養育に関する相談に応じ，指導や助言等により養育能力を向上させるための支援を行う事業。

子どもを守る地域ネットワーク機能強化事業として，要保護児童対策調整機関職員やネットワーク構成員（関係機関）の専門性強化と，ネットワーク機関間の連携強化を図る取り組みを実施する事業。

⑨　地域子育て支援拠点事業

乳幼児及びその保護者が相互の交流を行う場を提供し，子育てについて相談，情報の提供，助言その他の援助を行う事業。

⑩　一時預かり事業

家庭において保育を受けることが一時的に困難となった乳幼児について，主として昼間において，認定こども園，幼稚園，保育所，地域子育て支援拠点その他の場所において，一時的に預かり，必要な保護を行う事業。

⑪　病児保育事業

病児について，病院・保育所等に付設された専用スペース等において，看護師等が一時的に保育等する事業。

⑫　子育て援助活動支援事業（ファミリー・サポート・センター事業）

　乳幼児や小学生等の児童を有する子育て中の保護者を会員として，児童の預かり等の援助を受けることを希望する者と当該援助を行うことを希望する者との相互援助活動に関する連絡，調整を行う事業。

⑬　妊婦健康診査

　妊婦の健康の保持及び増進を図るため，妊婦に対する健康診査として，ア）健康状態の把握，イ）検査計測，ウ）保健指導を実施するとともに，妊娠期間中の適時に必要に応じた医学的検査を実施する事業。

　地域子ども・子育て支援事業に対する財源は，子ども・子育て支援法に基づき事業全体に対し交付金として支出される。負担割合は，国・都道府県・市町村が1/3ずつ（妊婦健康診査は交付税措置による全額市町村負担）となっている。また，これらの事業は，どの事業にどの程度の予算を配分するかは，都道府県および市町村の判断で決めることができるため，それぞれの地域で特色のある子育て環境を整備することができる。したがって，地方自治体は地域住民の子育てニーズを吸い上げるとともに，それを「市町村子ども・子育て支援事業計画」にしっかりと反映させていくことが求められている。

3）ファミリー・サポート・センターの特徴と専門性の課題

　ファミリー・サポート・センター事業（以下，ファミサポ）は，乳幼児や小学生等の児童を有する子育て家庭に対し，子どもの預かりや送迎を希望する者と援助を行うことを希望する者との「相互援助活動」を，市町村が中心となって連絡や調整の支援を行う。つまり，地域において，育児の援助を受けたい人と行いたい人が会員となって，お互いに助け合うシステムのことをいう。具体的な援助活動の内容としては，「保育施設までの送迎を行う」「保育施設の開始前や終了後，または学校の放課後に子どもを預かる」「保護者の病気や急用等の場合に子どもを預かる」などが挙げられる。

　近年，ファミサポに対するニーズは高く，2022（令和4）年度では982市町村で実施されており，依頼会員（援助を受けたい会員）60万人，提供会員（援助を行いたい会員）14万人，両方会員4万人となっている。今後も国としては，提供会員確保のために様々な事業との連携を強化し，コーディネート機能を推進するアドバイザーの充実などの量的拡充を目指している。

このように，ファミサポに対する期待が高まる一方で，その課題についても
いくつか指摘しておきたい。ファミサポは，保育所や幼稚園，その他児童福祉
施設のように支援が提供される場所が決まっているわけではなく，また，支援
する側も基本的に一般住民であることから資格や免許などの条件，専門性が必
要とされているわけではない。法律上，市町村は提供会員に対し，安全・事故
対策を含めた援助活動に必要な講習の実施を行うことになっているが，活動前
に義務づけられているのは緊急救命講習のみである。厚生労働省が推奨する講
習カリキュラムには「保育の心」「心の発達とその問題」「身体の発育と病気」
など9項目（24時間）あるが，これらの講習については受講が望ましいといっ
た表現に留まっている。こうしたカリキュラム講習の実施状況について，一般
財団法人女性労働協会が行った調査によると，国が基準として定める「9項目
（24時間）以上」の講習を実施している市町村は全体で約3割程度であったと報
告している。他方，講習の項目や時間が国の基準の半分程度しか実施されてい
ない市町村は約5割，全く実施されていない市町村も約1割あったと報告して
いる。

2019（令和元）年10月から実施された幼児教育・保育の無償化は，ファミサ
ポも例外ではなく支援（預かりのみで送迎は不可）の対象に含まれている。一時
的・緊急的とはいえ子どもを預かってくれる人や場所の存在は，子育て家庭に
とって重要なサポートになるだろう。しかしながら，ある程度の専門性を有し
ていなければ子どもの安全を確保し生活を保障することは困難である。

子育て家庭へのソーシャルサポートを量的に拡充していくことは大切だが，
支援の質を担保しつつ，質の向上を目指していくことも重要であることを認識
しなければならない。

2　多様化するニーズに対応する母子保健と子どもの健全育成

（1）切れ間のない支援をどう行うか──多様なニーズからみる "母子保健"

1）母子保健とは

母子保健は，母親と乳幼児の健康保持とその増進を図ること，思春期から妊
娠・出産までを通して母性や父性を育むことを目的として行われる。母子保健

は，生涯にわたる健康づくりの基礎であり，また子ども自身が生まれながらに持っている発達する力を支えていくことも母子保健の大きな役割となっている。

さて，そもそも，母性や父性とは何か。母性と聞けば子どものありのままを丸ごと受容し，承認する，いわゆる愛情や愛着，一方，父性とは，子どもに規律や規則，約束や責任の意義を伝え，教える，いわゆる社会規範や社会性を育むものと一般的に捉えられている。しかし，母子保健法上の母性は，医学，公衆衛生学の分野における概念であり，倫理的意味の母性とは異なる。

ところで，日本は，乳幼児死亡率や妊産婦死亡率等が低く，世界でもトップクラスの母子保健水準を誇る。しかし一方で，産科医不足を代表とする周産期医療体制の課題，経済情勢や社会環境の変化に伴う親や子どもの心の問題，いわゆるメンタルヘルスへの専門的対応など，様々な課題がある。

日本の母子保健施策は，第2次世界大戦後，1947（昭和22）年に制定された児童福祉法の枠内で実施されてきた。児童福祉法制定以降，著しく改善された妊産婦死亡率と乳児死亡率も，先進諸国と比較すると依然として高く，1965（昭和40）年に母子保健法が独立法として新たに制定された。この背景には児童福祉法を基礎として展開されてきた母子保健の限界があった。母子保健法の制定以降，同法は日本の母子保健行政の基盤とされ，母子の衛生環境，栄養状態の向上が図られ，医療の進歩とともに母子保健も充実されてきた。

さらに，少子化や家族の小規模化，都市化，女性の社会進出の拡大など，社会環境の変化を受け，1994（平成6）年に母子保健法が改正された。この改正は，より身近な母子保健サービスの提供を目指して行われた。母子保健サービスの実施体制における保健所と市町村の役割の見直しが行われ，主な改正点は母子保健事業の市町村への一元化が図られたことである。また，従来からの母子保健の取り組みに加え，児童虐待相談件数の増加，放射能汚染の問題などへの対応，また幼児期の肥満など生活習慣病につながるリスク等に対する幼児期からの健康的な生活習慣の獲得への取り組みも重要な課題である。

2）母子保健サービス

① 母子健康手帳

母子保健法第15条の規定により，妊娠した者は，市町村に妊娠の届出をすることとされており，母子健康手帳が交付される（同第16条）。本手帳は，妊娠出

産にかかる記録と情報の2要素から構成されている。記録では，妊娠や分娩の経過，妊婦健康診査などの記録と，子どもが誕生してから成長していく過程における健康管理，予防接種の記録がある。また，妊娠期から子どもが満6歳になるまでの注意点や母親（両親）学級など行政サービスの情報等が提供されており，市町村ごとの様々な取り組みなどが盛り込まれている。さらに，母子健康手帳交付時に，妊婦健康診査の受診券が一緒に交付され，本来は自費診療にあたる妊婦健診の費用が公費負担され，妊娠期の経済的負担にも配慮されている。また，母子健康手帳には併せて出産通知表も備えられており，一貫した母子保健指導を行うための重要な基礎資料となっている。

② 健康診査

ここでは，母子保健法第12条，同第13条で規定される妊産婦と乳幼児の健康診査について概観する。

妊産婦に対して，妊娠の経過観察と流産や早産，妊娠中毒症などの予防に重点を置いた助言及び指導が行われる。健康診査は，一般病院や市区町村保健センター等において行われ，妊娠満23週までは4週間に1回，妊娠満24〜35週の間は2週間に1回，妊娠満36週以降は1週間に1回が望ましいとされている。診査結果等は，母子健康手帳に記録される。また，妊婦健康診査は，子ども・子育て支援新制度における地域子ども・子育て支援事業に位置づけられ，その実施時期や回数，内容等が定められている。

一方，乳幼児に対しては，身体計測や全身の状態観察から乳幼児の心身の発育発達状況や栄養状態の確認，また，視覚，聴覚，歯，言語障がい等に関する一般的な問診や診察を行い，各種疾病や発達遅延等の早期発見，適切な指導を行い，心身障がいの進行を未然に防止するとともに，生活習慣の自立，う歯（むし歯）予防等を図り，乳幼児の健康の保持及び増進が図られている。

市区町村が実施主体で，3〜6カ月，9〜11カ月，各1回ずつ妊婦健康診査と同様，都道府県等が指定する医療機関において健康診査を公費負担で受けることができ，その結果から必要に応じ精密検査も公費負担で受診できる。

1歳6カ月児（〜概ね2歳未満を目途に）を対象に，歩行や言語の発達，身体発育や精神発達面を中心とした健康診査が行われ，生活習慣の自立やう歯（むし歯）予防，幼児の栄養状態，その他，育児に関する指導などが併せて実施さ

れる。これは，幼児期の歩行や言語の発達等，身体発育や精神発達の面でのチェックが比較的容易に行えるようになる月齢に合わせて実施されている。次に3歳児（～概ね4歳未満）を対象とした健康診査は，幼児期の心身の発達にとって重要な時期に，身体の発達状況，異常の有無，精神発達の状況，歯科，言語障がいの有無等の検査，また，視聴覚検査などの幅広い診査が実施される。これらの検査の結果，異常が発見された場合は，身体面に関しては専門の医療機関で，精神発達面に関しては児童相談所等によるより精密な健康診査及び必要に応じた指導が行われる。これらの乳幼児健康診査は，乳幼児の心身の異常を早期発見するだけでなく，育児支援として経過観察を行い，子育てに悩みを持つ養育者への助言及び支援を行い，乳幼児の健康レベルを向上させるとともに，保護者の育児不安の軽減に努めている。

　また，先天性異常等検査（新生児マス・スクリーニング検査）も行われている。フェニルケトン尿症などの先天性代謝異常及び先天性甲状腺機能低下症（クレチン症）は，早期発見・早期治療で心身障がいを予防することが可能である。そのため，生後5日から7日目の新生児を対象に血液検査を行い，現在では新生児のほぼ100％が検査を受けている。さらに，近年では，小児障がいの発生予防として多種類の疾患をスクリーニングできる新しい検査方法である「タンデムマス法」が導入されつつあり，新たな母子保健のセーフティネットとして活用されている。検査で異常が発見された場合，小児慢性特定疾病対策として，医療費の公費負担が受けられる。

　③　保健指導

　妊産婦への保健指導は，妊娠から出産，育児期と一貫した指導と支援が行われることが重要である。保健指導を適切に行うためには，健康診査とあわせ，保健所と市町村の専門職が連携協力して展開していくことが不可欠である。保健指導は，心身障がいの予防や未熟児出生の減少のために欠くことができない。

　保健指導には，大きく分けて集団指導と個別指導（訪問指導）の2つがある。集団指導では，妊婦とそのパートナーを対象に行われる両親教室（パパママクラス）や育児期を対象に行われる育児教室のほか，思春期教室（婚前学級）などが市町村で実施されている。例えば，思春期教室では妊娠・出産・育児に関する知識普及を目的として，妊婦ジャケットの着用体験などを通じ，妊娠体験す

るなどの取り組みが行われている。個別指導（訪問指導）では，健康診査の結果を基に，必要に応じて市町村の医師，助産師，保健師等が家庭訪問し，保健指導を行っている。個別指導には，妊産婦訪問指導と新生児訪問指導があるが，市町村が実施主体となっているため，里帰り出産等で訪問指導の時期が遅れるなどの問題も生じている。また，この訪問指導は「乳児家庭全戸訪問事業（こんにちは赤ちゃん事業）」と併せて実施することができる。

　また，低出生体重児（2,500 g未満）については，保護者に届出義務が課せられており，訪問指導が必要と保健所が判断した場合に，医師，保健師，助産師等による未熟児訪問指導が行われる。

　④　養育援護

　妊娠中毒症などの療養や小児慢性疾患の治療，未熟児の養育などは，児童の健全育成を阻害しないよう，速やかかつ適切に措置が講じられる。小児慢性特定疾患の治療では，小児がん等はその治療が長期にわたる上，治療を行わなければ子どもの健全育成を阻害することにもつながる。そのため，小児慢性疾患のうち，特定疾患の治療研究事業を推進し，医療の確立と普及を図るとともに，その医療費の自己負担の軽減を目的に養育援護が実施されている。対象年齢は，18歳未満（引き続き，治療が必要と認められる場合は20歳まで）で，治療研究期間は原則1年となっているが，必要に応じ，期間を延長できる。なお給付対象の疾患は，悪性新生物，慢性腎疾患，慢性呼吸器疾患，慢性心疾患，内分泌疾患，膠原病，糖尿病，先天性代謝異常，血友病等血液疾患，免疫疾患，神経・筋疾患，慢性消化器疾患，染色体又は遺伝子に変化を伴う症候群，皮膚疾患，骨系統疾患，脈管系疾患の16疾患群である。医療費助成に加え，児童の自立や成長支援を目的に，地域の社会資源を活用するとともに，利用者の環境等に応じた支援を行う自立支援事業が実施されている。

　また，未熟児は呼吸障がいやミルクが十分に飲めないなど，養育上の様々な課題を抱え，医療的ケアを継続して行わなければならない場合も多い。そのため，未熟児養育医療は指定養育医療機関に委託して行われる。また，未熟児の養育に必要な医療は現物給付として支給され，自己負担は，所得に応じて負担額を決定する応能負担の方法が用いられている。

⑤　医療対策

保育所等に通所する子どもが発熱等の急な疾病になった場合，病院や保育所等の付設した専用のスペース等で，一時預かりを行う病児・病後児保育事業が実施されている。このように，妊産婦と乳幼児の心身の特性・状況に応じ，適切な医療施策等が提供されている。

このほか，心身の不調や育児不安等を抱える出産後1年以内の母親とその子どもを対象として産後ケア事業（ショートステイ，デイケア，アウトリーチ型）が展開されている（「母子保健法の一部を改正する法律」2021〔令和3〕年4月1日施行）。

3）健やか親子21をはじめとする様々な取り組み

①　健やか親子21

2001（平成13）年からスタートした「健やか親子21」は，母子保健の主要な取り組みを提示するビジョンであり，その達成に向けて取り組む国民運動である。同年から2014（平成26）年度を第1次とし，その主課題に①思春期の保健対策の強化と健康教育の推進，②妊娠・出産に関する安全性と快適さの確保と不妊への支援，③小児保健医療水準を維持・向上させるための環境整備，④子どもの心の安らかな発達の促進と育児不安の軽減の4つを設定し，69指標（74項目）に目標値の設定をし，達成状況や施策の取り組み状況の評価等を行った。その結果，全体のおよそ8割で一定の改善がみられた。

2015（平成27）年度から2024（令和6）年度までを第2次（「健やか親子21（第2次）」）と設定し，第1次の取り組み状況や現状の課題を踏まえ，新たな計画が策定された。「すべての子どもが健やかに育つ社会」の実現に向け，基盤課題（Ⓐ切れ間ない妊産婦・乳幼児への保健対策，Ⓑ学童期・思春期から成人期に向けた保健対策，Ⓒ子どもの健やかな成長を見守り育む地域づくり）と，重点課題（①育てにくさを感じる親に寄り添う支援，②妊娠期からの児童虐待防止対策）が設定された。厚生労働省は「健やか親子21（第2次）」の取り組み状況について，中間評価を2019（令和元）年8月に報告書にまとめた。第2次策定時に設定された52指標のうち，34指標が改善するなど一定の効果が出ていると評価された一方で，妊産婦のメンタルヘルス，10代の自殺や児童虐待による死亡数など，大きな課題への継続した対策が求められている（図4-3）。

図 4 - 3　健やか親子21（第 2 次）イメージ図

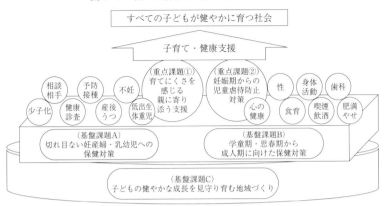

すべての子どもが健やかに育つ社会

子育て・健康支援

（重点課題①）育てにくさを感じる親に寄り添う支援

（重点課題②）妊娠期からの児童虐待防止対策

相談相手　予防接種　不妊

少子化　健康診査　産後うつ　低出生体重児

性　身体活動　歯科

心の健康　食育　喫煙飲酒　肥満やせ

（基盤課題A）切れ目ない妊産婦・乳幼児への保健対策

（基盤課題B）学童期・思春期から成人期に向けた保健対策

（基盤課題C）子どもの健やかな成長を見守り育む地域づくり

出所：厚生労働統計協会編『国民衛生の動向　2020/2021』厚生労働統計協会，2020年，108頁。

② 乳幼児突然死症候群（SIDS）対策

　乳幼児突然死症候群（SIDS）は，何の予兆や既往歴もなく，その死亡が予測できない，また死亡状況調査及び解剖検査によってもその原因が同定されない，原則として 1 歳未満の乳児に突然の死をもたらす疾病である。日本の年間死亡数は1997（平成 9 ）年は538人，2021（令和 3 ）年は81人と減少している。SIDSは自宅でも起こり得ることから，医療従事者や保育関係者をはじめ，広く一般への知識の普及・啓発が行われ，厚生労働省研究班では，原因究明等の研究が進められている。

③ 食育推進

　生涯，心身ともに健やかな生活を送るために，妊娠中や子どもの頃からの健康管理が必要である。朝食欠食など，食習慣の乱れや不獲得，思春期やせにみられるような心身の健康問題が生じている現状を踏まえ，乳幼児期からの適切な食事のとり方，望ましい食習慣の獲得，また，食を通じた豊かな人間性の育成などへのニーズが高まっている。このため「食を通じた子どもの健全育成──いわゆる「食育」の視点から──のあり方に関する検討会」を開催し，2004（平成16）年に「楽しく食べる子どもに──食からはじまる健やかガイド」が取りまとめられた。この後，妊産婦のための食生活指針や授乳・離乳の支援ガイド，児童福祉施設における食事の提供ガイド等が作成・公表され，改定さ

れている。

④　子どもの心の診療ネットワーク

様々な子どもの心の問題，児童虐待や発達障がいなどに対応するために，都道府県と指定都市における拠点病院を中核とした地域医療機関並びに児童相談所，保健所，市町村保健センター，要保護児童対策地域協議会，発達障害者支援センター，児童福祉施設，各種教育機関等と連携した支援体制構築に向け，厚生労働省が子どもの心の診療拠点病院機構推進事業を2008（平成20）年度に創設した。実施主体は都道府県で，3年間のモデル事業を実施し，2011（平成23）年度から名称を子どもの心の診療ネットワーク事業として本格実施し，2019（令和元）年度は20自治体で事業がスタートした。本事業では，子どもの心の診療に従事する医師のスキルアップ，関係機関への診療支援や困難事例への対応強化，災害時の子どもの心の問題への対応の充実が図られている。

⑤　不妊相談と不妊治療の経済的支援，女性の健康支援

近年では，晩婚化，出産年齢の高まり等により，不妊相談のニーズが増加している。これを受け，不妊に関する医学的な相談や不妊による心の悩みの相談などを行う不妊専門相談センター事業も実施される。さらに，不妊治療のうち，体外受精と顕微授精については1回の治療費が約30〜40万円程度と高額になる上，医療保険の適用外となるため，利用者の経済的負担を軽減することを目的とし，特定不妊治療費助成事業が2004（平成16）年度にスタートした。

また，女性が自身の健康状態を適切に把握し，自己管理ができるよう，広く健康教育を行うとともに女性特有の諸課題に対応するための相談支援体制の整備が行われている。

（2）子どもの健全育成に向けて——家族のありようの変化から考える

1）子どもの健全育成

子どもの健全育成とは，特定の子どものみでなく，すべての子どもが心身ともに健やかに育っていくために，児童福祉法第1条に規定された理念に基づくものである。国民一人ひとりが，すべての子どもに身体的，精神的また社会的に良好な状態であることが保障され，また，子ども一人ひとりの個性が尊重され，自己実現と幸福追求に向け，知的・社会的能力が育まれるように努めなけ

ればならない。以下，具体的な施策について述べる。

① 児童厚生施設（児童館・児童遊園）

児童厚生施設は，児童福祉法第40条に規定される児童福祉施設であり，児童館と児童遊園の2種がある。児童館は屋内遊び，児童遊園は屋外遊びを提供している。また，児童厚生施設は，児童の遊びを指導する者（保育士や小学校・幼稚園教員などの有資格者）が配置され，遊びを通して子どもの心身の健康増進と豊かな情操や感受性を育む支援を行っている。児童館は，その規模・機能から小地域を対象とした小型児童館，小型児童館の機能に加えて運動や遊びを通して体力増進を図る児童センター（大型児童センターは，中高生に対する育成支援も行っている），広域を対象とした大型児童館の3種があり，公設公営の施設が多い。一方，児童遊園は幼児や小学校低学年の子どもを対象としており，遊具（砂場や滑り台，ブランコ等）と広場，トイレなどが整備されている。

② 放課後児童健全育成事業（放課後児童クラブ）

放課後児童クラブとは，保護者が就労等のため，日中不在になる小学生を対象に，放課後や長期休暇（夏休み等）に小学校の余裕教室や児童館等で過ごすことができる事業のことで，学童保育や学童クラブなどと呼ばれている。

また，新制度では，地域子ども・子育て支援事業の一つに位置づけられ，地域のニーズに沿って設置数を増やすとともに，質の向上を目的として職員や施設・設備に新しい基準を設けたほか，対象が小学6年生までに引き上げられた。

③ 放課後子ども総合プラン（放課後子ども教室・放課後児童クラブ）

文部科学省と厚生労働省の連携協力により，2007（平成19）年に小学校の校庭や余裕教室，児童館，公民館等を活用し，放課後や長期休暇などの期間にすべての子どもを対象（主には小学生）とした安心安全な居場所の提供を行う放課後子どもプランがスタートした。2014（平成26）年に策定された「放課後子ども総合プラン」では，地域の人たちが参画し，文化芸術活動を提供する「放課後子供教室」と前述の放課後児童健全育成事業を連携もしくは一体化した事業の計画・整備等が進められている。

④ 地域組織活動

地域が協働して子どもの健全育成を図るよう，子どもを対象とした組織（子ども会など）や保護者を対象とした組織（母親クラブなど）が地域住民によって

組織されている。子ども会では，地域の町内会や自治会等と連携し，大人が子どもに遊びの場や機会を提供する，また，異年齢の子どもが交流する等，様々な活動が展開されている。一方，母親クラブでは地域住民が児童館や公民館等を拠点に，子育て家庭や地域の生活課題などについての研修会，意見交換を行うなど，地域住民の交流が図られている。

2）多様化する家族と高度化するニーズ

今日，多様化する家族のありように目を向けずして，子どもの健全育成に係る施策を展開することはできない。ところで，「多様化する」とは，一体どのような家族のことか。「未婚の母」や「両親の離婚」また，「両親の離婚後の再婚」「同性カップル」などはイメージできるのではないだろうか。一方，「ステップファミリー」はどうだろうか。ステップファミリーとは，「親の再婚あるいは新たなパートナーとの生活を経験した子どものいる家族[8]」のことを指す。ステップファミリーの定義に，親の婚姻関係の有無は関係しない。例えば，結婚せずに出産した母親が，新しいパートナーと事実婚（法律上の婚姻関係はない）した場合，婚姻関係が一度もなく，ステップファミリーが形成される。つまりは，ステップファミリー＝再婚家族とは限らない。子どもと親の新しいパートナーとの間に「継親子関係」が生まれる家族ということである。

また，日本の法律においては，未成年の子どもを持つ夫婦が離婚する場合，両親のいずれか一方が親権者とされる。子どもの日常的な世話をする人を監護権者といい，親権者とは別に定めることが可能であるが，実際には親権者が監護権者となっているケースがほとんどである。このため，両親の離婚後，子どもと親権を持たない親が交流することを面会交流というが，面会交流のあり方については，明文化されていない部分が多く，ケースごとの判断が必要になる。子どもの心身の健やかな発達には，離婚後も両方の親との交流を保障する方がよいことも，専門家らによって指摘されるようになって久しい。これは，1994年に日本が批准した児童の権利に関する条約（子どもの権利条約）でも明文化された子どもの権利である。離婚後も両方の親が親権を持つ共同親権制を採る国はアメリカやカナダ，EU諸国，中国等と多く，共同親権の導入に係る議論は日本でも2021（令和3）年から法制審議会（法相の諮問機関）において賛成派，慎重・反対派による激論が交わされてきた。今後，子どもの最善の利益，子ど

もの視点に立った議論の深化が求められる。

3　多様な保育ニーズへの対応

（1）「質」と「量」の視点から考える保育ニーズ

1）質の高い保育保障は子どもの基本的ニーズ

　保育所は，児童福祉法第39条に定められた児童福祉施設である。保育所保育指針（2018〔平成30〕年改訂）には，「入所する子どもの最善の利益を考慮し，その福祉を積極的に増進することに最もふさわしい生活の場でなければならない」とされ，乳幼児の権利保障と福祉増進にとって重要な施設であると位置づけられている。また，保育所保育指針は保育について「養護及び教育を一体的に行うこと」と定義している。この「養護と教育を一体」とする見地は，保育・幼児教育を表す英語表記（Early Childhood Education and Care: ECEC）とも共通している。

　現在，乳幼児期に質の高い保育と教育を保障することは，生涯にわたる人格形成の基盤形成になり，さらには学力形成や成人後の望ましい社会行動に寄与することが明らかになっている。これを踏まえ，国際的に乳幼児期の保育・教育への注目が高まっており，質の高い保育の保障は，乳幼児にとって基本的なニーズとなっている。そのため，国は責任を持って質の確保された保育を提供しなければならない。OECD は「人生の始まりこそ力強く（Starting Strong）」[9]のスローガンを掲げ，乳幼児期の保育・教育への公共投資が，経済的にも教育的にも国の成長に有効であるとして ECEC 政策に力を入れるとともに，その質の確保と向上にも関心を高めている。

　では，「保育の質」の確保・向上に必要なことは何だろうか。

　第1に，乳幼児にとってふさわしい生活と情緒の安定が保障されるよう，国や自治体が最低基準を設けることである。児童福祉法第45条に基づき定められている「児童福祉施設の設備及び運営に関する基準」では，保育所が設けるべき部屋や面積，保育士の配置基準や業務の評価等について定められている。また，保育内容の基準として「保育所保育指針」が定められている。これらが遵守されるよう国や自治体は責任を持つとともに，不断にその水準を改善・向上

する努力が必要である。

　第2に，環境を通しての教育である保育の特性が活かせるような保育環境構成が必要である。乳幼児期の子どもたちは，自ら関わり活動することで育ちに必要な体験を得るため，物的環境としての遊びの素材・教材の選択及び配置と人的環境としての保育士の動きや語りかけなどについて，保育室内でも園庭でも年齢や発達段階，興味関心に沿って適切に整えられていることが必要である。

　第3に，保育士の資質と力量である。保育を提供するのは保育士であるため，保育士の資質と力量が直接に保育の質を左右するといっても過言ではない。質の高い保育を提供するために，養成教育と現任研修の充実を通して保育士の資質と力量を確保・向上させることが必要である。合わせて待遇改善により保育士の社会的地位を高め，離職を防ぐことで安定した保育の継続につなげることも保育の質を確保するための重要な課題である。

　このように，保育の質を確保・向上させるためには，保育士の努力や保育所運営の工夫だけでなく，それを支える自治体や国での取り組みが不可欠である。

2）共働き家庭の一般化に伴う保育ニーズの量的増大

　「働く女性の実情」（厚生労働省）や「労働力調査」（総務省）等によると，女性の労働力人口や労働力率（15歳以上の生産年齢人口のうち労働力として経済活動に参加している者の比率）は近年，著しく上昇している。従来，日本女性の労働力率は結婚・出産期に当たる年代にいったん低下し，育児が落ち着いた時期に再び上昇するという，いわゆるM字型カーブを描くことが知られていたが，有配偶女性の20〜30代の労働力率の上昇に伴い，M字の谷の部分が徐々に浅くなり，現在ではM字型カーブはほぼ解消され台形に近づきつつある。

　その背景には，女性が職業を持つことに対する意識の変化がある。「男女共同参画社会に関する世論調査」（内閣府）によると，2019（平成31/令和元）年の同調査では，女性が職業をもつことについて，「子供ができても，ずっと職業を続ける方がよい」といういわゆる就業継続を支持する回答が61.0%と最も多く，次いで「子供ができたら職業をやめ，大きくなったら再び職業をもつ方がよい」（20.3%）となり，女性の就業継続を支持する考え方が男女合わせると初めて6割を超えた。あわせて，「夫は外で働き，妻は家庭を守るべき」という日本社会に根強い性別役割分担意識も変化している。性別役割分担意識に「反

対」する男女の割合は年々増加傾向にあったが，2019年の同調査において，「賛成」は35.0％と過去最少の割合となり，「反対」は59.8％と過去最多となった。これらの意識の変化は，共働き世帯・夫婦の割合が1980（昭和55）年以降増加し続け，1997（平成9）年以降，共働き世帯が専業主婦世帯の数を上回ったことと密接に結びついている。

　仕事を続ける女性が増え共働き世帯が一般化することは，核家族化が進んだ今日，保育ニーズの量的な増大に直結する。しかし，働くことと子育てを両立するために不可欠な保育所整備が保育ニーズの増大に対して著しく遅れており，保育所入所を希望しても入所できない保育所入所待機児童が多いことが大きな社会問題となっている。

　待機児童問題に対応するために，少子化対策として「エンゼルプラン」（1994〔平成6〕年）の具体化としての「緊急保育対策等5か年事業」の中で3歳未満児の保育所入所を拡充させる目標を掲げたことを皮切りに，「新エンゼルプラン」（1999〔平成11〕年），「待機児童ゼロ作戦」（2001〔平成13〕年），「子ども・子育て応援プラン」（2004〔平成16〕年），「新待機児童ゼロ作戦」（2008〔平成20〕年），「待機児童解消加速化プラン」（2013〔平成25〕年），「子育て安心プラン」（2018〔平成30〕年），「新子育て安心プラン」（2020〔令和2〕年）など，相次いで対策が取られてきた。しかし，保育所新設や定員増などの対策が講じられると一層保育所入所申請が増加する傾向が生じるなど，潜在的な保育所利用ニーズに応えうる対策とはなっておらず，待機児童数は減少しつつも解消には至っていない。

　また，待機児童対策の内容についても，定員を超えた入所や，幼稚園や認定こども園では認めていない，運営主体への企業参入を保育所では認めるなど，基準や規制の緩和が相次いで行われてきた。さらには，2015（平成27）年より導入された「子ども・子育て支援新制度」で地域型保育給付を創設することにより，従来，最低基準を満たしていないため認可されていなかった小規模保育事業所や企業主導型保育所も制度に位置づけられることとなった。また，合わせて公立保育所運営費や整備費の国庫補助負担金廃止（2004〔平成16〕年）と一般財源化（2006〔平成18〕年）が行われたことで，公立保育所においては統廃合や民営化が進み，非正規雇用の保育士の割合も高くなってきている。このよう

に待機児童対策は，増大する保育ニーズの「受け皿」を，規制緩和を伴い多様に提供する形でサービス拡充を進めている。その大きな特徴は，規制緩和により幼稚園や認定こども園では認めていない企業参入を保育所運営では認めたことに象徴される，競争原理（保育の市場化）の導入である。多様な「受け皿」は利用者ニーズに応じたサービスの創出を促すが，施設設備や職員配置の基準も多様であることにみられるように，現在の待機児童対策は，すべての子どもと働く保護者に等しく公的な保育を保障する方向で展開していないといえる。

その一方，保育の「受け皿」整備による保育所新設や保育サービス拡充は保育士不足を招いており，保育所を整備しても保育士を確保できず，乳幼児を定数通りに受け入れられないケースもみられている。保育士不足の背景として，賃金の低さや労働時間の長さなどの待遇問題とそれに起因する離職率の高さが指摘されている。待機児童問題は保育の受け皿整備だけでは解決しない。子どもを預ける場所があるかどうかだけではなく，そこでどのような保育が提供されるかを合わせて問わなければならない。保育を受ける主体である子どもの育ちを保障する保育の質の確保と，良質な保育を安定して提供できるために必要な保育士の待遇改善は，待機児童問題と切り離して考えることのできない問題なのである。

3）保育ニーズの量的確保と質的拡充

待機児童問題に関心が集まりがちであるが，人口減少地域においては，保育所の定員割れがみられている。そうした地域において保育所は，地域社会のインフラストラクチャ（infrastructure：生活基盤となる必要不可欠な施設やサービス等）として，保育を必要とする家庭への保育の提供を前提とした上で，他の関係機関と連携・協働しながら地域全体で子育て家庭を支えていく地域子育て支援の中核機関となることが期待されている。

現代日本の保育ニーズについては，待機児童対策に代表されるように量的増大への対応が主軸であった。今後，少子化と人口減少の進展が予測される中，量的ニーズと質的ニーズの双方への対応を統一的に確保・向上しながら，地域の実情に応じて保育所の多機能化を推進することが求められている。その方向を左右するのが資質・力量を有する保育士の確保である。離職を防ぎ，保育と保護者支援の知見やスキルを獲得・蓄積できるように，保育士の待遇を改善し，

資質向上を支援することが急務である。

（2）保育ニーズはなぜ多様化しているのか
1）労働環境に起因する保育ニーズの多様化

　少子高齢化が進む現代日本社会では，生産年齢人口減少に伴う労働力不足が問題視され，女性や高齢者の労働力率を向上させるために育児や介護との両立ができるような「多様で柔軟な働き方」を「自分で選択できる」ための「働き方改革」が課題とされている。

　しかし，日本の労働環境に以前から存在するいくつかの問題は育児との両立の上で困難を生じさせ，保育ニーズの多様化を招いている。

　第1に指摘されるのが「長時間労働」である。長時間労働は，延長保育や夜間保育のニーズを増大させる主要な要因となっている。国際的にみても，日本の長時間労働は深刻であり，過労による心身の健康被害の発生も問題視されているところである。特に30〜40代の子育て世代の長時間労働の割合が高くなっており，父親を家事や育児への参加から遠ざけ，母親に過重な負担を強いる要因にもなっている。

　第2に「非正規雇用」である。パートやアルバイトなどの非正規雇用による働き方は，短時間または非定型的な保育ニーズにつながる。いまや労働者全体の4割を占めている非正規雇用は，働く側にとっては自分の都合に合わせた働き方ができるメリットもあるといわれるが，賃金や有給休暇，社会保険等の待遇面において正社員との格差が大きく雇用も不安定である。なお，非正規雇用は特に女性に多く，しかも年齢とともに増加傾向にある。子どもの就園・就学のタイミングで非正規雇用を選択せざるを得ない女性が多いことがうかがえる。

　第3に「有給休暇取得率の低さ」である。本来，有給休暇は労働者の権利であり，正規雇用者はもちろん非正規雇用者にも付与されるものである。また，2005（平成17）年の「育児休業，介護休業等育児又は家族介護を行う労働者の福祉に関する法律」の改正により，就学前の子どものケガや病気等の際に取得できる看護休暇も制度化（年5日。有給か無休かは事業所により異なる）されている。しかし，そもそも取得できることが知らされていなかったり，職場に迷惑をかけるのではと懸念が生じたりすることなどから，取得しない・できないケ

ースも多い。日本の有給休暇取得率は世界的にみても際立って低い状態にあるが，そのことが休日保育や病児保育等のニーズを生じさせている。

２）子育て環境に起因する保育ニーズの多様化

現代日本社会は経済的な発展を遂げる中で，少子化，核家族化，都市化，情報化，国際化など様々な変化も伴ってきた。これらの変化から人々の価値観や生活様式も大きな影響を受け，人間関係の希薄化，地域社会のコミュニティー意識の衰退，過度に経済性や効率性を重視する傾向，大人優先の社会風潮などがみられている。このような状況が，地域社会における子どもの育ちをめぐる環境や家庭における親の子育て環境を変化させている。地域の子育て機能が衰退することにより，子育てにおける家庭の役割が相対的に大きくなり，子育ての責任を親や家庭に求める傾向が強まってきている。中でも母親一人に負担が集中する実態は「孤育て」や「ワンオペ育児」等と呼ばれ，問題視されている。同時にインターネットの普及により育児情報はあふれており，孤立と情報過多が育児不安につながりやすいことも指摘されている。

こうした中，従来のように働く保護者の保育ニーズだけでなく，保育所や幼稚園に通っていない低年齢児を育てる子育て家庭にも，一時的な預かり保育や育児相談，発達相談，親同士の交流や子育て仲間づくり，育児サークルへの支援など，保育や子育てに関わるニーズが生じており，それらに応える地域の子育て支援も保育所の重要な役割となっている。

また，障がいのある子ども，外国籍の子ども，虐待を受けた子どもや貧困家庭で育つ子ども等，多様な子どもたちとその家族には，乳幼児期からの適切なケアと支援ニーズが存在している。それらに応えることも今日の保育所に求められている。

（3）多様化する保育ニーズへの制度的・実践的対応

１）子ども子育て支援法による対応

2015（平成27）年から導入された子ども・子育て支援新制度では，子どもの年齢や親の就労状況などに応じた多様な支援を用意するとして，13の子ども子育て支援事業を設けている（第4章1参照）。それら事業の中で，主に保育ニーズの多様化に対応した事業を以下に詳しく述べる。なお，これら事業の実施は

市町村であるため，事業の詳細，利用料金や手続き等は市町村によって異なる。

① 一時預かり事業

家庭において保育を受けることが一時的に困難となった児童について，主として昼間において，保育所，認定こども園，幼稚園等で一時的に預かり，必要な保護を行う事業である。

パートタイム等の短時間勤務や非定型的な仕事にも対応できるほか，保育所等を利用していない家庭においても，日常生活上の突発的な事情や社会参加または育児疲れによる保護者の心理的・身体的負担の軽減のために利用することができる。

② 延長保育事業

保育認定を受けた児童について，通常の利用日及び利用時間以外の日及び時間において，保育所，認定こども園等で保育を実施する事業である。また，児童の自宅等へ保育者が訪問して延長保育ニーズに対応する訪問型のサービスも設けている。

なお，夜間保育については，厚生労働省の通知により認可基準が示されている。それによると，経営主体には，児童の保育に関し長年の経営を有し，良好な成果を収めていることが求められており，保育時間は，概ね11時間，おおよそ11時から22時までが基本となっている。その前後に延長保育がなされるが，22時以降開所する場合には加算制度がある。

③ 病児保育事業

病気の児童（乳児・幼児・学童）について，病院・保育所等に付設された専用スペース等において，看護師等が一時的に保育等を行う事業である。事業には以下の４類型があり，保育所等から本事業のための専用施設への送迎対応も設けられている。

「病児対応型」は，児童が病気の回復期に至っておらず，かつ当面の症状の急変が認められない場合に一時預かりができる。

「病後児対応型」は，児童が病気の回復期であり，かつ，集団保育が困難な期間に一時預かりができる。

「体調不良児対応型」は，児童が保育中に微熱を出すなど「体調不良」となった場合において，保育所等で保護者が迎えに来るまでの間，緊急的かつ保健

的な対応を図ることができる。

　「非施設型（訪問型）」は，児童が病気からの「回復期に至らない場合」又は，「回復期」であり，かつ，集団保育が困難な期間において，当該児童の自宅において一時的に保育することができる。

2）親子の生活と育ちを支える保育

　延長保育，夜間保育，休日保育などの保護者の就労状況に応じる保育については，家庭で親子そろってくつろいで過ごしたいとされる夕方や夜間の時間帯や土曜・日曜に保育所で過ごすことになるため，親子のふれあいの時間が減り，乳幼児の子どもの育ちや親の子どもへの関心に影響が及ぶのではないかと懸念されることがある。この問題について，全国夜間保育園連盟の調査によると，[10]子どもの発達には夜間・深夜保育といった保育の時間や形態ではなく，家庭における育児環境および育児への自信・サポートの有無が関連していると報告され（2000年調査），夜間保育園では，乳幼児の学びにつながる環境づくりや生活リズムへの配慮などに意識して取り組むとともに，相談・助言機能や家庭支援機能の強化が志向されていることも報告されている（2019年調査）。保護者の就労がどのような形態や内容であろうと，保育を通して子育てと仕事を両立しようとする保護者を支え，家庭と連携を強めることで，保護者とともに乳幼児期の子どもを育てるパートナーとして保育所が機能することが重要なのである。

　そのため，保育所では様々な配慮を伴った質の高い保育実践を展開している。長時間の保育が乳幼児の負担にならないように，くつろいで過ごせるような環境整備をしたり異年齢での交流や多彩な体験を導入したりすることで，乳幼児の生活の安定と充実につながるような工夫がされている。また，連絡帳や面談を充実させることで，保護者と乳幼児の育ちについて共通理解を深めるとともに，不安や悩みを把握し，相談に応じ必要な支援を提供するなどの保護者対応も行われている。

　高度に発達した現代社会の安心・安全かつ便利な生活は，夜間や休日にも働く人たちによって支えられている。また，ひとり親など子どもの育つ家庭環境も様々であり，保護者が厳しい就労条件の下で働かざるを得ない場合もある。親子の生活と子どもの育ちを支えるために，保育士は子どもの最善の利益とは何かを考え模索していくことが求められる。例えば，夜間や休日または子ども

の体調不良時にも働かなければならない保護者がいた場合，安全が確保されかつ安心できる保育環境を整えること，乳幼児の育ちを支えるために生活リズムや生活体験に配慮した保育を提供することが必要である。そして，厳しい労働環境の下で働く保護者と乳幼児との関係が良好なものになるように，親子関係形成・強化に向けた支援も求められるのである。

3）子育てしやすい社会の構築のために

　子どもが健やかに育つためには，親がゆとりを持って子どもに関わることが大切である。児童の権利に関する条約の前文に示されているように，子どもの育成基盤は家庭にあり，子どもは愛情と理解のある雰囲気の下で育てられる基本的権利を有している。また第18条では，国には親による養育責任遂行にあたって適切な援助をする責務があるとされ，「父母が働いている児童が利用する資格を有する児童の養護のための役務の提供及び設備からその児童が便益を受ける権利を有することを確保するためのすべての適当な措置をとる」と定められている。

　この具体化のために日本社会では，男女ともに働くことと子育ての両立ができる条件整備が求められる。男女ともに育児休業制度を利用しやすい条件づくりや長時間労働の是正，非正規雇用から正規雇用への移行や両者の格差是正などの労働環境整備が重要である。市町村は保育所利用ニーズに応えるために，認可保育所整備を基本とした計画を立てるとともに，国は財政面も含めた制度・政策上の支援を行う責任がある。

　その上で，高度に発展した社会では就労形態の多様化や，多様な家庭環境や育ちへの支援を求める乳幼児の存在により保育ニーズが多様化するが，「子どもの最善の利益」を考慮した質の高い保育の提供により，すべての乳幼児の健やかな育ちを支えることが求められる。質の高い保育の提供のために必要な条件整備についても公的責任がある。

　こうした中，保育士には専門性と倫理観を高めることが求められる。合わせて，乳幼児期の保育・教育と子育て家庭支援の専門職にふさわしい待遇と配置の充実・改善についても求めていく必要がある。

　男女共同参画型社会の形成やワーク・ライフ・バランスの実現，「誰一人取り残さない」持続可能な社会など，これからの日本社会が目指す方向はすでに

示されている。また国際社会は，男女ともに働くことと子育てを両立させ，ECEC対策を手厚く保障することで，少子化を克服し，経済的・教育的に成長する社会を実現する方向へ進みつつある。これからの日本社会が，国際社会に学びながら，どのように保育対策を充実させていくかが問われている。

4　子ども虐待・ドメスティックバイオレンスの防止

(1) 子どもへの虐待とは——虐待の種類と内容

　児童虐待とは，2000（平成12）年に制定された児童虐待の防止に関する法律に定義されている。子どもへの虐待といわれるものとして同法第2条では「身体的虐待」「心理的虐待」「性的虐待」「ネグレクト（育児拒否）[11]」の4種類に分類されている。どの行為も子どもの人権をひどく傷つけるものであり，その影響は計り知れない。また同法第6条では，「児童虐待を受けたと思われる児童を発見した者は，速やかに，これを市町村，都道府県の設置する福祉事務所…（中略）…若しくは児童相談所に通告しなければならない」という通告義務も規定されている。この通告は，児童虐待の確証が得られないままでの通告も容認されており，たとえ，そこに虐待の実態が無かったとしても罰則等の責任は問われないとされている。そして，この規定が，児童虐待の早期発見に役立っている。

　厚生労働省でも1999（平成11）年から虐待の統計を取っている。2022（令和4）年度の児童虐待相談対応件数は20万7,659件となっており，1999（平成11）年度の相談対応件数の約18倍となっており，その数は右肩上がりで増えている[12]。

　相談経路としては，警察等（51%），近隣知人（13%），家族（7%），学校等（7%）となっている。警察の積極的な介入や社会意識の変化により，相談件数は増え続けているといえる。

　また近年は，社会的養護施設や老人福祉施設，障がい者福祉施設での職員から入所者・入所児童への施設内虐待例も報告されており，社会問題になっている。まずは，それぞれについてどのような内容であるかを確認する。

1）身体的虐待

　報道などでよく耳にする虐待事件は，この身体的虐待に分類される。殴る，

蹴るといった外傷を伴うような暴力である。この他にも溺れさせる，熱した調理器具を押し当てるなど，酷い暴力へとつながっていく危険性がある。身体的虐待が続くことで虐待を受けた子どもが死に至るケースも少なくない。また，被害児童は身体にアザができる場合が多いことなどから，学校などへの登校ができなくなる場合もある。児童相談所や警察が，虐待が始まった初期での介入が難しい虐待といえる。

2）心理的虐待

　子どもへの暴言，無視，脅しなどにより，心理的外傷を負わせる虐待である。虐待を受けた子どもは，親子の愛着形成がうまく作れない傾向があり，自己肯定感が極端に低く心身の不調を訴えることもある。さらに，虐待行為が続く事で，虐待を受けた子どもが鬱になり，結果として自殺につながってしまう場合もある。

3）性的虐待

　子どもにわいせつな画像を見せることや性交を見せること，さらには子どもに性的行為を強要させることなどであり，身体的心理的な影響を及ぼすものである。性的虐待を受けた子どもは，自身の体験と同じような性的な場面を見かけたりすると乖離する状況がみられたり，実際の年齢以上に性的な行動に出ることがみられる場合もあり，早期の心理治療などを行う必要がある。

4）ネグレクト（育児拒否）

　子どもに十分な食事を与えない，病気になっても病院へ連れて行かないなど，親が子どもの養育を十分に行わない状況をいう。生活全般について放任傾向がみられる場合が多い。例えば，入浴もせず不衛生であったり，十分な栄養も摂れていないため発育が遅いなど，適切な養育がされない状態が続く，などがその代表例である。また，駐車場の車の中に子どもを寝かせておいてパチンコに行くなどの行為も，このネグレクトに該当する。そこには養育するべき親の精神疾患があったり，ひとり親の交際相手からのネグレクトが原因であることも多い。

┌─── 施設内虐待 ─────────────────────────────────────┐

　残念ながら福祉施設内での虐待も起きているのが現状である。老人福祉施設や障がい者福祉施設などでは，暴力により命に関わる事件が発生して報道されることもある。社会的養護施設でも，虐待などで傷ついてきた子ども達が，職員からの虐待でさらに傷つくという深刻な状況に追い込まれてしまうことがある。福祉に関わる職員として許されることではない。仕事に対する専門性や就業規則などの教育体制を見直し，施設内で虐待が行われることが無いよう取り組んでいかなくてはならない。

└──┘

（2）虐待が子どもに与える影響──子ども達にどんなことが起きるのか

1）攻撃性・衝動性

　虐待を受けて育ってきた子どもは，強い攻撃性や衝動性を持っている場合がある。これは，受けてきた虐待行為から自分を守るための手段として身に付けて「しまった」といえる状況である。また感情のコントロールが上手くできず，自分が受けてきた暴力などをモデルにした攻撃性や衝動性に起因する言動を起こしてしまうため，「自分はこんなことをするつもりではなかったが，結果的に人にケガを負わせた」「物を壊してしまった」という事が起きやすい。さらに，非行などという形で表出することも多く，家出・万引きや性的問題を引き起こすこともみられる。

2）乖離（かいり）・フラッシュバック

　自分が受けた虐待行為に類似した場面に出会った時に，ぼーっとしてしまい何も行動ができなくなってしまうことを乖離という。また反対に，パニックを起こして収拾がつかなくなったり，過呼吸や異常発汗などの症状が出ることをフラッシュバックという。これは，日常的な生活の中で「声の大きい人と出会う」「大きな叫び声を聞く」などといった些細なきっかけで起きることもある。

3）身体的発達への影響

　身体的虐待を受けてきた場合には，骨折や神経の傷つきなどの後遺症が残ることもあり，健全な発達の妨げになることもある。また，ネグレクトの場合であれば十分な栄養を摂取できなかったために，低身長・低体重の状況が続くということもある。そのため虐待環境から救出された後，医療的なケアを行って

も標準的な健康状態に回復するまで相当な時間を要する場合も少なくない。

4）知的発達の遅れによる学習への影響

友田明美（福井大学）らの研究により，虐待を受け続けることにより脳の一部が萎縮して形成不全が生じることが近年わかってきた[13]。発達障害の疑いで病院へ受診して検査を受けると，脳の形成不全が見つかることもあり，知的な発達にも影響が出る場合がある。そのため学習に集中できない，文字や漢字が覚えられないなど学習についても問題が生じることも多い。

5）対人関係への影響

虐待を受けてきたことで，愛着がうまく形成できず対人関係に問題が生じることがある。人との距離感がわからなかったり，他人を信頼することができなかったり，社会との関わりが困難になることが多くみられる。その結果，自宅に引きこもったり精神的な病を発症する場合もある。

（3）ドメスティック・バイオレンスというもう一つの虐待

これまで，子どもの虐待とその影響について触れてきたが，近年いわれるようになったドメスティック・バイオレンス（以下，DV）の影響をみていく。

DVとは，配偶者や交際相手から受ける様々な暴力の総称である。厚生労働省により，その内容は虐待と同じく，身体的DV，心理的DV，経済的DV，性的DVの4種にまとめられている。これらのDVが複合的に行われることが多い。一般的には配偶者や内縁関係の相手から行われることが多く，同居する子どもたちの面前で行われることも少なくない。DVを受けた被害者は，自己肯定感が低下したり，共依存[14]に陥ることもある。また，自分さえ我慢すれば今の生活を続けていけると考えてしまい，結果として加害者との関係から抜け出せず，DVがエスカレートしていく場合も多い。シェルター[15]等に保護される時には被害者は心身ともに傷つき，その子ども達もまた同様に心身に著しく不調を抱えていることが多い。

（4）虐待やDVの起こりうる社会的な背景

虐待やDVが起こりうる状況については，次のような様々な背景が考えられる。

1）家族形態の変化とつながりの希薄化

1つ目の背景として，家族形態の変化とつながりの希薄化が挙げられる。現代は夫婦と未婚の子どもで構成される核家族が圧倒的多数であり，それぞれの家族が自分の住んでいる地域の人との関わりが希薄なことが考えられる。都市部であれば隣に住んでいる人の顔も知らず，どのような家族構成であるかもわからない場合もある。また，社会とのつながりが学校や職場などに限定され，それ以外の部分である地域のコミュニティが機能していない事も理由の一つといえるだろう。ちょっとした悩みや困り事を相談でき，解決に向けた手助けとなっていた地域のつながりが崩壊している現状がある。人と人とのつながり自体が希薄になってきている現状は，子育ての密室化を生み虐待や DV を引き起こす背景の一つとして考えられるだろう。

2）貧困問題

2つ目の背景として，貧困問題が挙げられる。貧困には，絶対的貧困と相対的貧困の2つがある。生命の危機につながる絶対的貧困については数々の社会保障政策で対策がなされている状況であるが，ここでは相対的貧困を問題としたい。相対的貧困とは，国の平均的な生活水準や文化水準を下回る生活をしている人の比率で考えることとされている。日本の相対的貧困率は15.4％（2022年厚生労働省調べ）であり世界で14番目となっている。またその中でも，ひとり親世帯の相対的貧困率は50.4％（2022　厚生労働省調べ）と約半数を超えており，多くのひとり親世帯が貧困の課題を抱えていることになる。

働かなければ生活はできない。ひとり親家庭の場合，預け先がなければ夜遅くまで子どもを留守番させるしかなく，仕事に追われ子育てに時間がさけないネグレクトの状況が生まれてしまうことも少なくない。また，生活が少しでも楽になるのであればと，内縁関係で同居を始めることもある。しかし経済的に楽になることもなく，内縁の相手による DV や子どもへの虐待に発展するケースもみられる。このような社会構造の変化は，虐待や DV が起きやすい環境を生じさせやすいともいえる。

3）社会の細分化

3つ目の背景として，社会が細分化されてきたことも考える必要がある。現在は仕事の内容一つとっても非常に細分化されており，専門的に行うことが多

くなっている。例えばIT企業でプログラミングを仕事とした場合，専門的な知識を活かして仕事をするため，毎日ほぼ同じ内容の仕事を繰り返していくことになる。また納期等があるため，時間に追われながらの仕事が日常的となる。このような状況は，他の分野の仕事でも同じ事がいえ，必然的にストレスフルな環境に身を置くことになる。趣味などに時間をかけることができればストレスは発散できるのだろうが，大半の人はそれほど自由な時間を持てる訳ではないのが現状である。ストレスフルな状態が当たり前になってしまっている状況が，虐待やDVの要因として考えられる。

（5）虐待やDV防止に有効と思われる活動

　深刻な子どもへの虐待やDVを防ぐための取り組みには，どんなものがあるのだろうか。以下，現在行われている主な取り組みを取り上げていく。

1）オレンジリボン・パープルリボン活動

　児童虐待防止月間（11月）には，オレンジリボンキャンペーンと題して虐待防止運動が全国各地で行われている。また，DV防止の取り組みとしてパープルリボンキャンペーンも取り組まれている（児童虐待防止のオレンジリボンキャンペーンと同じ毎年11月）。これらは，行政機関を巻き込んでの取り組みもあり，啓発のチラシやロビー活動，様々なグッズが作られたりしている。このように，私たちの身近に虐待やDVがあることを訴え，防止への取り組みを促していくことが必要である。

2）調査の結果の公表・報道発表

　児童相談者による虐待の相談件数や介入件数のデータ，また内閣府によるDVの相談件数などの1年ごとのデータを公表すれば，虐待やDVの話題が定期的に社会に流れ，それが社会全体の意識改革につながっていく。2022（令和4）年3月発表のデータでは，2020（令和2）年度の相談件数は18万2,188件となっている。また，虐待をした容疑やDV容疑での加害者の逮捕などの報道も，社会に対しての一定の抑制力になっていると思われる。社会全体が虐待やDVを容認しないという姿勢が必要である。

3）地域コミュニティの再構築

　虐待やDVを引き起こす背景でも触れたが，地域コミュニティの再構築も

有効なものといえる。虐待死に関わった家庭の38.8%[16]が地域社会との接触が全くない世帯であったことを考えると，地域社会とのつながりは必要であるといえる。地域では，こども食堂などの事業を行うNPO団体等が増えてきた。また，公民館等を活用した地域の子どもの居場所づくりなどの取り組みも活発に行われるようになってきている。このような場が，地域の子どもたちのセーフティネットになっている。また，貧困世帯への支援もこのような拠点から発信されている。

　地域に住む人がつながり，地域での人の関わりが増えてくることによって，子育ての協働体制がもう一度構築されると考えられる。小さな悩みや困り事を相談できる地域の人々が存在することで，人と人とのつながりが構築され「地域全体で子育てをする」というスタイルが確立すると考えられる。そして，それが安心安全な養育環境の確保につながる可能性が高い。現状ではこども食堂などの取り組みから再構築できないか模索している状況があるが，地域のニーズと密接に関われば有効に働く可能性が高いと思われる。

4）学校教育の活用

　高校や大学といった教育機関での取り組みも有効であると考えられる。現在でも，授業の中に外部講師を活用したDVに関する講演などのプログラムを取り入れるなど取り組みが始まっているが，教育現場での人権教育の一部として性の問題と同時にDVの問題にも踏み込んだ教育体制が整うと，若い世代のDV問題への意識が変わってくるのではないかと考えられる。デートDVといわれる交際時のDV問題など，身近な問題として考える事で，社会全体の意識が徐々に変化していく可能性がある。

5）乳幼児健康診断の活用

　2003（平成15）年度から始まった厚生労働省の調査[17]によると，虐待による死亡事例の中で，0歳児の虐待死の割合は47.5%であり，そのうち0日児[18]の割合は18.5%と高い。また，3歳児以下の割合は全体の76.0%となっていて，生後3年未満の虐待死が大半を占めている。また，加害者の割合は実母が54.4%と高くなっている。乳幼児期の定期検診を活用して子どもの様子をチェックできれば，早期に発見することもできたのではないだろうか。今後の定期検診制度の改善や，予期しない妊娠をしている妊婦への相談窓口の拡充を進めていく必

要があると思われる。

（6）虐待や DV の社会的な課題解決に向けて

　虐待や DV の社会的な課題には根深いものがある。例えば，日本の古い習慣的な家長制度による世帯主（男性）の権限が強固であり，男女が平等ではなく，後継の男子を大事にしていく男系尊重・男尊女卑のような考え方も，少数ではあるが残っている。これまで，このような視点を虐待や DV の問題に投影していくことはあまりなかったが，日本における家庭内の問題を考える時，避けて通れない問題である。

　国が，制度や施策において男女共同参画を推進している状況があっても，このような思想が根深く残っている状況は考えていかなくてはならない。

　そして，虐待や DV いずれの問題にも共通していえることは，国民一人ひとりの意識を改革していかなくてはならないということである。「暴力などの力に頼って子どもをしつけ，家族や配偶者の行動を抑制していくことはあってはならない事だ」という意識を共有していく必要がある。

　これは，現在の社会において問題視されている，パワー・ハラスメントやモラル・ハラスメントにも共通していえることである。他者を尊重しながら社会の中でどう自己の確立を実現していくのか。他者を傷つけることで自分の立場を保つような考え方は，虐待や DV，各種ハラスメントといった状況を招き寄せてしまう可能性があることを，社会全体で共有していくことが重要である。

　さらに，人権教育のあり方を再度見直していく必要があると思われる。暴力はいけないことであると理解していても，無意識に言葉や行動で相手を傷つけている事もあると認識できるように意識を高めていく必要がある。そして，子どもの頃からの人権教育をより充実させていくことで，虐待や DV といった社会的な問題の減少につなげていくことができるのではないだろうか。

5　社会的養護

（1）社会的養護の定義・体系

　子どもにとって，両親や家族と暮らすことはいうまでもなく大切である。し

表 4-4　里親数・施設数・児童数等

里親	家庭における養育を里親に委託		登録里親数	委託里親数	委託児童数	ファミリーホーム	養育者の住居において家庭養護を行う（定員 5 ～ 6 名）	
			14,401世帯	4,759世帯	6,019人			
	区分 （里親は重複登録有り）	養 育 里 親	11,853世帯	3,774世帯	4,621人			
		専 門 里 親	715世帯	171世帯	206人			
		養子縁組里親	5,619世帯	353世帯	384人		ホーム数	427か所
		親 族 里 親	610世帯	565世帯	808人		委託児童数	1,688人

施　　　設	乳　児　院	児童養護施設	児童心理治療施設	児童自立支援施設	母子生活支援施設	自 立 援 助ホ ー ム
対象児童	乳児（特に必要な場合は，幼児を含む）	保護者のない児童，虐待されている児童その他環境上養護を要する児童（特に必要な場合は乳児を含む）	家庭環境，学校における交友関係その他の環境上の理由により社会生活への適応が困難となった児童	不良行為をなし，又はなすおそれのある児童及び家庭環境その他の環境上の理由により生活指導等を要する児童	配偶者のない女子又はこれに準ずる事情にある女子及びその者の監護すべき児童	義務教育を終了した児童であって，児童養護施設等を退所した児童等
施　設　数	145か所	612か所	53か所	58か所	217か所	217か所
定　　　員	3,853人	30,782人	2,018人	3,445人	4,533世帯	1,409人
現　　　員	2,472人	23,631人	1,321人	1,145人	3,266世帯 児童5,440人	718人
職員総数	5,453人	20,001人	1,560人	1,818人	2,102人	885人

小 規 模 グ ル ー プ ケ ア	2,073か所
地域小規模児童養護施設	494か所

出所：厚生労働省子ども家庭局家庭福祉課『社会的養育推進に向けて』2022年，2頁。

かし，様々な理由で両親や家族と暮らすことができない子どもたちがいる。そうした子どもたちを保護者に代わって，社会が公的な責任の下で育てる仕組みが社会的養護である。

　この社会的養護とは，大きく「家庭養護」（養子縁組，里親，ファミリーホーム）と，「施設養護」（乳児院，児童養護施設等）に分かれる。社会的養護の基本的な方向として，家庭養護を優先すること，施設養護の中でもより小規模で，地域の中で家庭的な環境で生活できる形態が制度化されている。例えば，グループホームは児童養護施設本体とは別に，地域の住宅地などに設置され，6 人以下で家庭的な環境での養護を実施している。小規模グループケアは，乳児院，

児童養護施設などで 6 人を原則に小規模のグループによるケアを行っている（表 4 - 4）。

1）社会的養護の基本理念[19]

社会的養護の基本理念は，「子どもの最善の利益のために」「社会全体で子どもを育む」こととされている。

① 社会全体で子どもを育む

社会的養護は，保護者の適切な養育を受けられない子どもを，公的責任で社会的に保護・養育するとともに，養育に困難を抱える家庭への支援を行うものである。

② 子どもの最善の利益のために

児童福祉法第 1 条に「全て児童は，児童の権利に関する条約の精神にのっとり，適切に養育されること，その生活を保障されること，愛され，保護されること，その心身の健やかな成長及び発達並びにその自立が図られることその他の福祉を等しく保障される権利を有する」とあり，また児童の権利に関する条約第 3 条に「児童に関するすべての措置をとるに当たっては，…（中略）…児童の最善の利益が主として考慮されるものとする」とある。子どもにとって最善の利益を社会が保障していく必要がある。

2）社会的養護の原理[20]

「社会全体で子どもを育む」基盤づくりのために，上記の基本理念の下，「子どもの最善の利益」を目指して次のような支援を行う。

① 家庭養育と個別化

すべての子どもは，適切な養育環境で，安心して自分を委ねられる養育者によって養育されるべきであり，「あたりまえの生活」を保障していくことが重要である。

② 発達の保障と自立支援

未来の人生を作り出す基礎となるよう，子ども期の健全な心身の発達の保障を目指す。愛着関係や基本的な信頼関係の形成が重要である。自立した社会生活に必要な基礎的な力を形成していく。

③ 回復を目指した支援

虐待や分離体験などによる悪影響からの癒しや回復を目指した専門的ケアや

心理的ケアが必要である。安心感を持てる場所で，大切にされる体験を積み重ね，信頼関係や自己肯定感（自尊心）を取り戻す。

④　家族との連携・協働

親とともに，親を支えながら，あるいは親に代わって，子どもの発達や養育を保障していく取り組みである。

⑤　継続的支援と連携アプローチ

アフターケアまでの継続した支援と，できる限り特定の養育者による一貫性のある養育が重要である。様々な社会的養護の担い手の連携により，トータルな養育プロセスを確保する。

⑥　ライフサイクルを見通した支援

入所や委託を終えた後も長く関わりを持ち続ける。虐待や貧困の世代間連鎖を断ち切っていけるような支援である。

3）社会的養護の基盤づくり[21]

①　家庭養育優先原則

家庭養育優先原則に基づき，家庭での養育が困難又は適当でない場合は，養育者の家庭に子どもを迎え入れて養育を行う里親やファミリーホーム（家庭養護）を優先するとともに，乳児院，児童養護施設等の施設についても，できる限り小規模かつ地域分散化された家庭的な養育環境の形態（家庭的養護）に変えていく（図4-4）。

②　小規模化と個別化

大規模な施設での養育を中心とした形態から，一人ひとりの子どもをきめ細かく育み，親子を総合的に支援していけるよう，ハード・ソフトともに変革していく。また，国・地方公共団体（都道府県・市町村）の責務として家庭と同様の環境における養育を，以下のように推進していく。

①　まずは，児童が家庭において健やかに養育されるよう，保護者を支援。

②　家庭における養育が適当でない場合，児童が「家庭における養育環境と同様の養育環境」において継続的に養育されるよう，必要な措置。

③　②の措置が適当でない場合，児童が「できる限り良好な家庭的環境」で養育されるよう，必要な措置。特に就学前の児童については，②の措置を原則とすること等を通知において明確化。

図 4 - 4　家庭養育優先原則

| 良好な家庭的環境 | 家庭と同様の養育環境 | 家　庭 |

| 施　設 | 施設（小規模型） | 養子縁組（特別養子縁組を含む。） | 実親による
養育 |
| | | 小規模住居型
児童養育事業　　里親 | |

| 児童養護施設
大舎（20人以上）
中舎（13〜19人）
小舎（12人以下）
1歳〜18歳未満
（必要な場合0歳〜20歳未満） | 地域小規模児童養護施設
（グループホーム）
本体施設の支援の下で地域の民間住宅などを活用して家庭的養護を行う | 小規模住居型
児童養育事業
（ファミリーホーム）
・養育者の住居で養育
を行う家庭養護
・定員5〜6人 | 里親
・家庭における養育
を里親に委託する
家庭養護
・児童4人まで |
| 乳児院
乳児（0歳）
必要な場合幼児（小学校就学前） | 小規模グループケア（分園型）
・地域において，小規模なグループ
で家庭的養護を行う
・1グループ6〜8人（乳児院は4
〜6人） | | |

$$\text{里親等委託率} = \frac{\text{里親＋ファミリーホーム}}{\text{養護＋乳児＋里親＋ファミリーホーム}} \quad \text{平成30年3月末　19.7\%}$$

出所：厚生労働省子ども家庭局家庭福祉課「社会的養育推進に向けて」2022年，12頁。

③　地域支援

　施設は，社会的養護の地域の拠点として，家庭に戻った子どもへの継続的なフォロー，里親支援，自立支援やアフターケア，地域の子育て家庭への支援など，高機能化及び多機能化・機能転換を図る。ソーシャルワークとケアワークを適切に組み合わせ，家庭を総合的に支援する仕組みづくりが必要。

（2）社会的養護の一連の流れ[22]

　社会的養護が必要な子どもの支援の流れには，虐待相談から，児童相談所の介入，施設・里親等への入所，家庭復帰がある。また，虐待予防対策として，地域支援の活用が重視されている。

1）虐待相談

　学校，保育所，医療機関等，保護者，親族，189，警察等から児童相談所へ相談，通告を受ける。

2）児童相談所の介入

　児童相談所は，通告を受けてから，原則48時間以内に子どもの安全確認を実施する。その際に養育者等が子どもの安全確認を拒否した場合は，法的手段を行使する。

　家庭訪問，調査で知り得た情報を基に援助方針会議を開く。各専門職による社会診断，心理診断，医学診断，行動診断を総合的に判断して，援助方針を立てる。また，現状の家庭で見守りながら支援するのか，家庭から離れて一時保

護するのか，一時保護の後に，施設・里親へ入所するのか，方針を決定する。

3）施設・里親への入所

一時保護期間だけでは家庭復帰が難しいと判断した場合には，施設・里親入所に至る場合がある。

施設・里親での暮らしでは，子ども自身が「自分が悪いから入れられた」と感じて暮らす場合や，不適切な関わりによる背景から，不適応行動を起こす場合がある。安全で安心な生活環境を提供するとともに，子どもの背景を理解した上で，個々の強みを活かした支援を行うことが必要である。

4）家庭復帰への取り組み

家庭復帰に向けては，保護者や子どもの意向や状態を確認しつつ，段階的な親子の交流やカウンセリング等を実施していく。家庭復帰後は，地域の関係機関と連携して家庭訪問を行うなど，継続した支援を実施していく。

5）虐待予防対策

この一連の流れは，子どもが家庭で安全，安心な暮らしができていない場合に発生する支援である。現状では，児童相談所に相談を受けた後に，施設・里親に入所するのは2％であり，多くの子どもは地域で見守りケースとなる。

虐待を減らす予防策として，家庭で安心・安全な暮らしができるように，地域社会で子育て家庭を支えることが求められている。各自治体，子ども家庭支援センター，学校，医療機関，警察，保育園，幼稚園含む各福祉事業，こども食堂，学習支援等，居場所事業や訪問事業等，各専門職がネットワークを築き，子どもの状態を把握して，親子共にSOSを出せる体制を築き，継続的な支援を行うことが虐待予防として重要視されている。

（3）施設養護——児童養護施設の事例から

入所から，退所，アフターケアまで子どもの最善の利益を考え，人生のその先も考えながら，系統立てて（自立支援計画表を作成して）支援していくことが重要である。

1）入所理由

児童養護施設は様々な家庭問題により，6割程が虐待で，何らかの障がいを持つ子どもが3割程入所している。さらに，入所後に虐待の事実が発覚するケ

ースがある。そのため，心の傷を抱えた子どもに対しての専門的なケアの必要性が増している。

2）入所対応

実親と分離して暮らす子どもに対して，できるだけ安心して暮らせるように環境を整えることと同時に，施設生活の目的や子どもの気持ちを聞いていくことが大事である。

初めに「あなたは大切にされる権利がある」「あなたは価値がある」と伝えていく。また施設生活の説明をパンフレットや写真を使って伝えることや，施設見学に来ることで安心してもらう。

子どもは虐待を受け親と離れて生活している原因を「自分が悪いことをしたからだ」と感じていることがある。その思いから，施設生活を送っても「自分なんてどうなってもよい」「親に捨てられた」「死んでもよい」と話し，無気力となったり，自分を傷つけたり，攻撃的になったりする。そのために，入所の理由をその子どもに合わせてわかりやすく伝える必要がある。「親に余裕が無かった」「親の病気を治すために」「叩いたことはいけないことだから，叩かずに育てられる練習をする」等，できる限り，親と子ども，児童相談所の児童福祉司，施設職員と一緒になぜ施設に入所するのかを共有してから施設生活を始める。また，入所前の情報を確認するためにアセスメントシート（図4-5）を作成して自立に向けた支援の目標を立てて，退所までの大まかなイメージを共有する。

他にも，子どもたちは入所日の光景を長い間覚えていることがある。できるだけ大切にされると感じられるようにチェックシートを使い準備を行う。例えば，好きな色や食べ物，趣味等を聞いて入所当日に好きな食事を準備したり，買い物に行ったりする。大切にされていると感じて，安心して過ごすことを目指している。

3）施設の目的

児童福祉法第41条では，児童養護施設の目的について「自立のための援助を行うことを目的とする施設」とある。社会の中で，生きていく力を付けるために社会性やコミュニケーション能力，学力等を付けることは大切である。しかし，それ以上に安心，安全な暮らしが土台として必要である。入所する子ども

図4-5　入所前アセスメントシート（例）

●入所理由：母・養父からのネグレクト・身体的虐待
●方針　：母親の本児に対する体罰と拒否感，両親の養育能力の面から施設生活の安定
　　　　　を第一として，段階的に家庭交流を進めていく。

山田　勝（まさる）（6歳　男児）

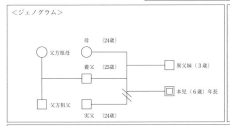

＜ジェノグラム＞

父方祖母　母　（24歳）
養父（25歳）　異父妹（3歳）
父方祖父
実父　（24歳）　本児（6歳）年長

＜援助指針＞
本児の意向：「家に帰りたくない」

具体的支援内容
① 両親との交流・情報収集依頼
　不明点や情報がないため家庭訪問による調査が必要。
② 病院，他機関との連携
　虐待体験の影響により他児へ攻撃的な行動がある。本児
　への治療的養育と精神科医のフォロー体勢を確保する。
　家庭引き取りへ向けては養育ヘルパー等，サポート体制
　を整えていく。段階的に，両親へのペアレントトレーニ
　ングを促していく。

＜家族状況＞
●実母：両親は幼少期に離婚し母方に引き取られるが，母方祖母が失踪して小学校の頃から母方曾祖父母の元で育つ。第一子はSIDS（乳幼児突然死症候群）のため死亡。本児出産後に実父が薬物乱用で逮捕され離婚。同時期に実母はうつ病を患い，生活保護を受給。4年前に養父と出会い婚姻。しばらくは父方祖母と同居していたが，本児3歳より現在の住宅にて生活を始める。現在はコンビニエンスストアでアルバイト勤務。
●養父：鳶職勤務。仕事の日は19時頃帰宅し，休日は日曜日だけ。自宅では本児らと遊んで過ごしている。半年前に本児に手をあげたことは認めている。
●異父妹：保育園で過ごす。義妹は可愛がる。3歳になるが出歩くときはベビーカーが主である。
●養父方祖母：家族の支援をしていた時期もあったが，現在は関係が悪く「連絡してこないで」と言われている。

＜社会診断所見＞
本児は養父に対して拒否感を持っており，家庭の話になると固まる。父母の面接では父，母は将来的な引き取りを希望している。しかし本児への対応については，両親共に困っているところがあり，しばらく本児との関係を見直していきたいとの意向がある。現状では父母の養育力は低く，本児が自宅で安全に生活できる環境ではない。本児は実母に「会いたい」と言うものの，養父に対して強い拒否感を持っている。今後，父母との面談を重ねて，課題の整理を行う。

●生育歴
0歳（実母18歳）の時に出産
1カ月　実父と離婚
3歳　異父妹出生・現在宅へ転居・近隣住民からの通告で児童相談所の相談支援が始まる。
5歳　保育園に通い始める。園児とのトラブルが多く，個別対応のために支援の時には複数体制をとる。
6歳　保育園で本児の顔に痣を見つけたために保育園より虐待通告。本児は「パパが叩いた」と言うので，児童相談所より両親と面会し，確認すると認める。
　　　一時保護を開始。病院へ受診した際に低身長により成長曲線から大幅に外れている。
●面接
養父：養父としても対応に苦慮していた。父母共に，今後同様の事が起きないように，しばらく離れて暮らして関係性を見直したいとの意向があり，施設入所には同意する。
本児：普段の会話や自分の気持ちは話すことができるが，家族の話題になると表情が険しくなり，会話が無くなる。一時保護職員から「パパやママに会いたい？」と質問を受けると，「家には帰りたくない。ママのことは好きだけど，別に会いたくない」と話す。何度か福祉司と面接を繰り返すが，本児の考えに変化はない。

出所：筆者作成。

は安心できない環境で育った経験がある。過去に受けた虐待などの不適切な関わりによる影響は，落ち着かない行動や自傷行為につながることもある。

　そのために，まずは安心・安全な暮らし（治療的養育）の中で，大人からの不適切な関わりの記憶を塗り替えていく必要がある。そのために，子ども自身が「自分なんて死んでもよい」から「自分は大切な存在なんだ」「幸せになってもよいんだ」と感じられるように，施設職員は丁寧な関わりによって信頼関

係を築いていくことを目指している。

4）丁寧な関わり

前述したように，子どもが「大切にされている」と感じるには，丁寧な関わりが必要である。そのため，集団的な環境下の一人より，個々を尊重した関わりをする必要がある。そのために小集団（小規模）での関わりが求められている。例えば，学校の先生に「C組のキミ」と集団的な呼び方をされるより，「山田孝志君」と名前で呼ばれる方が存在を肯定されて「大切にされている」と感じるだろう。反対に集団的な関わりは，子ども自身が劣等感を感じることもある。

このように職員が個々に合わせた丁寧な関わりをするためには，複数の職員が個別に関わる必要がある。そして，個別的で丁寧な関わりの積み重ねによって，子どもが大切にされていると感じることにつながる。

2020（令和2）年4月より，地域小規模児童養護施設では職員配置が子ども6人に対して職員5.5人配置となった。24時間の生活の中で，職員は交代勤務となるが，個別的で丁寧な関わりがより実現しやすくなった。今後も家庭的な養育環境を保障するために小規模化，地域分散化は進んでいく。家庭的な環境と丁寧な関わりによって，子どもの最善の利益が守られるのである。

また権利擁護の視点においても，家庭，施設共に権利侵害が起きる場面は孤立した環境である。孤立しないために複数の養育者でチームを作り，子ども・職員双方の権利を守ることが重要である。

5）アフターケア

児童養護施設を退所した後も，アフターケアとして関わりは続く。今まで，児童養護施設で生活する子どもの社会的な自立とは，基本的に高校を卒業した後（18歳）であった。早すぎる自立は，金銭や対人関係のトラブルを生じやすい。例えば，DV被害，就労トラブル，家出，家庭内での不調和，金銭管理（借金），病気，犯罪加害，被害等である。これらの対応には多面的で継続的な支援が必要であり，子どもが一人で乗り越えることが難しい。こうした問題に対して，適切な支援を行うためには，アフターケアとして退所後もつながり続けることが重要である。

表4-5　市町村および児童相談所での児童虐待相談の経路別対応件数

（件）	総　　数	保育所	認定子ども園	幼稚園	学　　校	虐待者本人
市町村	126,246	7,850	1,200	1,087	18,529	3,659
児童相談所	159,838	1,397	182	406	10,649	3,298

出所：「平成30年度福祉行政報告例」一部抜粋。

6）児童養護施設の多機能化と地域のつながり

　児童養護施設は，地域の子どもたちの安心も確保する居場所となる多機能化が求められている。例えば，地域で暮らす見守り支援対象の家族に対して，平日は家と学校（または保育所），学童保育，こども食堂等で過ごし，土日は児童養護施設のショートステイ事業を利用することができれば，家族にとって大きな支えとなる。

　児童養護施設の子ども達は地域の中で暮らしている。そのために，施設と地域が暮らしの中でつながり，共生していくことが求められている。

（4）社会的養護における保育士の役割

1）通告義務

　児童虐待の防止等に関する法律（児童虐待防止法）第6条1項には，児童虐待等により保護者の下で生活することが適切でないと考えられる子ども（要保護児童）を発見した場合には，市町村，児童相談所，都道府県が設置する福祉事務所のいずれかに，児童福祉施設やその職員は通告に努めなければならないと規定されている。

2）虐待の相談件数

　児童福祉の機関として，保育所等からの相談件数は学校の次に多い（表4-5）。保育所は日常的に子どもの状態を把握でき，虐待を発見しやすい状況にある。また日常的な関わりによって，保護者が相談しやすい場所にもなりうる。そのため保育士は，子どもや保護者の状態を把握するためのアンテナを常に張り，適切な対応を取る必要があり，虐待や虐待予防に関する正しい知識を付ける必要がある。

3）社会的養護を担う職員に求められる理念

　法整備がされて，以前より急速に制度が整いつつある。それに伴い，現場職

員の意識・実践レベルの向上は必要不可欠である。目の前で困っている子ども
の支援のためには，個々に合わせて，権利を尊重して，相手の目線に立って，
話しを聞いて，制度を最大限活用して，子どもの最善の利益を目指すことが求
められている。

（5）市民の意識醸成の重要性

1）子どもの権利に対する市民の意識改革

これまで，説明してきたように，子どもの権利を守るために，急速に法制度
が変化している。制度を今まで以上に整えても，それだけでは，目の前で社会
の助けを必要としている子どもを守ることができない。国民が，「こどもまん
なか社会」や基本理念を理解した上で，目の前の子どもへ支援を届ける必要が
ある。

その中でも，国民は既存の子どもの権利意識を変えていく必要がある。例え
ば，虐待には身体的虐待・心理的虐待・ネグレクト・性的虐待がある。子ども
の安全面を考慮した親子分離（一時保護）の必要性を判断する基準として「危
険レベル」が設定されている。目に見える身体的側面は可視化できるが，目に
見えない心理的側面は可視化しにくいため，虐待に相当しないと判断されてし
まうグレーゾーンが多く，公的な福祉機関が介入できないことがある。

2）しつけと体罰の違い

しつけと体罰の違いは，曖昧でグレーゾーンが多くある。また，かつては国
民の多くが「しつけのために子どもを叩くことはやむを得ない」という考えを
持っていた。その中では，福祉機関の手が届かずに虐待死に至るケースもある。
その対策として，2020（令和2）年4月から親などによる体罰を禁止した「改
正児童虐待防止法」が施行された。同法では，子どもの命を守ることが最優先
であること，体罰によらない方法で子育てを推進することを規定している。先
進して体罰を禁止した諸外国では，体罰容認の国民意識の変化によって，実際
の虐待数が減少している。以下は，主な体罰例である[24]。

① 言葉で3回注意したけど言うことを聞かないので，頬を叩いた。
② 大切なものにいたずらをしたので，長時間正座をさせた。
③ 友達を殴ってケガをさせたので，同じように子どもを殴った。

④　他人のものを取ったので，お尻を叩いた。

⑤　宿題をしなかったので，夕飯を与えなかった。

⑥　掃除をしないので，雑巾を顔に押しつけた。

　皆さんは，されたことがあるだろうか。上記のように，一人ひとりが意識を変えていくことにより，子どもたちの安心，安全は確保されていく。しかし，日本は社会的養護の予算が他の先進国と比べて圧倒的に少ない。子どもを支援する人手が足りず，取り組むのが難しい課題もある。

3）あなたも社会的養護を担う一人

　虐待を受けた子どもは，「自分が悪いから虐待を受けた」と捉えることがある。もちろん子どもに責任はなく，責任は大人にある。しかし，その大人も過去には子どもの時に虐待を受けていた場合がある。この点に鑑みると，虐待の問題は社会問題として捉える必要があり，社会全体が子どもを守り育てる責任がある。つまり，国民すべての責任であり，読者もその一人である。

6　障害のある子どもへの対応

（1）「障害」とは何か

1）障害者・障害児の定義

　障害者基本法第2条第1項で，障害者は「身体障害，知的障害，精神障害（発達障害を含む。）その他の心身の機能の障害がある者であつて，障害及び社会的障壁により継続的に日常生活又は社会生活に相当な制限を受ける状態にあるものをいう」と規定している。また同条第2項において，「社会的障壁」とは「障害がある者にとつて日常生活又は社会生活を営む上で障壁となるような社会における事物，制度，慣行，観念その他一切のものをいう」と規定している。

　「社会的障壁」とは，通行，利用しにくい施設，設備などの事物，使用しにくい制度，障害者の存在を意識していない習慣，文化などの慣行，障害者への偏見などの観念を指している。

　児童福祉法第4条第2項で，障害児とは「身体に障害のある児童，知的障害のある児童，精神に障害のある児童（発達障害児を含む。），又は治療方法が確立していない疾病，特殊な疾病で日常生活や社会生活に支援が必要な児童」（一

表 4 - 6　障害児（者）数

（単位：万人）

障害種別	18歳未満 （精神障害児のみ20歳未満）	18歳以上 （精神障害者のみ20歳以上）	年齢不詳	総　　計
身体障害児（者）	7.2	419.5	9.3	436.0
知的障害児（者）	22.5	85.1	1.8	109.4
精神障害児（者）	27.6	391.6	0.7	419.3

注：四捨五入で人数を出しているため，内訳と合計が一致しない場合がある。
出所：内閣府『障害者白書 令和 4 年版』2022年より筆者作成。

図 4 - 6　ICIDH のモデル

疾病または変調 ──→ 機能障害 ──→ 能力障害 ──→ 社会的不利

出所：厚生省大臣官房統計情報部編『WHO 国際障害分類試案（仮訳）』厚
　　　生統計協会，1984年。

部抜粋）と規定している。ここでいう児童とは，18歳未満の子どものことを指している。

2）障害児（者）数

現在の障害児（者）数は，表 4 - 6 の通りである。『障害者白書 令和 4 年版』によると，身体障害児は7.2万人，知的障害児は22.5万人，精神障害児は27.6万人となっている（精神障害児のみ20歳未満）。

3）障害の捉え方─国際生活機能分類（ICF）について

世界保健機関（WHO）において，国際的な障害の捉え方に関する検討がなされ，1980年に「国際障害分類（International Classification of Impairments, Disabilities, and Handicaps: ICIDH）」が発表されている。

図 4 - 6 の通り，ICIDH では，まず「疾病または変調」によって起こる一次的障害として医学的レベルで捉えた「機能障害」があり，次に二次的障害として個人的レベルで捉えた「能力障害」，さらに三次的障害として社会的レベルで捉えた「社会的不利」がある。ICIDH は，「疾病または変調」によって起こる個人的な問題として障害を捉える医学モデルに基づいている。例えば，不慮の事故により脊椎を損傷し（疾病または変調），足が不自由になったこと（機能障害）により，歩行が困難となり（能力障害），現在の仕事を続けることが難しくなった（社会的不利），のように表すことができる。ICIDH では，「機能障害」，

図4-7　ICF のモデル

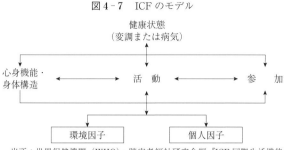

出所：世界保健機関（WHO）・障害者福祉研究会編『ICF 国際生活機能
分類——国際障害分類改訂版』中央法規出版，2002年。

「能力障害」，「社会的不利」の３つを合わせたものが「障害」であると定義されており，国際的に共通する障害の捉え方が示されたことは画期的であった。

　しかし，ICIDH には様々な指摘や批判がなされるようになった。それらは，障害のマイナス面が強調されているとの批判，各障害は医学モデルのように直線的に捉えられるものではなく，逆方向への流れや相互作用も検討されるべきであり，障害は環境の影響も受けるものであるとの指摘などである。

　そのため，改訂作業が行われ，2001年に「国際生活機能分類（International Classification of Functioning, Disability and Health：ICF）」が発表されている。ICF では上記の批判や指摘が修正されるとともに，障害は特定の人にだけ起こることではなく，誰にでも起こり得ることであるとの考えの下，すべての人を対象にした分類となっている。

　図4-7の通り，まず障害のマイナス面を強調する表現から中立的な表現になっており，ICIDH の「機能障害」「能力障害」「社会的不利」は，それぞれ「心身機能・身体構造」「活動」「参加」という名称に変更されている。これらの総称を「生活機能」と呼び，それが問題を抱えた否定的な側面は，それぞれ「機能障害」「活動制限」「参加制約」とし，その総称を「障害」と捉えることになった。

　また各障害は，「医学モデル」のように直線的に捉えられるものではなく，人間と環境が相互に関係し合って障害は発生するという「相互作用モデル」によって捉えられている。つまり，「健康状態」が様々な要因（環境因子・個人因子）により，「機能障害」「活動制限」「参加制約」を引き起こす「障害」が起

こるとされたのである。

このように，国際的な障害の捉え方は，個人的な問題として障害を捉える「医学モデル」のICIDHから，人間と環境が相互に関係しあって障害は発生するという「相互作用モデル」のICFへと約20年をかけて発展した。私たちは，新たな「障害」の捉え方を基に，障害児を理解・支援していく必要がある。

（2）障害児福祉施策に関する法制度

障害児（者）に関する法律の基礎は障害者基本法であり，1993（平成5）年に心身障害者対策基本法（1970〔昭和45〕年制定）の改正により制定された。同法では，共生社会を実現するために，障害者施策の基本原則や国や地方公共団体等の責務などが定められ，障害者の自立と社会参加の支援等のための施策を総合的かつ計画的に推進することを目的としている。

2000（平成12）年に社会福祉法（旧・社会福祉事業法）が成立し，これにより障害児（者）に対する福祉サービスでは，行政が行政処分によりサービスの利用先や内容を決定する「措置制度」から，障害者自らがサービスを選択し，事業者との対等な関係に基づき，契約によりサービスを利用する「支援費制度」に変更され，2003（平成15）年に施行された。

また，2004（平成16）年，身体障害や知的障害がないために障害福祉サービスを利用できずにいた自閉症など発達障害者を対象とした発達障害者支援法が制定されている。

しかしながら「支援費制度」については，①身体・知的・精神障害という障害種別ごとに縦割りでサービスが提供されており，施設・事業体系がわかりにくく使いにくいこと，②サービスの提供体制が不十分な地方自治体も多く，必要とする人々すべてにサービスが行き届いていないこと，③「支援費制度」における国と地方自治体の費用負担のルールでは，増え続けるサービス利用のための財源を確保することが困難であること，が問題として指摘されていた。

そのため，こうした問題を解決するとともに，障害者が利用できるサービスを充実し，一層の推進を図るために支援費制度が見直され，2005（平成17）年には障害者自立支援法が成立した。

障害者自立支援法は，①身体・知的・精神障害という障害種別にかかわらず，

障害者の必要とするサービスを利用できるよう，サービスを利用するための仕組みを一元化し，施設・事業を再編したこと，②障害者に身近な市町村が責任をもって一元的にサービスを提供したこと，③利用者である障害者もサービスの利用量と所得に応じた負担をするとともに，国と地方自治体が責任をもって費用負担をすることで財源を確保すること，④就労支援を抜本的に強化，⑤支給決定の仕組みを透明化・明確化すること，が特徴である。

　しかしながら障害者自立支援法には，法律の基本理念の規定がなく，サービスの必要性を図る基準（以下，「障害程度区分」）が障害特性を十分に反映していないなどの課題があったため，2012（平成24）年には障害者の日常生活及び社会生活を総合的に支援するための法律（以下，障害者総合支援法）へ改正された。

　障害者総合支援法は，障害者の地域における日常生活・社会生活に対する支援の充実を目的としており，①障害者を権利の主体と位置付ける基本理念の創設されたこと，②支援対象となる「障害者」の定義の拡大，③「障害程度区分」から「障害支援区分」への変更，④重度訪問介護の対象者の拡大，などが特徴である。

　例えば「支援費制度」では，精神障害者は支援の対象ではなかったが障害者自立支援法の成立によって支援の対象となり，2010（平成22）年の障害者自立支援法の改正では発達障害者が支援の対象となり，障害者総合支援法では，難病等の疾患がある人も支援の対象となっている。段階的に支援対象の拡大がみられる。

　また「障害程度区分」では，日常生活の行為が「できる」「できない」で判断され「できる」項目が多ければ障害の程度は軽く，「できない」項目が多ければ障害の程度は重いと考えられていた。しかしながら「できる」「できない」で障害の程度を判断することは困難であるため，障害者の生活環境を踏まえ，どのような支援をどの程度必要とするかといった度合いを測る「障害支援区分」が導入されている。調査項目は80項目で判定され「障害支援区分」は区分1～6まであり，区分6の方が必要とされる支援の度合いが高いとされている。

　障害児を対象としたサービス体系については，障害児支援の強化や地域支援の充実を図るために，2012（平成24）年より児童福祉法に根拠規定が一本化され，障害児への通所・入所サービスは児童福祉法に，居宅サービスは障害者総

合支援法に基づいて提供されることになった。

　また，2013（平成25）年には，障害児（者）への差別的取扱いや権利侵害を禁止する，障害を理由とする差別の解消の推進に関する法律（障害者差別解消法）が制定されている。

　その後，2018（平成30）年４月の障害者総合支援法改正では，障害者自らの望む地域生活を営むことができるよう「生活」と「就労」に対する支援の一層の充実，障害児支援のニーズの多様化にきめ細かく対応するための支援の拡充が図られた。

（3）障害児福祉サービスの体系

１）障害者総合支援法に基づいたサービス

　障害者総合支援法による総合的な支援は，市町村が責任を持って実施する「自立支援給付」と「地域生活支援事業」，都道府県が責任を持って実施する「地域生活支援事業」で構成されている。

　「自立支援給付」は，「介護給付」「訓練等給付」「相談支援」「自立支援事業」「補装具」に分けられ，「地域生活支援事業」は，地域の実情や利用者の状況に応じて地方自治体が柔軟な形で実施している。その中で，障害児が利用可能な主たる支援の体系は表４‐７の通りである。

　サービス利用までの流れとしては，①市町村の窓口に申請（介護給付を希望する場合は，「障害支援区分」の認定を受ける），②「サービス等利用計画案」を「指定特定相談支援事業者」で作成し，市町村に提出，③市町村が支給決定，④「指定特定相談支援事業者」が「サービス等利用計画」を作成，⑤サービス利用が開始，となる。

２）児童福祉法に基づいたサービス

　児童福祉法に規定された障害児を対象とするサービスは，都道府県における「障害児入所支援」，市町村における「障害児通所支援」がある。障害児通所支援を利用する保護者は，「サービス等利用計画」を経て，支給決定を受けた後，利用する施設と契約を結ぶ。障害児入所施設を利用する場合は，児童相談所に申請する（表４‐８）。

表4-7　障害児が利用可能な支援の体系（障害者総合支援法）

	サービス名	内　容
訪問系	居宅介護（ホームヘルプ）	自宅で，入浴，排せつ，食事の介護等を行う
	同行援護	重度の視覚障害のある人が外出する時，必要な情報提供や介護を行う
	行動援護	自己判断能力が制限されている人が行動する時に，危険を回避するために必要な支援，外出支援を行う
	重度障害者等包括支援	介護の必要性がとても高い人に，居宅介護等複数のサービスを包括的に行う
日中活動系	短期入所（ショートステイ）	自宅で介護する人が病気の場合などに，短期間，夜間も含め施設で，入浴，排せつ，食事の介護等を行う
相談支援系	計画相談支援	【サービス利用支援】 ・サービス申請に係る支給決定前に「サービス等利用計画案」を作成 ・支給決定後，事業者等と連絡調整等を行い，サービス等利用計画を作成 【継続利用支援】 ・サービス等の利用状況等の検証（モニタリング） ・事業所等と連絡調整，必要に応じて新たな支給決定等に係る申請の推奨

出所：厚生労働省「障害児支援について」2015年を一部改変。

（4）障害児に関わる専門機関

　障害児に関わる主たる専門機関としては以下のものがあり，障害児の健やかな成長・発達の支援を行っている。私たちは，これらの専門機関と連携・協働し，専門性を共有しながら，障害児を支援していくことが必要となる。

1）医療機関（病院等）

　子どもの疾病・障害の診断や治療を行っている。乳幼児期に発見される疾病・障害の場合，早期から医療機関に関わっているケースも多い。

2）保健所・市町村保健センター

　保健所は，地域保健法で規定された公衆衛生行政の機関であり，都道府県・政令指定都市・中核市などに設置されている。母子相談や身体障害児に対し，早期治療・療育のための指導などが行われている。

　市町村保健センターは，市町村における地域保健対策の拠点として乳幼児健

表4-8　障害児が利用可能な支援の体系（児童福祉法）

	サービス名	内　容
障害児通所系	児童発達支援	日常生活における基本的な動作の指導，知識技能の付与，集団生活への適応訓練などの支援を行う
	医療型児童発達支援	日常生活における基本的な動作の指導，知識技能の付与，集団生活への適応訓練などの支援及び治療を行う
	放課後等デイサービス	授業の終了後または休校日に，児童発達支援センター等の施設に通わせ，生活能力向上のための必要な訓練，社会との交流促進などの支援を行う
	保育所等訪問支援	保育所等を訪問し，障害児に対して，障害児以外の児童との集団生活への適応のための専門的な支援などを行う
障害児入所系	福祉型障害児入所施設	施設に入所している障害児に対して，保護，日常生活の指導及び知識技能の付与を行う
	医療型障害児入所施設	施設に入所又は指定医療機関に入院している障害児に対して，保護，日常生活の指導及び知識技能の付与を行う
相談支援系	障害児相談事業	【障害児利用援助】 ・障害児通所支援の申請に係る給付決定の前に利用計画案を作成 ・給付決定後，事業者等と連絡調整等を行うとともに利用計画を作成 【継続障害児支援利用援助】

出所：厚生労働省「障害児支援について」2015年を一部改変。

康診査，子どもの発達に関する相談，親子教室，障害児の子育て支援などが実施されている。乳幼児健康診査において障害が発見されるケースもあるため，他の専門機関と子どもを結びつける重要な役割を果たしている。

3）児童相談所，福祉事務所・市町村福祉課，発達障害者支援センター

　児童相談所は，子どもに関する様々な相談に応じる専門機関であり，都道府県・政令指定都市・中核市などに設置されている。児童福祉司や児童心理司などの職員が，子どもの発達・心理状況を把握し，保護者への対応や指導，子どもの保護，施設入所措置，里親委託，家庭等の養育環境の調査などを行っている。障害については，知的障害の判定，療育手帳の交付，障害に関する相談などを行っている。

　福祉事務所・市町村福祉課は，障害福祉制度の利用申請窓口である。福祉事務所には，地域に密着した相談機関として家庭児童相談室が設置されており，社会福祉主事や家庭児童相談員が子どもや家庭に関する相談に対応している。

　発達障害者支援センターは，全都道府県・任意に設置された市に整備されており，発達障害者およびその家族に関する相談・助言，発達障害者の早期発見・発達支援などを行っている。

4）児童発達支援センター

　児童発達支援センター・児童発達支援事業所は，児童福祉法に基づいて市町村に設置されている。主として小学校就学前の障害のある乳幼児を対象としており，障害児を日々保護者の下から通わせて，支援を提供とすることを目的とした通所施設である。福祉型児童発達支援センターは，通所している子どもに対して，日常生活における基本的動作の指導，独立自活に必要な知識技能の付与または集団生活の適応のための訓練を行い，医療型児童発達支援センターは，それに加えて治療（医療）も行うことを目的としている。

（5）今後の障害児支援の展望

　近年の障害児支援施策では，障害児は他の子どもと異なる特別な存在ではなく，他の子どもと同じ子どもであるという視点が大切にされている。

　今後の障害児支援では，「障害者の権利に関する条約」（「障害者権利条約」）の批准を踏まえ，障害児の地域社会への参加・インクルージョン⁽²⁵⁾をどのように進めるか，家族支援をどのように充実させていくかが重要である。

　制度的な対応としては，障害児通所支援・入所支援の枠内で考えるだけではなく，一般施策としての子育て支援も視野に入れる必要がある。地域社会への参加・インクルージョンを推進するために，保育所や放課後児童クラブ等の一般的な子育て支援施策における障害児の受け入れを進めることに合わせて，教育とも連携をさらに深めた上で，総合的な形での支援を実践していくことが必要である。障害児の発達段階に応じた丁寧な支援，ライフステージに応じた切れ目のない支援，関係機関の連携の充実，早期の家族支援などが求められている。

7 非行少年のための児童自立支援施設

（1）非行少年の収容施設

　非行少年とは，①14歳以上20歳未満で罪を犯した少年（犯罪少年），②14歳未満で刑罰法令に触れる行為をした少年（触法少年），③20歳未満で一定の事由があって，その性格又は環境に照らして，将来罪を犯し又は刑罰法令に触れる行為をするおそれのある少年（虞犯少年）をいう（少年法第3条1項）。

　非行少年を収容する専門的な施設として，少年院と児童自立支援施設がある。家庭裁判所がいずれの施設に収容させるかを判断する際，その少年に対する教育効果から，規律ある生活を送らせるのがよいのか，家庭的な雰囲気で成長を促進させるのがよいのかという視点が重要とされており，前者の場合は少年院，後者の場合は児童自立支援施設への収容が選択される。

1）少年院の目的

　少年院は，家庭裁判所から保護処分として送致された少年に対し，その健全な育成を図ることを目的として，矯正教育や社会復帰支援等を行う法務省が所轄する施設である。概ね12歳から20歳までの年齢，犯罪的傾向の進度や心身の著しい障害の有無などにより，第1種，第2種，第3種の少年院に分けており，刑の執行を受ける者を収容する第4種の少年院もある。また，2022（令和4）年4月1日に少年法等の一部を改正する法律が施行され，特定少年（18歳及び19歳）のうち2年間の保護観察に付された者に，保護観察中の重大な遵守事項違反があった場合には少年院に収容することができる制度の運用が新たに開始されたことから，第5種少年院が新たに設けられた。各少年院には，矯正教育の重点的な内容と標準的な教育期間を定めた矯正教育課程が設けられている。

2）児童自立支援施設の目的

　児童自立支援施設は，犯罪などの不良行為をしたり，するおそれがある児童や，家庭環境等から生活指導を要する児童を入所または通所させ，必要な指導を行って自立を支援する，厚生労働省が所轄する児童福祉施設である。非行問題の対応に加え，他の児童福祉施設や里親では対応が難しいケースの受け皿としての役割もあり，退所後の児童に対しての必要な相談や援助も行っている。

　児童福祉法第44条において，児童自立支援施設の目的を「児童自立支援施設は，不良行為をなし，又はなすおそれのある児童及び家庭環境その他の環境上の理由により生活指導等を要する児童を入所させ，又は保護者の下から通わせて，個々の児童の状況に応じて必要な指導を行い，その自立を支援し，あわせて退所した者について相談その他の援助を行うことを目的とする施設とする」とされている。

　全国に58施設あり，都道府県等に設置義務が課せられているため大多数が公立施設であり，男女合わせて約1,500人の児童が入所している（全国児童自立支援施設協議会）。措置の対象となる児童は，犯罪少年，触法少年，虞犯少年のほか，生育環境上の複雑な背景により問題行動の著しい児童である。措置児童の多くが非行や不良行為に至った経験を持つ点，それら非行の背景として家族に問題が認められるケースが多い点にその特徴がある。

（2）非行少年のための児童福祉施設

　児童自立支援施設は，児童相談所の措置入所児童と，少年法に基づく家庭裁判所の審判における保護処分によって入所する児童が混在している。入所経路について，児童相談所の決定によるものは，一時保護をされた児童が非行の程度や家庭環境などを理由に措置入所する場合であり，家庭裁判所の決定によるものは，少年事件により観護措置をとられて少年鑑別所送致となった児童が，家庭裁判所の審判で児童自立支援施設送致の保護処分を受けて入所する場合である。前者では保護者の同意が必要であるが，後者は法的強制力が伴い保護者の同意は必要ない。

　「児童養護施設入所児童等調査結果の概要」（厚生労働省子ども家庭局，2020年）によれば，児童相談所の措置による家庭からの入所が57.4％，児童養護施設からの入所が14.7％を占め，次いで家庭裁判所の審判による保護処分としての入所が12.5％である。また，虐待を受けた経験を有する児童の割合は64.5％，発達障害などの特別な配慮（心身の状況）を要する児童の割合は61.8％となっており，精神医療の定期診察や服薬を受けている児童の割合が多い。

　児童自立支援施設の入所児童は，その多くが非行という行動上の問題を行った経験を持つことから，個々の抱えている問題性および加害性・被害性の改善

を目指し，再発防止に向けて自ら行った加害行為等と向き合わせている。そして，被害者への謝罪の念や責任を果たす人間性を形成できるよう，子どもが安定した生活を送り健全な自己を確立するために必要な，失敗できる安全な枠組みのある生活の中で育てていく必要がある。

　児童自立支援施設は基本的には開放施設となっているが，国立2施設（国立武蔵野学院，国立きぬ川学院）については，家庭裁判所の決定を受けて子どもの自由を拘束する，医師や心理療法担当職員等と連携した強制的措置を行う観察寮（隔離治療的な機能を持つ寮）を施設内に置いている。

　近年は非行児童だけではなく，被虐待経験や発達障害・行為障害等を持つ非行傾向のある児童や，性加害・性被害の子ども，さらに特別なケアが必要なケースの子どもの割合が増加している。そして児童養護施設や里親家庭に適応できなかった子どもが措置される場合も少なくなく，入所児童の抱える問題性とニーズは複雑化・多様化し，問題が複数併存している状況があり，社会的養護の中でも特に困難なケースを扱っている施設といえる。

　本来の発達に深刻な影響を受けて生きづらさを抱えている子どもたちと生活を共にし，人への信頼感を回復するための育てなおしや，成長を見守りながら自立に向けて支援することが，児童自立支援専門員・児童生活支援員の役割である。児童自立支援施設は，社会的養護の施設としてはその在籍期間が1年から2年ほどと比較的短く，その中で何ができるのか，その子どもにとって何が大切なのかをアセスメントによって見極め，子ども自身が大切にされていると実感できるような家庭的・福祉的アプローチを行い，愛着，社会性や基礎学力，生活自立や精神的自立，アイデンティティなどが獲得できるような育ち・育てなおしに尽力する。また子どものニーズは複雑かつ多様化していることから，より効果的な支援を行うために，生活モデルを基盤としたケアワークを基本として，心理的ケア，ソーシャルワーク，学校教育，精神医療など，多職種の専門職による総合的チームアプローチが必要となる。

　支援形態については，職員である実夫婦とその家族が小舎の寮に住み込んで家庭的な生活の中で児童に一貫性・継続性のある支援を行う伝統的な小舎夫婦制と，通勤の職員が毎日入れ替わってチームで支援を行う交替制がある。

（3）愛着を大切にする小舎夫婦制

1）小舎夫婦制とは

　児童自立支援施設は歴史的に，その前身である感化院・教護院の時代から，非行少年は家族の愛に恵まれない子である，という理解の下，擬似家族的な環境を提供することを目的として，小舎夫婦制という運営形態がとられてきた。

　小舎夫婦制における支援の基本は家庭的支援であり，寮舎に夫婦職員が住み込み，家庭的な温もりのある環境の中で10名ほどの子どもたちと24時間生活を共にしながら強固な関係性を持ちつつ健全な成長を図るという理念の下，一貫性を持って継続的に支援を行っていく。生活の場である寮舎では，日常の生活技術を身に付けるための生活指導，農作業や環境整備などを通して克己と勤勉の徳を学び働く心得を身に付けるための作業指導，そして施設内に併設されている学校（分校・分教室・本校）では公教育による学習指導が行われている。

2）小舎夫婦制の存在意義

　小舎夫婦制の利点として，①家庭的な雰囲気の下に支援ができる，②母性と父性の機能を調節しやすい，③支援に一貫性があり，互いに相和し，無用な遠慮や不審，意見の相違等を極力避けることができる，④緩急自在に，適切で一体的な指導がしやすい，⑤保護者との意思の疎通が図れ，信頼性を確立しやすい，⑥子ども一人ひとりの性格や行動，また，家庭，親戚，友人，地域などの関係を深く理解した上で，長期的なアフターケアにあたることができる，等がある。

　小舎夫婦制は，愛着を中心とした子どもとの心の触れ合いを特に大切にしている。子どもの多くは，放置され，疎外され，満たされなかった悲惨な過去を持っており，大人や社会に対して不信感を持っている。こうした子どもに対して夫婦職員は，優しさと厳しさによって接しつつ，理解し，対話して，気長に精神的な回復と発達を待つ。自然に恵まれた施設全体の心地よい治療教育的雰囲気や，少人数からなる家庭的な寮舎のあたたかい環境，夫婦職員との心の触れ合いの中で，安心感や信頼感を持ち，子どもは成長していく。

　夫婦職員は愛情で包むことで，安心安全な空間であると子どもが感じられるようなケアを行い，その上で愛着関係の修復に取り組む。愛着に深刻な打撃を受けた子どもの愛着形成・修復においては，支援者自身の感受性や応答性が子

どもの愛着行動の安定化を図る上で重要になる。夫婦職員が新たな代替的愛着者として，日々の生活の中で子どもの愛着形成・修復を支援することが大切であり，感受性や情緒的応答性の質の高さが求められる。質の高い余韻の残るような関わりの積み重ねによって，問題行動の抑制が働いて徐々に安定していく。子どもを守り，愛情を持って育てることは本来親の役割であるが，それに変わる居場所，育て直しの場として，小舎夫婦制の存在がある。

3）支援者が変わらず，そこにいる

①　寮長・寮母の役割

　小舎夫婦制は，夫婦が共に職員として住み込んでいるため，ほとんど支援者が変わらない利点がある。いつも同じ夫婦がずっとそこにいることで育て直しができることから，子どもと共に過ごす24時間という時間的な長さと，一緒に暮らすことで継続的に子どもの変化や成長をみることができる。この仕組みは，虐待によるトラウマ治療を含め，愛着の障害を持つ子どもの育て直しと安定した支援に適しており，子どもの将来的な社会適応へ向けて働きかける教育的配慮と，虐待による傷から繰り返し問題行動を起こす子どもへの養育的配慮によって，長期的に同じ視点からみることで，一人の子どもへ向けて同時に働き掛けることができる。また支援において大切なことは，夫婦職員それぞれが，父性的な機能（立ちはだかり，断ち切り，子どもの課題や問題を解決していくような機能），と母性的な機能（話をじっくりと聞き，気持ちを理解し温かく包み込むような機能）を相互に補完的に行いながら，それらが1つになっていることである。

　子どもの問題行動の裏には，乳幼児期に親子の情緒的なつながりが希薄だったために，対人関係に支障をきたして寂しさや孤独感を常に感じていることがある。不適切な養育環境の中で，大人に対して不信感を抱いてきた子どもは多いが，夫婦職員が愛情で包むことで信頼関係を築き，そこで初めて夫婦職員の言葉が自分の役に立つものだと気づくことで成長していく。寮長は自信を付けさせようと子どもに努力することを奨励し，寮母は安定した人間関係を基盤として子どもを愛情で包むことを試みる。この2つが良好にかみ合った時，父性の厳しさと母性の温かさによる家庭的な関係の下で，子どもが安定するための基本的な支援を行うことができる。そして，家庭に近い生活経験を積み重ねることにより，子どもは安心感や満足感を得ることで徐々に情緒の安定が図られ，

その上で実家族と向き合い親子関係の再構築など，関係性の修復を図っていくことができるようになる。

　②　共に暮らす教育

　小舎夫婦制のルーティンワークは共に暮らす教育であり，勤務時間に制約されることなく子どもの支援に当たることができるため，問題を後回しにすることがなく，必要な時に必要な場面で夫婦職員の連携の下，集団支援はもちろん個別的な対応も行うことができることに利点がある。夫婦職員は，様々な問題に対して主体的に解決していき，時には自分たちの存在をかけて本気で立ち向かっていくため，今できる解決をしていく，後はないという覚悟が，夫婦職員自身を成長させ強くする。その強さは威厳となって子どもに映り，その夫婦のどっしりとした姿勢に頼り甲斐を感じて安心する。夫婦職員も，自分たちで何とかしていかなければならないことが多く，試行錯誤し協力し合って寮舎の運営を行っていくため，そのことで夫婦の絆も強まり一貫性や連続性がしっかりと保たれていく。このように様々な問題を抱える子どもの情緒の安定や心の成長を図っていくためには，夫婦が揺るぎない子ども観と教育観を持ち，お互いの信頼関係を基に一体になっての支援を行っていく必要がある。

　小舎夫婦制では，夫婦職員の営む寮舎に子どもが帰属しているという構図がつくられており，一緒に生活していることで何げない言葉の交わし合いは勿論のこと，子どもの変化やニーズに応じた適切な言葉かけをタイミングよく継続的に行うことができ，そのことによって子どもの側も常に自分のことを気にかけてくれているという気持ちになりやすい。支援者が変わらず，そこにいることが，子どもたちの安心感につながっていく。

　4）愛着の形成・修復を図る

　愛着関係が子どもたちと築かれている時には，効果的な回復や教育が行われていることが多い。愛着を形成し信頼関係を構築することが，子どもの成長に大きく結びついていき，愛着関係や信頼関係を持てた子どもは，非行の主な原因であった課題とも向き合うことができるようになっていく

　子どもたちの多くは，自分の気持ちと親の気持ちが合わさるような体験が少ない。成育歴の中で，寂しいことや怖いこと，嫌なことを繰り返しされてきた子どもであり，寮長が守ってくれるという安心感や，寮母から細やかな配慮を

してもらえる嬉しさを体験し，大切にされ，大切に想う関係を夫婦職員と共有できるようになった時，愛着や信頼が形成されていく。しかし児童自立支援施設の子どもは快か不快か，しんどいかしんどくないか，損か得かで動く場合が多く，心を閉じている子どもにいくら力んで支援してみても受け入れることはなく，嫌いな大人が支援しても反抗したり拒否したりする。関係が成り立たない中での，させよう・やらせようとする強制的な支援からは，子どもの内面的な成長は起こり得ない。

　小舎夫婦制では，夫婦職員が支援の多くを担うことから責任を強く感じるため，それが子どもにも通じ，真剣に向き合ってくれるという，通じ合える信頼を生んでいきやすい。その結果，子どもは自身の持つ課題に向き合い，夫婦職員への親しみを向けてくるようになっていく。特に寮母には甘えたり，ちょっとした出来事でも聴いてもらったりするような穏やかな様子がみられるようになる。そのような子どもの変化が夫婦職員の喜びともなり，さらに夫婦職員の気持ちが子どもたちに向いていき，子どももまたその思いに応えようとする。

　子どもは様々なことに自ら意欲的に取り組めている時，充実感やそれに伴う幸福感に満たされていく。その嬉しさの感情を好きな大人と共有できるようになった時，子どもは優しく親切になっていく。そんな雰囲気に満たされている寮舎の中では，新しく入所してきた子どもも変わっていく場合が多い。寮舎の雰囲気を良くするも悪くするも，毎日を共にする夫婦職員との結び付きの度合いにある。

　このように小舎夫婦制は，子どもとの間に喜びやつながりの相互作用を起こしていきやすい愛着形成・修復のシステムとなっている。

5）将来の家庭モデル

　小舎夫婦制における支援の基本は，家族のあたたかみや本来の姿などを見せることができる，より家庭に近い支援であり，子どもへの自立支援において一番大切にしてきた家庭の機能である。起床時の「おはよう」から就寝時の「おやすみ」まで，その声をかける相手はいつも同じ夫婦職員で，日常的な親しみを込めた言葉の交わし合いは相互に安心を与え，つながりを保っていく上でも大切なことの一つとなっている。また子どもの多くが被虐待経験を持ち，普通の家庭の温もりや姿を知らないために，夫婦職員とその家族が子どもと一緒に

住むことによって普通の夫婦・親子のロールモデルとなり，将来の家庭モデルとして提示されていく。

　そして夫婦職員は，子どもに対して愛情を持って関わる中で，夫婦関係や家族関係などその営みに触れさせている。寮長は父性モデル，寮母は母性モデルとしての存在であり，夫婦関係のありのままを子どもの前で営みつつ，夫婦職員の子育ての様子や，実子に対するしつけや価値観等の教育を行っている。こうして子どもたちは，夫婦職員を通して家庭づくりや夫婦関係を学んでいく。

　一方，小舎夫婦制は，私生活も公的な職場の中で行われるため，夫婦のあり方から，夫婦の実子の養育についてまでも，子どもに見せることができる。例えば，乳幼児の実子を育てている寮母は，子どもに育児の場面を多く見せ，時には母親の役割を体験させてみることなども交えて，大切にするということはどういうことなのかを感じてもらうことを意図している。子どもの中には，父母間の葛藤，DV，親との分離や別離などを体験していることが多いため，夫婦職員間の何気ないやり取りを見たり，愛情の表現を見たりすることなどもとても大切になってくる。特に女子児童は，夫婦職員の結びつきが強いと感じると，夫婦関係のことや家庭のことを聞いてくることも多く，そうすることで自分の家庭を振り返ったり，異性関係のモデルをつくっていこうとする。夫婦職員と関係ができた子どもほど，しっかりと観察し，多くのことを取り入れようとしている。

　このように夫婦職員と関係ができること自体が，子どもの理想とする将来の家庭づくりのモデルになり，幸せな家庭を築くこととつながっている。施設を退所した子どもが，良い表情で喜びや充実感のある生活状況を話しに来たり，あるいは悩みの相談に寮へ泊りに来たり，パートナーや実子を見せに来ることや，寮舎の子どもにおやつを差し入れてくれることなども，退所した子どもにとって寮舎が故郷のような存在であり，夫婦職員がもう一つの家族として心の中に存在することの証だろうと考えられる。自らの意志で来訪してくる退所した子どもの持つ穏やかな雰囲気や肯定的な感謝の言葉かけは，夫婦職員にとって大きな力を与えてくれる。夫婦職員が子どもに選ばれる安全基地となることは，再非行・再犯の防止および負の連鎖の抑制にもつながっていくだろう。

6）小さい集団における育ち合い

　児童自立支援施設は長い歴史の中で，寮舎という小さい集団における特性の似た子どもたち同士の育ち合いを重視してきた。子どもの傾向として，自他の境界線の理解や距離感の取り方を苦手としていることが多いため，対人関係における適切な距離感の取り方を学習する機会が特に大切である。対人関係に困難を抱え，被虐待経験を持つことの多い子どもが，他者との関係性を良好に保つのは難しいが，小さい集団の環境は子どもを変えるきっかけを作りやすい。

　小舎夫婦制の生活のほとんどが施設内で完結しているため，特定の仲間と過ごす時間が長く濃密な人間関係を体験し協調性や連帯感を知ることで，やがては自己中心的な行動を改めるようになり，対人トラブルをむしろ成長の機会として対立や仲直りを繰り返して人間関係の構築方法を学べるようになる。また，お互いを認め合い高め合うような対人関係・コミュニケーションスキルの訓練環境として作用することから，小さな集団での養育は子ども同士の関係性や社会性をつくる上でも重要なものとなっている。

　そして支援する上でも，安定した小さい集団があると，新しく入所してきた不安定な子どもが起こす多少の混乱は吸収され，全体に大きな支障を及ぼすことは少なくなる。しかし，集団の人数があまりに少ないと影響を受けやすく，悪質な問題行動や不穏な問題が多発するリスクは高くなる。そのため，良質な育ち合いにつながるような小さい集団づくりに力を尽くすことが重要になってくる。

（4）児童自立支援施設の課題

　児童自立支援施設の課題として，2つ挙げておく。

1）総入所児童の減少

　ケアニーズの高い児童の増加，専門性や人手の不足した職員体制，寮舎の狭さや個室化の施設設備の不備など，現状の様々な課題から，施設の定員に至らなくとも入所を抑えざるを得ない状況になっている等，自治体によっても格差が生じており，社会のニーズに十分応えられているとは言い難い。

　これは児童自立支援施設が，入所児童の質的変化による複雑化・多様化にしっかり対応しきれていない面も影響していることから，守るべき伝統的な使命

や理念は堅持しつつも，これまで行ってきた支援法の再点検が必要となっており，改めて支援のあり方が問われている。虐待件数が増加している社会情勢の中で社会的養護の役割を果たしていくためには，子どもや社会のニーズに対応できる専門性と多職種連携の強化，幅広い年齢層の子どもの受け入れ先としての機能を担うこと，ハード面とソフト面を含めた体制の改善など，児童自立支援施設としてのさらなる高機能化が求められている。

2）プログラム評価と効果検証

またこれからは，説明責任として「証拠に基づく実践」が求められている。近年，社会福祉実践および政策は科学的な効果評価が求められる時代に入り，福祉現場でも個別実践や事業運営面で効果的な支援のあり方が求められている。児童自立支援施設は古い歴史を有しており，子どもの自立支援および非行性改善に向けて努力を傾注することで相応の実績を残してはいるものの，税金を投入して実施される公的支援が，特に子どもの退所後にどの程度の成果を出しているか，効果的・効率的に施設運営されているかを，公に説明することが求められている。社会を説得する客観的なデータや理論などの根拠を持つ証拠に基づく実践が，実践−評価−実践−評価の繰り返しによってよりよい支援につながることで，社会からの理解や協力を深めることができれば，児童自立支援施設のさらなる充実化も見込まれる。児童自立支援施設に投資することが，いかに社会全体の非行・犯罪の防止および負の連鎖の抑制，コスト削減につながるかを示して納得してもらい，実証的根拠に基づく施策の展開につなげていくことが重要である。

8　貧困家庭の子どもへの支援

（1）見えにくい子どもの貧困

1）日本で子どもの貧困なんて……

「子どもの貧困」と聞き，どのような状況を想像するだろうか。多くの人は，日々の食事や住む場所に困り，家計が逼迫している状況を想像するのではないか。この状況は「国連人間開発報告書」（2014年）により定義された絶対的貧困（「1日1.25ドル以下の生活をしている人」）にあてはまる。この認識で周りを見渡

すと、「貧困」に苦しんでいる子どもたちは少ないように感じるが、それはこの水準に達する前に生活保護や社会的養護など何らかの制度を活用し支援できる余地があるからだ。

　では、日本における子どもの貧困とは何か。「2019年（平成31）国民生活基礎調査」（厚生労働省）では、貧困線（等価可処分所得の中央値の半分）は219万円（実質値）、これに満たない世帯の割合である相対的貧困のうち17歳以下の子どもがいる世帯を子どもの貧困率とし、これが13.5％であることが発表されている。つまり、日本における子どもの貧困とは、日々食べるものに困っているわけではないが、決して十分経済的余裕があるわけではない家庭の子どもたちのことである。これは、確実に現代日本に生じている状況を表す概念でありながら見過ごされやすいということを確認しておきたい。

2）国の政策として

　日本では、2016（平成28）年に子どもの貧困対策の推進に関する法律が施行された。経済的に余裕のない状態にある子どもたちを少なくしていくための方針や取り組みが規定されており、この法律に基づき、各自治体の行政とNPO法人等が官民一体となって推進していくこととなった。国から各自治体に対し都道府県子どもの貧困対策推進計画の策定努力と公表義務を設定したことも大きな成果といえる。また、2019（平成31）年にこの法律の見直しが行われ、大綱の中では基本的方針として「親の妊娠・出産期から子どもの社会的自立までの切れ目のない支援」「支援が届かないまたは届きにくい子ども・家庭配慮」などが掲げられた。

　また、関係施策の実施状況や対策の効果などを検証・評価するための指標は、25項目から39項目に増設され、「ひとり親の正規雇用割合」や「食料や衣服が買えない経験」などが指標に追加された。さらに、都道府県に加え市町村に対しても策定努力を求めたことで、この取り組みが広がっていくこととなった。このような経緯から、日本が「子どもの貧困」という課題に対して具体的な問題意識を持って取り組みを進めていることがうかがえる。

（2）子どもの貧困に対する取り組み

1）こども食堂ってなに？

　こども食堂とは，子どもやその保護者，地域の方々に対して無料または安価で食事を提供する取り組みである。2010（平成22）年頃からテレビや新聞などのマスメディアで取り上げられはじめ，さらに前述した子どもの貧困対策の推進に関する法律の施行により，飛躍的にその個所数が増大してきた。2019（平成31）年にNPO法人全国こども食堂支援センター・むすびえの発表によると全国で3,718カ所のこども食堂が開かれており，全国各地で，地域の方々にとってより身近な集いの場となってきていることがわかる。

2）なぜこんなにも共感を得るのか

　この10年間で，こども食堂が飛躍的に増大してきた理由は何か。なぜ，こんなにも共感を得られるのか。

　1つ目は，この取り組みの親しみやすさにあると考える。地域の公民館や集会所，あるいは学校など公共施設を会場とすることで，子どもたちや地域の人々が気軽に集まることができる。また，食事を作って子どもにふるまうという活動は，家庭での日々の食事の流れに近いため，子育てを経験した世代が気軽に参加しやすい活動なのだ。

　2つ目は，こども食堂というわかりやすいネーミングにある。これが，子どものために何かしたいという人を惹きつけ，具体的な行動に移させる引き金となっているといえる。この2つの点がうまく合わさった結果，全国各地でこども食堂が広がっていったのだと推察する。実際，筆者が関わっているこども食堂のボランティアの多くは子育て経験者であり，活動への参加動機について尋ねると「自分の身近にこんな場所があるって知って，専門的なことはわからなくても，料理なら自分にもできると思った」という返事が返ってくる。

　そしてここで注目すべきなのは，こども食堂が持つ地域をつなぐ力である。こども食堂の名づけ親といわれている近藤博子は「こども食堂は子どもだけの場ではない。むしろ，より積極的に多世代交流になることが望ましい」と語っており，子どもにとって居心地の良い場所をつくることが地域づくりにつながることも示唆されている。このように，こども食堂は子どもたちを支える以上の可能性と発展性を持った居場所なのである。

3）こども食堂の課題

　農林水産省が2018（平成30）年に「子供食堂と地域が連携して進める食育活動事例集——地域との連携で食育の環が広がっています」の中で示した全国のこども食堂の実施団体274件に行ったアンケート調査では，様々な課題が浮き彫りとなった。課題として最も多かった回答は「来てほしい家庭の子や親に来てもらうことが難しい」（42.3％）次に「運営費の確保が難しい」（29.6％）そして「運営スタッフの負担が大きい」（29.2％）の順であった。その他に学校・教育委員会の協力が得られない」や「食材を安定して確保できない」などがあり，実施していく上で様々な課題が明確となった。

　また，筆者がこども食堂の運営に関わる中で実施団体からよく聞く悩みは「誰をターゲットにすべきか迷う」や「貧困家庭の子どもだけが来る場所と思われたくない」である。農林水産省のアンケートでは「来てほしい家庭の子どもや親に来てもらうことが難しい」とあるが，その一方で，貧困家庭のためだけの場所とも思われたくないという葛藤を抱えている団体を多く見かける。

　このように，こども食堂を始めること，続けていくことにおいて最も重要なことは，各団体がどういった目的や理念，またはどのような子どもたちや家庭を対象とするか等，こども食堂の取り組みについて整理することだと考える。

　そしてこども食堂が，子どもたちにとって特異な場所ではなく，身近で日常的な場所となりうるための具体的な取り組みが必須となる。

4）学習支援

　こども食堂と同じように注目されている活動に学習支援がある。2017（平成29）年に生活困窮者自立支援法が施行され，生活保護に至る前の世帯に対して，様々な支援を行っていくための根拠が明確になった。同法の具体的な事業の一つに生活困窮世帯の子どもの学習支援事業がある。これは，生活保護世帯・就学援助受給世帯の小中学生等を対象として無料で学習支援を行うことにより，高校進学や大学進学につなげ，経済・学力格差による貧困の連鎖を断つことを目的としている。

　一般的には，地域の公民館などの会場に複数の子どもたちを集めて同時に学習支援を行う集合型と，家庭訪問などを通して個別に学習支援を行う訪問型がある。実施主体も行政主導の直営型と，NPO法人等に委託して行われる委託

型があり，2018（平成30）年時点では「生活困窮者自立支援法等に基づく各事業の令和3年度事業実施調査集計結果」（厚生労働省）によると596自治体でこの事業が実施されている（全国の市町等各自治体908カ所が回答，そのうちの約65％）。

5）学習支援の（もう一つの）意味

この事業の本来の目的は学力向上により貧困の連鎖を断つことであるが，学習支援を通した子どもたちとの関わりそのものに大きな意味を持つ。

2019（平成31）年3月にエム・アール・アイリサーチアソシエイツ株式会社により報告された「子どもの学習支援事業の評価指標の運用に関する調査研究事業報告書」によると，「勉強会について感じていること・思っていること」の問いに対し「先生やスタッフの人がほめてくれる」（61.8％），「先生やスタッフの人に相談できる」（61.3％），「居心地がいい，楽しい，ほっとできる」（58.3％）だった。

また，東京都を中心に学習支援事業に取り組む認定NPO法人キッズドアが学習支援を行っている子どもたちを対象に行ったアンケートでは，支援を受ける前と後の子どもの意識の違いについて「がんばれば報われる」という回答が24.7％（支援前）から40.4％（支援後）に上昇したことが報告されている。

このように，学習支援には学力の向上が期待できるだけでなく，そこで築く人間関係や環境自体にも子どもたちが価値を感じ，意欲を向上させることにつながるといえる。こういった成果や実感が多くの人々に共有されていくことで学習支援の取り組みも広がりを見せたことが考えられる。

6）学習支援の課題

今後委託型が増え，より多くの地域で学習支援事業が取り組まれることが期待される一方で，実施団体が増加することで競争が生じると，成果主義，価格主義が先行することも危惧される。合格実績や委託料の安さ等に重きを置いた委託先選定に拍車がかかり，本来求められる子どもたちへの支援の質が軽視されてしまう可能性もある。

この課題を顕在化させるために，一般社団法人全国子どもの貧困・教育支援団体協議会は，2020（令和2）年2月厚生労働省に対して「生活困窮者自立支援法に基づく子どもの学習支援事業にかかる事業者選定に関する要望書」を提出し，自治体からの委託型事業により成果主義，価格主義に陥らないよう働き

かけを始めた。今後は，事業実施個所数を増やす上でいかに事業の質を担保できるかが鍵となる。

（3）子どもの居場所とは？

1）家庭と学校以外の居場所

こども食堂も学習支援事業も家庭，学校以外の子どもの居場所として，第三の居場所と分類される。「国及び地方公共団体による『子供の居場所づくり』を支援する施策調べについて」（内閣府，2021年）では，全国の地方公共団体における子どもの居場所づくりを支援する施策数は国が8件，地方公共団体は473件あることがわかっている。支援する施策の内容は学習支援事業（生活困窮世帯の子どもの学習支援事業とは別）の実施やこども食堂の運営の補助等であり，行政がこういった施策に具体的に取り組んでいることがわかる。

またその他，第三の子どもの居場所として代表的なものに，子ども会がある。子ども会とは保護者や育成者の下，子どもの健全育成を目的として異年齢の子どもが集まる団体であり，定期的にスポーツイベントやクリスマス会など様々な企画を保護者や子どもたちで企画することも特徴である。筆者も地域住民から，子ども会の活動が盛んだった頃の話を聞くことがある。しかし，近年においてはこの活動が縮小傾向にあることもわかってきた。山本和人・大野清恵[29]は，子ども会への加入率が下がってきていることに触れ，地域住民対象のアンケートより「加入を勧めない理由」として「親が役員をやらなくてはならない」が最も多い回答であったと示されている。このような時代の変化に伴い，多様化する家庭・家族を効果的に支援するため，今後はこれまでとは異なるあり方で，子どもたちの居場所づくりを進めていくことが重要である。

2）こども食堂や学習支援（子どもの居場所づくり）に求められる役割

子どもの居場所の役割として，田村光子[30]は「子どもの居場所には子どもの主観に即した居心地の良さがあること」や，「子どもにとっての誰でもよい，出入り自由，選択できるといった子どもの選択できる自由があること」が必要だと指摘している。この役割は，校則など一定の決まりが存在する学校等では担保が難しい場合はあっても，家庭では当たり前に保障されるべき役割と考えられる。

　しかし，ひとり親家庭では子どもと一緒に過ごす時間や気持ちに余裕がなく，両親と一緒に暮らしている子どもたちにおいても親子間の関係が悪化してしまうと，途端に失われていく役割でもある。自分の主観に即し，自由に選択できる居場所を持たない子どもたちが「子どもの貧困」下に置かれていることは珍しくない。家族の形態が多様化する現代日本において，子どもの居場所としてこども食堂，学習支援事業が注目されてきたのは当然の結果なのだ。だからこそ，子どもの居場所づくりでは，子どもたちと親の緩衝材の役割や，子どもたちが主体的に選択し行動できる役割が求められるだろう。

（4）事例から考える貧困家庭の子どもへの支援

1）事例の概要

　小学3年生女子の貴子は母子世帯二人暮らし，就学援助[31]を受給していた。母親は朝から仕事に出かけ，帰宅は22時頃になることも珍しくなく，その間，貴子は一人で母親の帰宅を待つ日々が続いていた。また，夕食はコンビニ弁当などを温めて食べたり，母親の帰宅を待って食事をしたりすることが多く，夜間に空腹を感じる事が多かった。さらに，朝食はパンが用意されていることもあれば，何も用意されていないこともあり，何も食べずに登校した日は学校で教員に対し空腹を訴えることがあった。教員は母親の相談に乗るため働きかけたが，母親自身，学校や行政に対する抵抗感を感じていたようで学校からの働きかけを拒み，支援が届かないという課題があった。

　こういった状況を受け，学校から筆者が所属する団体に相談があり，貴子，母親に対する働きかけを試みることとなった。

2）つながる機会を増やす

　まず，団体が取り組む朝食提供の活動（以下，モーニング）を学校から貴子に紹介してもらうことから始めた。貴子は紹介直後のモーニングを利用，そこで初めて団体と貴子につながりが生まれた。そこから団体の別の活動である平日夜の学習支援と遊び場の提供（以下，塾），土曜日の昼食提供と遊び場の提供（以下，食堂）も毎回利用するようになり，毎月5，6回は貴子と団体がつながることができるようになった。

　活動の中で貴子は「夜，一人で家にいるから寂しい」等，想いを語ってくれ

ることが増えた。筆者は他のボランティアスタッフと連携し，貴子が毎回活動に参加してくれるよう，彼女の言葉に耳を傾け，想いを受け止めるようにし，複数の場面で貴子との関係性を構築していくことに努めた。

3）家族とのつながりから見えてくる

ある日，貴子が毎回団体の活動を利用していることを知った母親から，団体に連絡があった。「いつも娘がお世話になっています。娘が楽しそうに活動に参加している様子を聞いてどういった団体か興味もあって」とのことで，後日団体の事務所にて，筆者と母親で面談を行った。その中で母親は自身が昔，児童養護施設で生活していたことや，子育ての悩みを相談できる人がいないこと，今後も何かあれば相談したい，娘にも活動への参加を続けてほしい等の想いを話された。これまで学校には話せなかった母親の想いを，団体が貴子とのつながりを通して聴くことができたのである。これ以降，団体と母親との連絡は円滑になり，さらに一歩踏み込んだ支援として団体が運営する自立援助ホーム（義務教育終了後，家庭で暮らせない子どもたちを預かり，自立支援を行う場所）で月に1〜2回，1泊2日のショートステイ（子育て支援短期利用事業）として貴子を預かることも可能となった。夜，母親の帰りが遅い貴子にとっては寂しさが紛れる場所となり，母親にとっては育児負担の軽減ができるという2つの狙いがあった。この育児負担の軽減効果は大きく，母親は早く帰れる日は夕食を手作りするようになり，母親自身の子育てに対する姿勢にも前向きな変化が表われた。

4）行政ではないNPO法人等の民間支援団体だからできること

その後，ショートステイの申し込みを通して母親と市の家庭児童相談室がつながり，状況把握ができたことで団体，学校，市，児童相談所が集まって要保護児童対策地域協議会の個別ケース検討会議も開催された。これにより多角的な視点による具体的な支援を行っていく仕組みができあがった。

この事例から考えると，支援のきっかけは，学校から相談を受けた外部の地域団体と娘の貴子がつながりを持ったことであった。学校では全国的にスクールソーシャルワーカー，スクールカウンセラーの配置が進んでおり，子どもの貧困対策の推進に関する法律ではその配置数が目標値に挙げられるなど必要性の高まりからも，学校において子育てを支える仕組みが整備されはじめたのだ。

　しかし，そもそも子どもたちの学習機会の保障を主な役割とする学校からすれば，家庭の問題に対して保護者にこれらの専門職の活用をすすめること自体，抵抗感があるだろう。保護者から相談されていないから，学校側から子育ての悩みや家庭の問題に介入しづらいというのは，筆者が関わる学校関係者の多くから聞こえる声である。そこで，家庭，学校以外の第三の居場所に期待が寄せられることになるのだ。

　この事例では，民間支援団体（以下，民間）だからこそ貴子や母親と関係が持てたことや，活動の利用条件や事前の予約が不要，費用がかからず子どもだけで気軽に飛び込み参加ができるといった利用のハードルの低さに象徴される学校や行政以外の民間の強みを活かしながら支援につなげられることが重要なのである。そして，最も大切なことは学校，行政，民間が円滑な連携を取り合い，それぞれの立場の強みを活かして，能動的に地域の子育て家庭を支えていくことであることを強調しておきたい。

（5）「子どもの貧困」解決に向けた取り組み，そして今後の課題

1）解決に向けた取り組み

　今後の国や各自治体の政策としては，子どもの貧困対策推進計画を全市町村において作成，これに基づき市町村とNPO法人等の民間が連携して計画的な取り組みを整備していくことが重要である。

　また，どこに住んでいる人でもこども食堂を利用できるよう，各小学校区に1カ所等，明確な基準に沿った配置数の拡大と，その配置に合わせた支援制度，取り組みも必須である。

　学習支援においても，利益優先にならないよう支援の質を担保した上で配置数の拡大が求められる。また，学力の向上だけを目的とせず子どもたちと支援者の関係性を重視した取り組みが，各団体同士の情報交換や実施団体を対象とした研修などで共有され広がっていくことが大切なのである。

2）貧困家庭の子どもへの支援における今後の課題

　これまでみてきたように，貧困家庭の子どもたちやその家庭に対する支援において重要なことは「どうやってつながるか」である。はじめから「困っていることがあれば相談して下さい」というだけでは，本当に困っている家庭ほど

相談ができないであろうことは，筆者の経験からも強く感じることだ。

　相談から始まる関係ではなく，活動を通した家庭とのつながり方は，子どもにとってもその保護者にとっても心理的負担が少ないことは事例からもわかる。児童虐待が起きた後に，関係者のその後の支援として見守りを続けるという関わり方を聞くことがあるが，効果的な見守りとは，この事例のように活動を通して子どもや保護者と緩くつながっておくことではないだろうか。このように，予防的につながることで，本当に困った時の相談相手として選ばれやすくなる要因となるのである。

　最後に，こども食堂や学習支援という場は，貧困家庭の子どもたちやその家庭とつながるためには非常に洗練された方法であることを再確認し，今後も効果的な支援が広がっていくことに期待したい。

9　外国人の子どもとその家庭への支援

（1）日本における外国人の子どもと家庭の現状

1）外国人の子どもとは

　日本で生活する外国籍等の子どもの状況を個別にみると，多様な事情や背景があり，生まれや国籍のみを示す言葉では対応できないことがある。例えば，国籍をとってみても，日本に来た外国籍の子ども，外国籍だが日本で生まれ育った子ども，帰化して日本国籍を取得した子ども，保護者のいずれかが日本人で日本国籍を持っている子ども，日本国籍だが海外で長期滞在し来日する子ども，二重国籍の子ども，無国籍の子ども，と多様であることがわかる。また，子どもが使う言葉についても，日本国籍を持っていても日本語が話せないことや，ある国の国籍を持っていてもその国の言葉が話せないということや，ダブル・リミテッド（2カ国語が話せるがどちらの言語も十分に発達していない状態）もある。このため「外国にルーツを持つ子ども」「外国につながる子ども」等という用語を用いることもある。

　本節では，簡易的に「外国人の子ども」という表記を用いるが，このような背景があることをまず押さえておきたい。

2）日本における外国人と子どもの現状

　法務省の在留外国人統計によれば，2022（令和4）年末の日本における在留外国人数（中長期在留者数と特別永住者数とを合わせた数）は307万人である。307万人の在留外国人数のうち，20歳未満の者は36万3,000人であり，在留外国人の1割を占めることがわかる。国別にみると，中国11万1,137人，ブラジル4万4,379人，フィリピン3万7,161人，韓国2万6,850人，ベトナム40,067人である。また，統計上無国籍の子どもの人数は136人である。ただし前項で記したように，これ以外にも「外国につながる」子どもたちはいる。日本国籍を持っている子どもや無届の子どもや「非正規滞在者」の子どもたちは，在留外国人数としての統計には上がってこないが，日本に存在している。

3）日本における外国人と子どもの状況

　もともと日本には，戦前より多くの韓国・朝鮮人や中国人が生活をしていた。その後，国際的な人口流動に伴い，次第に東南アジアや中東や南米からの，いわゆる「ニューカマー」といわれる人々が日本社会にも多く見られるようになった。1980年代後半より，オールドカマー（従前から日本にいる外国人）の数が減少する一方，ニューカマーの数は増加した。このように日本で外国人が増加した背景には，1990（平成2）年に出入国管理及び難民認定法が改正されたことや，日系ブラジル人やペルー人を定住者として受け入れたこと，1993（平成5）年に外国人研修・技能実習制度が開始したこと，などが挙げられる。いずれも日本の経済状況に基づく外国人労働者の受け入れによるものである。

　当初，外国人労働者は，男性単身者の「デカセギ」が多かったが，来日を繰り返したり滞在期間が長期化したりする中で，夫婦での来日や家族の呼び寄せ，子どもの帯同や出生，というケースも増えてきた。地域によっては，3世，4世という子どもの誕生も確認されている。外国人の定住化とともに，保護者と来日したり日本で出生したりという外国につながりのある子どもも増加している。

　しかし，2008（平成20）年以降の世界金融危機と経済不況は日本にも大きく影響し，主として製造業等で派遣・請負等の雇用形態で雇用されていたブラジルやペルー等の日系外国人は，失業や転職を余儀なくされた。その後も厳しい経済状況の下，日本での生活を断念し相当数が帰国した。また，2011（平成23）

年の東日本大震災の影響も大きかった。在留外国人数が2008（平成20）年まで上昇しながらも、ブラジル・ペルーを中心として一旦減少するのはこのためだと考えられる。しかし、帰国する者がいる一方、日本での生活の継続を希望する者も一定数おり、その中には子どもも含まれる。

4）外国人の子どもと就学の問題から

そもそも日本で、外国人の子どもの問題がクローズアップされるようになったのは、不就学問題の顕在化からである。日本では外国人には就学義務が適用されない。そのため、外国人の子どもが「日本の学校で学びたい」と申し出なかったり、教育委員会や学校からの働きかけがなければ、学校に行くことがない。これは外国人の子どもたちが教育を受ける権利を享受できていない状態である。そのため、文部科学省は、2006（平成18）年に「外国人の子どもの不就学実態調査」、2009（平成21）年に「外国人の子どもの就学状況等に関する調査」を実施した。佐久間孝正は、子どもたちの不就学の背景には、人の学習意欲の欠如によるもの、両親や家族に起因するもの、いじめ等の人間関係に起因するもの、日本語指導や受け入れ態勢の不備によるもの、外国人を排除しようとする日本の教育界の閉鎖的システムという構造的な要因によるもの、同化を強要する学校文化によるものなど、多様な背景があることを明らかにしている[33]。文部科学省は、調査結果に基づき、外国人児童生徒の受入体制の包括的な整備を行う地域の支援体制モデルのあり方や不就学の外国人の子どもに対する就学促進に関する調査研究を行う「帰国・外国人児童生徒受入促進事業」を展開した。

5）日本語指導が必要な児童生徒

文部科学省では、さらに「日本語指導が必要な児童生徒の受入状況等に関する調査」を1991（平成3）年より実施している。この調査は、日系人を含む外国人の滞日が増加し、これらの外国人に同伴される子どもが増加したことを契機に始められた。これは、当時の「ニューカマー」の子どもに対する支援として、学校における「加配教員日本語指導」「国際教室の配置」に重きを置いてきたことによる。外国人の子どもが学校に登校しなくなると日本で生活する上での不利益を被ると考えるからこそ、不就学が問題となる。この調査の2021（令和3）年版によれば、日本語指導が必要な児童生徒数は、4万7,619人であ

り，母語別にみると，ポルトガル語を母語とする者が25.1％と最も多い。以下，中国語が20.9％，フィリピノ語が15.7％，スペイン語が7.8％，と続く。この児童数は調査が開始されて以降，一定の数値を保っていたが，近年は増加傾向にある。

　なお，同調査によると，日本語指導が必要な日本国籍の児童生徒は１万688人だが，この日本語指導が必要な日本国籍の児童生徒には，帰国児童生徒のほかに日本国籍を含む重国籍の場合や，保護者の国際結婚により家庭内言語が日本語以外である者なども含まれる。

６）日本における外国人の子どもに対する支援

　2008（平成20）年以降，長引く経済不況の影響で帰国する外国人も多かったが，一方で帰国しない者や永住を希望する者もいた。しかしながら，日本語能力が不十分であることなどから，失業後の再就職は難しく，生活困難な状況に置かれる者も増加した。子どもがブラジル人学校等に通っていた場合は，家庭の経済的困窮により退学となり，不就学のケースも増加した。こうした状況を受け，政府は2009（平成21）年１月に「定住外国人支援に関する当面の対策」，同年４月に「定住外国人支援に関する対策の推進について」をとりまとめた。その後，基本指針と行動計画を一本化した「日系定住外国人施策の推進について」を2014（平成26）年３月にとりまとめた。このうち「子供を大切に育てていくために」として行われる施策では「子供の就学機会を保障し，日本で生活していくために必要となる日本語や知識・技能を習得させること」や「特に，日本の公立学校に就学する日系定住外国人の子供が多数いることから，引き続き，日本語能力が十分でない児童生徒への配慮など，公立学校における受入れから卒業後の進路までの一貫した指導・支援体制の構築」を目的とし，「子供の教育に対する支援」を掲げている。

　このような施策も踏まえ，2014（平成26）年１月に「学校教育法施行規則の一部を改正する省令等の施行について（通知）」が文部科学省より通知された。これにより，学校は，日本語指導が必要な児童生徒に対して「特別の教育課程」を定めることができるようになった。それまで，各学校における子どもへの日本語指導は「たまたま外国人の子どもが在籍している」ため，その子どもに対して学校の判断に基づき，一部の教師の個人的な努力・支援によって行わ

れていた状況を考えれば，制度化されたことには意義がある。ただし制度化されたとしても，十分に対応できるものかどうかは，その学校における子どもの状況や教師の力量によって大きく異なる。

7）福祉的課題として捉え支援する必要性

　子どもにとって教育は大切なものであり，その権利を保障することは社会の責務である。しかし，注意しなければならないのは，その内容が，主として日系定住外国人を対象としていることである。また，日本の公立学校への受け入れ促進や日本語指導の充実に重点が置かれているということもある。だが，日本の外国人の様相は多様であり，その子どももまた多様である。国籍や地域の違い，文化や言語の違い，来日や在留の理由の違い，難民であるかどうか，保護者の職種や就労形態，子どもが生活する世帯の状況，その地域が外国人の集住地区か散在地区か等々により「外国人の子ども」といっても，子どもと保護者の生活状況もニーズも異なる。そして，このことはもう一つ，子どもたちの日本社会への適応を求めるものとなりかねないという危険性もはらむ。

　現在の日本社会では，子どもがそこで生活し進学や就職をするためには，日本語の習得や日本の学校文化の理解が必要とされるため，日本の公立学校における日本語指導に力点を置いた支援は重要だといえる。しかし，子どもの教育の権利を保障するには，教育環境を充実させるだけではなく，子どもとその家族も支援するという視点が必要となる。外国人の子どもの不就学やドロップアウトの背景には貧困や小さなきょうだいのケア，親とのコミュニケーションの取りづらさ，アイデンティティ葛藤などもある。このような多様な課題を抱える子どもたちを支援するには，教育現場における対応のみならず家族への支援や地域における支援は一層重要となる。

（2）保育所における支援と課題

1）保育所における外国人の子ども

　前項でみたとおり「外国人の子ども」に関する問題は，学校現場を中心に広がったため，2000年代後半頃まで，小学校就学前の子どもについては取り上げられることがほとんどなかった。日本保育協会が2008（平成20）年に行った「保育の国際化に関する調査研究」によれば，外国人の子どもが入所している

保育所の状況を把握しているのは，調査対象である自治体の約半数であった（103自治体のうち50自治体）。その後，厚生労働省による2019（令和元）年度に行った「保育所等における外国籍等の子ども・保護者への対応に関する調査研究事業」によれば，回答のあった団体（1,047団体）のうち約7割が「外国にルーツを持つ子どもが入園している保育所等がある」と回答している。1園における子どもの在籍数も含めて，外国人の居住する割合等，地域による違いはあるが，日本の保育所等保育施設を利用する子どもとその家庭が増えていることがわかる。これは，日本で生まれる子ども，生活する子どもの数が一定存在することからも明らかである。

2）保育所における支援と課題──子どもへの対応

2017（平成29）年3月に告示された保育所保育指針では，保育所における外国人の子どもが保育にいることを前提とした配慮事項が明記されている。具体的な項目は次の通りである。

「第2章　保育の内容　4　保育の実施に関して留意すべき事項

⑴保育全般に関わる配慮事項

　オ　子どもの国籍や文化の違いを認め，互いに尊重する心を育てるようにすること。」

「保育所保育指針解説」によれば，保育所における保育士等は，保育所で生活する子ども「それぞれの文化の多様性を尊重し，多文化共生を進めていくこと」が求められる。園生活の中で，子どもたちが互いの自国の文化や宗教や生活習慣を知り，尊重し合えるような環境づくりが大切であるという。

しかし，日々の生活における子どもへの支援はそれだけに留まらない。日本語を母語とせず，日本語がわからない子どもの場合，保育所での習慣・保育者による説明の理解は非常に難しい。友達や保育者との人間関係の構築に時間もかかることがあるため，子どもの母語や母文化，絵カードを用いるなど，子どもが安心してやり取りができる環境づくりをすることが大切になる。

一方で，子どもは，日本語を話す子どもたちと生活する中で日本語を話せるようになっていく。友達とのやり取りにおいて不自由なく話しているように見えても，言葉の発達としては十分ではないこともある。外国人の保護者の日本語の活用が不十分な場合，家庭での会話は母語を用いることになる。そうする

と，日本語も母語も十分に発達しないまま，ダブル・リミテッド状態になってしまうこともある。子どもにとっては，日本語も母語も大切な言語であることを，保育者も理解した上で，子どもの言葉の発達を支える必要がある。乳幼児期の言葉の獲得・発達は，子どもの将来の学習言語の獲得やアイデンティティの構築にもつながっていくのである。

3）保育所における支援と課題——保護者への対応

保育所保育指針では，保育所における外国人の保護者への支援については次のように明記している。

> 「第4章　子育て支援　2　保育所を利用している保護者に対する子育て支援
>
> (2)保護者の状況に配慮した個別の支援
>
> ウ　外国籍家庭など，特別な配慮を必要とする家庭の場合には，状況等に応じて個別の支援を行うよう努めること。」

このように配慮を必要とする家庭の一つとして「外国籍家庭」が示されており，問題を抱え込みやすい保護者に丁寧に関わり「社会資源を生かしながら個別の支援を行う必要がある」と記されている。

外国人の子どもと保護者の現状と背景は多様である。国，言語，宗教，文化はもちろんのこと，来日した経緯や就業状況なども，家庭によって異なる。子どもの実態を把握しながら，丁寧に支援する必要がある。特に，保育所への入所時は，保護者にとって初めて経験することが多いため，きめ細かに情報を提供するなど理解しやすいような工夫が求められる。制度のわかりづらさや提出書類の複雑さなどを解消できるよう，説明文書は多言語対応できるようにしておくとよいだろう。また，保育所での遊びや行事や食事などについての情報提示も大切である。保育所で日常的に行われていることでも，外国人の保護者が想定していなかったり，文化的背景から理解が難しかったりすることがある。また，子どもが成長し小学校へ入学する年齢が近づいてきたら，就学手続きについての説明をし，入学希望（予定）の小学校と連絡を取るなどの支援も行うことになるだろう。

私たちは「外国人＝日本語がわからない」という前提で，外国人を支援する際，とにかく言語的サポート（翻訳や通訳など）を中心的に考えてしまうが，支

援の基本は当事者との信頼関係の構築である。言葉がわからずとも，相手を理解しようとする姿勢や，子どもと家庭の文化や習慣を尊重しようとする態度が，保育者には求められる。保育者が一方的に「保育所でのルールに従って」と通訳者を介して伝えても，その必要性は当事者には通じないだろう。

筆者が調査をした，外国人の子どもがいる保育所では，次のような状況であった。子どもが日本の言葉や文化を習得することや，保育所内での文化の多様性を尊重するということ，日本語の通じない保護者とのコミュニケーションをどう取るかということだけが課題ではなかった。子どもの成長や発達をどう保障するか，そのために保護者の置かれている生活環境を鑑みた上で，保護者に何をどのように伝えるかということを常に考えていた。そして，子どもの母語や母文化を家庭内で保持する機会が持てればということも，保育所は願っていた。だが，朝早くから夜遅くまで延長保育を利用し働き続ける保護者にとって，そのような時間を確保することは容易ではない。そして，子どもが保育所に入所するのは小学校就学までである。この保育所では，小学校に就学したきょうだいの様子や，地域の青年が学校に行かずドロップアウトしている様子を見るにつれ，目の前の子どもにとって必要な支援とは何かということを考えていたのである。

（3）社会的養護における支援と課題

1）社会的養護における外国人の子ども

「中日新聞」（2019年4月1日付）によれば，中部地方の児童養護施設に外国籍か無国籍の子どもが87人入所しているとのことであった。また，石井香世子と小豆澤史絵の調査によれば，回答のあった児童養護施設のうち約4分の1に無国籍の子どもがいたことがわかっている。全国的な状況は十分に把握されていないため，今後の調査が必要である。

筆者が乳児院・児童養護施設・児童相談所に聞き取り調査を行った結果をもとに，支援の実際を紹介する。地域の実情や子どもと家庭の状況に応じて，入所実態は異なるが，数年に1～2人や，毎年1～2人，外国人の子どもがいるかいないかというケースが多かった。施設が設置されている場所は，もともと外国人が多い地域もあれば，散在して生活しているところもあった。入所する

子どもと家庭の状況は，保護者がいなくなった，とにかく生活することができない，家庭で養育をすることができない，等，社会的養護を必要とする個別具体的な事情を抱えているものであった。

「児童養護施設等における外国籍等の子ども・保護者への対応等に関する調査研究報告書」（みずほ情報総研，2021年）では，児童養護施設等における外国人の子どもや保護者の人数や環境の把握と抱える課題，支援上の課題や取り組み内容などの実態把握に努めており，その内容は筆者の調査結果とも近いものである。

2）社会的養護における支援の実際

児童養護施設では，子どもの生活をとにかく維持するために，生存や発達の保障，生活保障をしていた。施設に入所することができれば生活することはできる。乳児院や児童養護施設では，外国人の子どもも日本人の子どもも等しく，必要とされる日常生活支援が行われている。施設に来ている他の子どもと同じように支援が必要な子どもであって，たまたまその子どもに付随する課題が外国とのつながりであり，他の子どもは別の課題を抱えている。子どもたちすべてに対しての支援が行われているのである。

しかし，子どもの保護者と連絡を取ろうと思ってもそれが困難な状況になると，入所が長くなる傾向にあった。保護者が亡くなる，保護者が帰国したまま連絡が取れなくなるなど，保護者の状況も変わることもあった。このほか，個別かつ具体的なケースをみていくと「措置した時には在留資格があると思っていたが，実はないことがあとからわかった」「出生届が出されないまま乳児院にやってきた」「施設の入所中に保護者が死亡したため，本国にいる親戚と連絡を取ろうとしても取れない」「保護者や親戚に連絡を取ったが言葉が通じないのでどうにもならない」というようなものがあった。

児童相談所と緊密に連携を取りながら対応している施設もある一方で，措置決定の過程で施設側に十分な情報が入ってこないため，保護者の在留資格や国籍等も含めて十分情報を得られないから「とにかく子どもだけ何とかしなくては」といって対応している施設もあった。

3）退所や自立における支援，保護者の支援

退所や自立の場面になると，外国人の子どもであるがゆえの多様な課題が浮

かび上がってくる。例えば「退所後，どこでどのように生活をするのか？」「日本で生活する際に利用できる制度は？」「教育・就職の機会をどのように設定するか？」「保護者や親族との関係をどうするのか？」「家族間でのコミュニケーションツールとしての言語，その習得と維持（機会／環境の保障）をどうするのか？」というようなものである。これらは，子どもが児童養護施設を退所し自立をするとなった途端に直面するものであり，その後の人生にも大きく影響をする。児童養護施設退所後の自立支援は日本人の子どもであっても十分に検討すべき課題が今なおあるが，外国人の子どもの場合は，より一層の困難を抱えるといえる。

　また，日本にいる保護者は，異国で生活をしていることによる孤立感を抱えている。子どもと違って言葉をすぐ習得することができず，周囲の人々と会話をすることができなかったり，保護者自身が就労に問題を抱えていたり，DVを受けていることもある。保護者の支援（心理的ケア）は丁寧に行う必要がある。さらに家族を再統合しようという時の難しさも考えられる（日本で生活をするのか帰国するのかなどもある）。

　当事者が日本で生活するにあたっては，社会資源の活用が必要不可欠である。社会資源には，医療保険や社会福祉制度，教育や労働に関することなど，様々なものがあり，地域によっては多様な文化的背景を持つ人も活用できるよう，多言語化されていたり通訳者が配置されていたり等の工夫がされているものもある。しかし，それでもなおすべての人が十分に使えるとは限らない。日本社会福祉士会は，その理由として，資源に辿り着くまでのアクセスの困難さ，日本の制度に関する情報が少ない（理解が難しい）こと，当事者が抱える不安，を挙げている。特に，当事者が抱える不安は，サービスを利用する際の費用の高さに躊躇することや，非正規滞在ゆえの在留資格の問題が浮上し拘留されたり強制送還されたりするのではないかという恐れ，などがある。心理的・社会的問題として当事者が問題を抱えやすく，その結果，公的なサービスを利用することへの不安も抱えやすいことを十分に理解する必要があるだろう。

（4）外国人の子どもと社会的排除

1）外国人の子どもと社会的排除

　宮島喬によると，外国人の子どもの問題を整理して「出稼ぎ型」と「異国籍結婚型」と「ひとり親型」とに分けることができるという[38]。「出稼ぎ型」の多くは，ブラジル，ペルーを中心とした子ども。「異国籍結婚型」の多くは，日本の配偶者とフィリピン女性とその子ども。そこから派生して「ひとり親型」になるシングルマザーと子ども。それぞれの状況において，色々なものが剥奪されているため，社会的排除の状況にあるという。

　あわせて在留資格についてみた場合「家族滞在」という資格で滞在する配偶者と子どものいる家族だと，就労が認められない，お金を稼ぐことができないということがあるため，非正規雇用者が多い上に，なおかつ経済的に困窮した状況になることがある。

　保育所を利用する子どもの保護者も朝早くから夜遅くまで働いている場合が多い。ほとんど家族で一緒に過ごす時間が持てない。これは，家族の関係性が貧困状態にもあるともいえる。子どもが，安定した場を持つことができない，親と話をすることができない状況は，子どもがアイデンティティを構築するにあたり困難を抱えやすくなる。宮島は，このようなことを経て，後に日本の学校教育への参加も難しくなり排除されてしまうこと，結果的に日本で進学することが難しくなり，ドロップアウトしていくことを指摘している。

2）外国人の母子保健の対象者

　外国人の子どもへの支援を考えるにあたっては，母子保健についても注目しておく必要がある。李節子は，外国人の母子保健・医療の現場における対象者を，「従来からの韓国・朝鮮・中国などの出身者，いわゆるオールドカマー」「比較的最近来日したニューカマー」「いわゆる欧米人」「オーバーステイ」の４つにまとめている[39]。

　中でも，オーバーステイの子どもと妊産婦は特にハイリスクであると指摘している。非正規の滞在，不法に入国している状況では，必要な保健・医療・福祉が受けづらくなるからである。オーバーステイの外国人が公的な所に行くと，その時点で「あなたはなぜここにいるのですか」と問われてしまうので，病院等に行くことができなくなる。あるいは，人身取引の結果，日本にやって来た

り，エンターテイナーとして来たが，違う仕事をあっせんされたという人もいる。また，その後，日本で永住したいと思って日本の男性と結婚したが，DVの被害を受けたり，その相手がいなくなってしまったということもある。あるいは，STD（性感染症）の感染率が高かったり，妊婦健診の受診率が低かったり，医療費の未払いのようなこともある。

このようなことから，オーバーステイの子どもと妊産婦が抱えているリスクが非常に高くなり，結果，無国籍の子どもや認知されない子どもが増えることにもつながる。そして，適切な保健医療サービスを受けることができなかったり，教育を受けられなかったりする。つまり，家庭の中でネグレクト，虐待を受けていても支援を受けることができない，不可視の状態のまま，さらに不可視の状況に置かれていくということが出てくるともいえる。

3）子どもの育ちを考えるために

子どもの育ちを考えていこうと思う時，これら社会から排除された子どもの問題を忘れてはいけない。これらの事柄は，家族を場として起きていることである。家族を場とした社会問題だからこそ当事者となりやすいのは誰なのかといえば，家族の中の一番弱い者，子どもだろう。しかし，それは単にその家族だけの問題ではない。貧困，DV，虐待，無国籍児童，非正規滞在，出生届未届等という問題は，各家族の個別の問題ではないという視点で，私たちは見ていかなければならない。日本の家族に内包される問題が，外国人の子どもという最も社会のひずみによる影響を受けやすい人たちのところで表出した結果ともいえる。マイノリティの問題として私たちは見てしまう事柄を，そうではないという視点でみることができれば，支援のあり方は変わっていくだろう。

注
(1) 児童健全育成推進財団編『健全育成論』（児童館・放課後児童クラブテキストシリーズ）』児童健全育成推進財団，2014年，6頁。
(2) 内閣府「社会意識による世論調査」2008年（2020年5月15日アクセス）。
(3) こども未来財団「特集こども未来財団が調査子育てに関する意識」『こども未来』406，2005年，6-15頁。
(4) こども未来財団「特集こども未来財団が調査子育てに関する意識」『こども未来』431，2007年，6-15頁。

⑸　柏女霊峰『子育て支援と保育者の役割』フレーベル館，2003年，28-29頁。

⑹　こども家庭庁「子育て援助活動支援事業（ファミリー・サポート・センター事業）の概要」（2023年8月9日アクセス）。

⑺　厚生労働省HP「11月は「乳幼児突然死症候群（SIDS）」の対策強化月間です——睡眠中の赤ちゃんの死亡を減らしましょう」（https://www.mhlw.go.jp/stf/houdou/0000181942_00007.html，2023年8月17日アクセス）。

⑻　野沢慎司「ステップファミリーは『家族』なのか」『家族療法研究』33⑵，2016年，179頁。

⑼　経済協力開発機構（Organisation for Economic Co-operation and Development）。国際経済全般について協議するだけでなく，社会・環境等の諸課題に取り組み，各国政府の取り組みを支援している。欧州諸国，米国，日本などを含む34カ国の先進諸国によって構成されている。

⑽　夜間保育を実施する認可保育所約60園が加盟する全国団体。夜間保育の利用児・者の実態について，大学研究者と1998（平成10）年から15年以上に及ぶコホート研究（追跡調査）等を行っている。

⑾　児童虐待の防止等に関する法律により規定。

⑿　厚生労働省「児童虐待相談の対応件数推移（令和3年度）」。

⒀　友田明美著『子どもの脳を傷つける親たち』NHK出版，2018年。

⒁　自分の判断基準を周りの状況だけ見て決めてしまい，お互いの状況を見失うこと。

⒂　配偶者等の暴力から避難できる公的機関やNPO団体が設置している避難所。一般的に場所などは公表されていない。

⒃　厚生労働省「子ども虐待による死亡事例等の検証結果等にについて（第17次報告）」。

⒄　同前。

⒅　産後直後の生まれたての乳児。

⒆　厚生労働省子ども家庭局家庭福祉課「社会的養育推進に向けて」2022年，11頁。

⒇　同前。

㉑　同前資料，12頁。

㉒　東京都児童福祉審議会「資料3-2虐待相談の対応の流れ」（第1回専門部会）2019年（https://www.city.minato.tokyo.jp/kouhou/kuse/koho/minato2019/documents/20190125_tokusyu.pdf），厚生労働省子ども家庭局家庭福祉課『社会的養育推進に向けて』2022年，8頁。

㉓　前掲⒆，5・9頁。

㉔　厚生労働省「体罰等によらない子育ての推進に関する検討会」2020年，5頁。

㉕　「包摂」を意味し，これまで必ずしも十分に社会参加できるような環境になかっ

た障害者等を社会に包摂し，彼らが積極的に参加・貢献していくことができる社会を目指す理念である。

(26)　基本的に塀や鉄格子を設けた閉鎖施設に収容する少年院とは異なり，子どもの自律を信頼して一定の枠は設けながらも開放的な環境の下で支援を行う施設形態のことをいう。

(27)　反社会的，反抗的，攻撃的な非行行為を繰り返す精神医学的障害の一種。年齢相応に必要な社会的規範や規則から著しく逸脱しており，引き起こす原因としては，脳の障害，人格発達の歪み，家庭環境や社会的環境，被虐待の影響などがある。

(28)　世帯の年間手取り収入を世帯人員で調整したもの。

(29)　山本和人・大野清恵「子ども会および育成会活動の課題とその活動支援」『国立オリンピック記念青少年総合センター研究紀要』7，2007年，233-244頁。

(30)　田村光子「子どもの居場所の機能の検討」『植草学園短期大学研究紀要』17，2016年，31-42頁。

(31)　学校教育法第19条において，経済的理由により就学困難と認められる世帯，生徒の保護者に対し学用品費等を市町村が補助する制度。

(32)　その国の国籍を持たない外国人が，国籍の取得を申請し国が許可を与えること。日本での帰化が許可されるための最低条件などは国籍法に定められている。

(33)　佐久間孝正『外国人の子どもの不就学——異文化に開かれた教育とは』勁草書房，2006年。

(34)　松島京・吉田晃高・松浦崇「外国につながりのある子どもと保護者を支援する保育所が抱える課題」『近大姫路大学教育学部紀要』6，2014年，75-81頁。

(35)　石井香世子・小豆澤史絵『外国につながる子どもと無国籍』明石書店，2019年。

(36)　松島京「社会学からの政策研究へのアプローチ——児童福祉施設における外国人の子どもの支援に関する調査研究から」『医療福祉政策研究』2(1)，2019年，27-36頁。

(37)　社団法人日本社会福祉士会編『滞日外国人支援の実践事例から学ぶ多文化ソーシャルワーク』中央法規出版，2012年。

(38)　宮島喬『外国人の子どもの教育——就学の現状と教育を受ける権利』東京大学出版会，2014年。

(39)　李節子「在日外国人の母子保健総論」『小児科診療』76(6)，2013年，909-917頁。

参考文献

・第1節

厚生労働統計協会『国民の福祉と介護の動向2021/2022』奥村印刷，2021年。

全国保育団体連絡会／保育研究所編『保育白書 2021年版』ちいさいなかま社，2021

　年。

松本園子・堀口美智子・森和子『子どもと家庭の福祉を学ぶ 改訂版』ななみ書房，
　2018年。

・第2節

厚生労働省「SIDS 対策強化月間　睡眠中の赤ちゃんの死亡を減らしましょう」2021
　年。

厚生労働統計協会編『国民衛生の動向 2020/2021』厚生労働統計協会，2020年。

「子ども家庭支援論」編集委員会編『子ども家庭支援論』みらい，2019年。

櫻井奈津子『保育と児童家庭福祉 第2版』みらい，2016年。

棚瀬一代『離婚で壊れる子どもたち――心理臨床家からの警告』光文社，2015年。

野沢慎司「ステップファミリーは『家族』なのか」『家族療法研究』33(2)，2016年。

・第3節

厚生労働省「地域における保育所・保育士等の在り方に関する検討会取りまとめ」
　2021年。

厚生労働省「働く女性の実情」各年版。

全国保育団体連絡会・保育研究所編『保育白書』各年版，ちいさいなかま社。

全国夜間保育連盟監修，櫻井慶一編著『夜間保育と子どもたち――30年のあゆみ』北
　大路書房，2014年。

総務省統計局「労働力調査年報」各年版。

内閣府男女共同参画局調査課「男女共同参画社会に関する世論調査」各年版。

ヘックマン，ジェームズ・J／古草秀子訳『幼児教育の経済学』東洋経済新報社，
　2015年。

OECD 編著／星三和子ほか訳『OECD 保育白書』明石書店，2011年。

OECD 編著／秋田喜代美ほか訳『OECD 保育の質向上白書』明石書店，2019年。

・第5節

厚生労働省「社会的養育推進に向けて」2022年。

広報みなと「港区子ども家庭総合支援センター特集号」2021年。

厚生労働省「平成30年度福祉行政報告例」2018年。

・第6節

厚生労働省「今後の障害児支援の在り方について（報告書）――『発達支援』が必要
　な子どもの支援はどうあるべきか」2014年。

厚生労働省「障害児支援について」2015年。

厚生省大臣官房統計情報部編『WHO 国際障害分類試案（仮訳）』厚生統計協会，
　1984年。

世界保健機関（WHO）・障害者福祉研究会編『ICF 国際生活機能分類――国際障害

　分類改訂版』中央法規出版，2002年。

全国社会福祉協議会「障害福祉サービスの利用について」2018年。

内閣府『令和 4 年版 障害者白書』勝美印刷，2022年。

・第 7 節

相澤仁編集代表，野田正人編『施設における子どもの非行臨床——児童自立支援事業
　概論』（やさしくわかる社会的養護シリーズ⑦）明石書店，2014年。

岩田美香「社会的養護における『家庭的』支援の検討——児童自立支援施設からの考
　察 2015年度調査報告書」法政大学現代福祉学部，2016年。

岩田美香「社会的養護における『家庭的』支援の検討——児童自立支援施設からの考
　察 2016年度調査報告書」法政大学現代福祉学部，2017年。

厚生労働省子ども家庭局「児童養護施設入所児童等調査結果の概要」2020年。

厚生労働省「社会的養護の課題と将来像の実現に向けて」2014年。

全国児童自立支援施設協議会 HP（http://zenjikyo.org）。

谷昌恒『教育力の原点——家庭学校と少年たち』岩波書店，1996年。

留岡清男『教育農場五十年』岩波書店，1964年。

留岡幸助『留岡幸助——自叙／家庭学校』日本図書センター，1999年。

法務省 HP（https://www.moj.go.jp/kyousei1/kyousei_kyouse04.html，2022年 9 月
　29日アクセス）。

森丈弓「司法・矯正分野におけるプログラム評価と効果検証」『刑政』127(6)，2016
　年，44-89頁。

・第 8 節

山本和人・大野清恵「子ども会および育成会活動の課題とその活動支援」『国立オリ
　ンピック記念青少年総合センター研究紀要』7，2007年，233-244頁。

田村光子「子どもの居場所の機能の検討」『植草学園短期大学研究紀要』17，2016年，
　31-42頁。

・第 9 節

荒牧重人・榎井縁・江原裕美・小島祥美・志水宏吉・南野奈津子・宮島喬・山野良一
　編『外国人の子ども白書——権利・貧困・教育・文化・国籍と共生の視点から 第
　2 版』明石書店，2022年。

咲間まり子編『多文化保育・教育論』みらい，2014年。

宮島喬・鈴木江理子『新版 外国人労働者受け入れを問う』岩波書店，2019年。

<table>
<tr><td>第5章</td><td>子ども家庭福祉の動向と展望</td></tr>
</table>

1 次世代育成支援と子ども家庭福祉の推進

(1) 次世代育成支援とは

　次世代育成支援は、「次世代育成支援に関する当面の取組方針」（少子化対策推進関係閣僚会議，2003年）において「家庭や地域の子育て力低下に対応して，次世代を担う子どもを育成する家庭を社会全体で支援すること」と定義されている。

　この定義からわかることは、主に2つある。1つは対象に関することである。保育を必要とする家庭など対象を限定しておらず、すべての子育て家庭を対象としていることである。もう1つは、支援の主体に関することである。こちらも、国や地方自治体が支援するというように限定していない。社会全体ですべての子育て家庭を支援するとしている。

　次世代育成支援は、「2002年秋の厚生労働省の少子化社会対策を考える懇談会報告書で『社会保障などにおいて次世代を支援する』として初めて用いられた用語であり、少子化、子育て対策推進のための新しい概念[1]」である。

　また、その概念には「従来の仕事と子育て支援の両立支援に加えて、男性を含めた働き方の見直し、地域における子育て支援、社会保障における次世代支援、子どもの社会性の向上や自立の促進のための取り組み[2]」を含んでいる。

　次世代育成支援は、子育て支援の流れの一環で生み出された概念であるため、次項では子育て支援施策の展開についてみていく。

（2）子育て支援施策の展開

1）子育て支援施策の始まり——エンゼルプラン・新エンゼルプラン

① エンゼルプラン

1990（平成2）年の「1.57ショック」が契機となり，政府によって出生率の低下と子どもの数が減少傾向にあることが問題と認識されたことにより，日本における子育て支援の取り組みが始まることになった。「1.57ショック」とは，1989（平成元）年の合計特殊出生率が1.57と，特殊要因（「ひのえうま」）により過去最低であった1966（昭和41）年の合計特殊出生率1.58を下回ったことがわかった際のインパクトを指す。その日本における本格的な取り組みとして，1994（平成6）年に，当時の文部・厚生・労働・建設の4大臣合意で策定された「今後の子育て支援のための施策の基本的方向について」（通称：エンゼルプラン）が挙げられる。

エンゼルプランでは，5つの基本的方向と7つの重点施策が示された。⁽³⁾5つの基本的方向とは「子育てと仕事の両立支援の推進」「家庭における子育て支援」「子育てのための住宅および生活環境の整備」「ゆとりある教育の実現と健全育成の推進」「子育てコストの削減」であり，7つの重点施策とは「仕事と育児との両立のための雇用環境の整備」「多様な保育サービスの充実」「安心して子どもを生み育てることができる母子保健医療体制の充実」「住宅及び生活環境の整備」「ゆとりある学校教育の推進と学校外活動・家庭教育の充実」「子育てに伴う経済的負担の軽減」「子育て支援のための基盤整備」である。エンゼルプランの具体化として，大蔵・厚生・自治の3大臣合意により「緊急保育対策等5か年事業」が策定された。

この「緊急保育対策等5か年事業」において，保育の量的拡大や，延長保育などの多様な保育の充実，地域子育て支援センターの整備などを図るために数値目標が設定され，1995（平成7）〜1999（平成11）年度という5年間で計画的に推進することとされた。例えば地域子育て支援センターは1994（平成6）年において全国で118カ所であったが，「緊急保育対策等5か年事業」では1999（平成11）年に3,000カ所という数値目標が設定された。また，放課後児童健全育成事業については1994（平成6）年において全国で5,313カ所であったが，1999（平成11）年に9,000カ所という数値目標が設定された。その他にも，乳幼

児健康支援一時預かり，低年齢児（0〜2歳児）受け入れ枠，延長保育，一時保育等についても数値目標が設定された。[4]

② 新エンゼルプラン

1999（平成11）年の少子化対策推進関係閣僚会議において，「少子化対策推進基本方針」が決定された。この方針に基づいて，当時の大蔵・文部・厚生・労働・建設・自治の6大臣合意によって「重点的に推進すべき少子化対策の具体的実施計画について」（通称：新エンゼルプラン）が策定された。この新エンゼルプランは，従来のエンゼルプランと「緊急保育対策等5か年事業」を見直したものであり，2000（平成12）〜2004（平成16）年度まで5か年の計画であった。

新エンゼルプランでは，次の8つの施策目標が示された。すなわち「保育サービス等子育て支援サービスの充実」「仕事と子育ての両立のための雇用環境の整備」「働き方についての固定的な性別役割分業や職場優先の企業風土の是正」「母子保健医療体制の整備」「地域で子どもを育てる教育環境の整備」「子どもたちがのびのび育つ教育環境の実現」「教育に伴う経済的負担の軽減」「住まいづくりやまちづくりによる子育ての支援」の8つである。

その8つの施策目標のうちの「保育サービス等子育て支援サービスの充実」については，「低年齢児の受入れの拡大」「多様な需要に応える保育サービスの推進」「在宅児も含めた子育て支援の推進」の3つに区分され，数値目標が設定された。例えば「在宅児も含めた子育て支援の推進」については，1999（平成11）年の実績値が9000カ所であった放課後児童クラブを，2005（平成16）年には1万1,500カ所に拡大するという数値目標が設定された。[5] 新エンゼルプランの8つの施策目標においては，「保育サービス等子育て支援サービスの充実」以外にも，「仕事と子育ての両立のための雇用環境の整備」「母子保健医療体制の整備」「地域で子どもを育てる教育環境の整備」等でも数値目標が設定された（図5-1）。

2）次世代育成支援施策の登場

新エンゼルプラン等で少子化対策が実施されてきたが，少子化に歯止めをかけることはできなかった。少子化は今後一層進展すると予測される中，少子化の流れを変えるためには，従来の取り組みに加え，もう一段の少子化対策を講じていく必要があるとされ，厚生労働省より2002（平成14）年に「少子化対策

図5-1　少子化対策・子育て支援のこれまでの取り組み

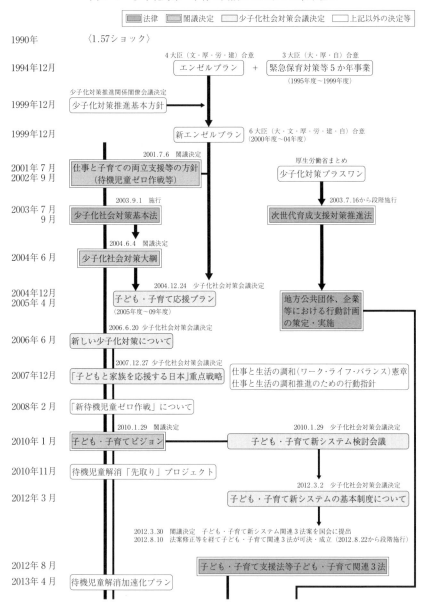

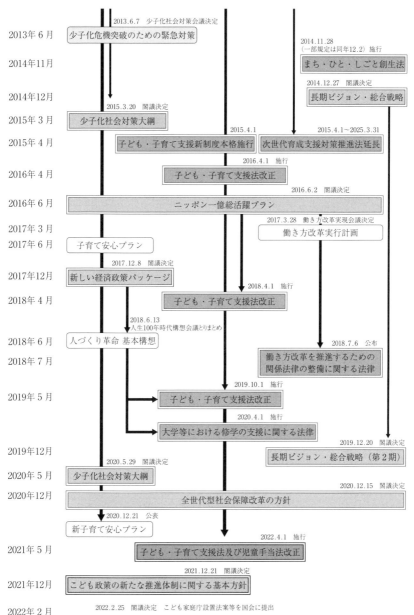

2013年 6 月	2013.6.7　少子化社会対策会議決定 少子化危機突破のための緊急対策
2014年11月	2014.11.28 （一部規定は同年12.2）施行 まち・ひと・しごと創生法
2014年12月	2014.12.27　閣議決定 長期ビジョン・総合戦略
2015年 3 月	2015.3.20　閣議決定 少子化社会対策大綱
2015年 4 月	2015.4.1 子ども・子育て支援新制度本格施行　次世代育成支援対策推進法延長　2015.4.1〜2025.3.31
2016年 4 月	2016.4.1　施行 子ども・子育て支援法改正
2016年 6 月	2016.6.2　閣議決定 ニッポン一億総活躍プラン
2017年 3 月	2017.3.28　働き方改革実現会議決定 働き方改革実行計画
2017年 6 月	子育て安心プラン
2017年12月	2017.12.8　閣議決定 新しい経済政策パッケージ
2018年 4 月	2018.4.1　施行 子ども・子育て支援法改正
2018年 6 月	2018.6.13 人生100年時代構想会議とりまとめ 人づくり革命 基本構想
2018年 7 月	2018.7.6　公布 働き方改革を推進するための 関係法律の整備に関する法律
2019年 5 月	2019.10.1　施行 子ども・子育て支援法改正 2020.4.1　施行 大学等における修学の支援に関する法律
2019年12月	2019.12.20　閣議決定 長期ビジョン・総合戦略（第 2 期）
2020年 5 月	2020.5.29　閣議決定 少子化社会対策大綱
2020年12月	2020.12.15　閣議決定 全世代型社会保障改革の方針 2020.12.21　公表 新子育て安心プラン
2021年 5 月	2022.4.1　施行 子ども・子育て支援法及び児童手当法改正
2021年12月	2021.12.21　閣議決定 こども政策の新たな推進体制に関する基本方針
2022年 2 月	2022.2.25　閣議決定　こども家庭庁設置法案等を国会に提出

出所：内閣府編『少子化社会対策白書 令和 4 年版』2022年，48-49頁。

プラスワン」が打ち出された。

「少子化対策プラスワン」では，従来の対策の中心であった「子育てと仕事の両立支援」に加え，「男性を含めた働き方の見直し」「地域における子育て支援」などといった４つの柱に沿った対策を，社会全体が一体となって総合的に進め，なおかつ国・地方公共団体・企業等の様々な主体が計画的に推進することとされた。また育児休業取得率（男性10％，女性80％），子どもの看護休暇制度の普及率（25％），小学校就学の始期までの勤務時間短縮等の措置の普及率（25％）といった具体的な数値目標も設定された⁽⁶⁾。そして，「対策を進める際の留意点」として，「少子化社会を考える懇談会」中間取りまとめ（2002年９月）において挙げられた次の３つに留意することとされた。すなわち「子どもの数だけを問題にするのではなく，子どもが心身ともに健やかに育つための支援という観点で取り組むこと」「子どもを産むか産まないかは個人の選択にゆだねるべきことであり，子どもを持つ意志のない人，子どもを産みたくても産めない人を心理的に追い詰めることになってはならないこと」「多様な形態の家庭が存在していることや，結婚するしない，子どもを持つ持たないなどといった多様な生き方があり，これらを尊重すること」という３点であった。

「少子化対策プラスワン」を踏まえ，家庭や地域の子育て力の低下に対応し，次世代を担う子どもを育成する家庭を社会全体で支援するため，2003（平成15）年３月に少子化対策推進関係閣僚会議において「次世代育成支援に関する当面の取組方針」が決定された。この方針の具体的な施策として，主に次の３つが盛り込まれた。１つ目は，働きながら子どもを育てている人のため，職場等の一層の意識改革を進め，子どもが生まれた時の父親の休暇の取得等の男性の働き方を見直すこと等である。２つ目は，子育て中のすべての家庭のために，地域における様々な子育て支援サービスの推進や，小児医療の充実，社会保障における次世代支援等である。３つ目は，次世代を育む親となるために，中・高校生が乳幼児とふれあう機会を拡充することや，家庭を築き，子どもを生み育てることの意義に関する教育・啓発の推進である。この「次世代育成支援に関する当面の取組方針」に基づいて，同年７月に次世代育成支援対策推進法が制定された。

（3）次世代育成支援対策推進法

　次世代育成支援対策推進法は，「我が国における急速な少子化の進行等を踏まえ，次代の社会を担う子どもが健やかに生まれ，かつ，育成される環境の整備を図るため」に，2005（平成17）年から2015（平成27）年までの10年間の時限立法として，2003（平成15）年に制定された。この法律は，地方公共団体及び事業主に対し，次世代育成支援のための行動計画の策定を義務づけ，10年間の集中的・計画的な取り組みを推進するものである。

　次世代育成支援対策推進法の要点は，『少子化社会白書 平成17年版』によれば，次の4点にまとめられる。すなわち，①国は，地方公共団体及び事業主が行動計画を策定するに当たって拠るべき指針を策定すること，②市町村及び都道府県は，国の行動計画策定指針に即して，地域における子育て支援，親子の健康の確保，教育環境の整備，子育て家庭に適した居住環境の確保，仕事と家庭の両立等について，目標及び目標達成のために講ずる措置の内容を記載した行動計画を策定すること，③事業主は，国の行動計画策定指針に即して，次世代育成支援対策の実施により達成しようとする目標及び目標達成のための対策等を定めた一般事業主行動計画を策定し，その旨を都道府県労働局長に届け出ること。なお，国及び地方公共団体の機関も，行動計画策定指針に即して，目標，目標達成のために講じる措置の内容等を記載した行動計画を策定し，公表すること，④事業主からの申請に基づき行動計画を定めた目標を達成したこと等の基準に適合する事業主を認定すること，である。一般事業主の行動計画を策定した旨の届出については，301人以上の労働者を雇用する事業主は義務づけ，300人以下は努力義務とされた。2008（平成20）年には法改正を行い，一般事業主行動計画の策定・公表の義務化を従業員101人以上の企業にも適用する等とされた（従業員が100人以下の企業は努力義務）。2014（平成26）年には，次世代育成支援対策推進法の期限が延長され，2025（令和7）年までとなった。

　次世代育成支援対策推進法の下，これまで一般事業主行動計画を策定した企業のうち，計画に定めた目標を達成し，一定の基準を満たした企業は，申請を行うことによって「子育てサポート企業」として，厚生労働大臣より認定されてきた（くるみん認定）。認定を受けた企業は「くるみんマーク」を使用して，子育てに優しい企業としてPRすることができる。2015（平成27）年4月から

出所：厚生労働省 HP（https://www.mhlw.go.jp/stf/seisakunitsuite/bunya/kodomo/shokuba_kosodate/kurumin/index.html, 2022年9月16日アクセス）。

は，くるみん認定を既に受け，相当程度，子育て・仕事の両立支援の制度の導入や利用が進み，高い水準の取り組みを行っている企業を評価し，さらに継続的な取り組みを促進するため，新たにプラチナくるみん認定が始まった。

　2022（令和4）年4月には，くるみん認定・プラチナくるみん認定の認定基準が改正され，また新たな認定制度「トライくるみん」が創設された（図5-2）。くるみんの認定基準の改正について一例を挙げると，これまで男性の育児休業等取得率7％以上としてきた基準を10％以上と変更したことである。プラチナくるみんの認定基準の改正について一例を挙げると，これまで男性の育児休業等取得率13％以上としてきた基準を30％以上と変更したことである。トライくるみん認定の認定基準は2021（令和3）年度までのくるみん認定の基準と同じである。一例を挙げると，男性の育児休業等取得率7％以上という基準である。

（4）次世代育成支援の課題と子ども家庭福祉の理念

　次世代育成支援の概念に含まれる「子育てと仕事の両立支援」「男性を含めた働き方の見直し」であるが，男性の育児休業の現状をみると，望ましいレベルにはまだ達していないといえる。現に，「令和3年度雇用均等基本調査」（厚生労働省）によれば，男性の育児休業取得者の割合は13.9％であり，女性の育児休業取得者の割合である85.1％と比べると，やはり低いといわざるを得ない。

　次世代育成支援の概念には「地域における子育て支援」等も含まれるが，そこにも課題はある（「地域における子育て支援」の課題の詳細は，本書第4章1節を

参照)。

　上記のように現在においても課題は山積している。日本における少子化対策・次世代育成支援対策は図5-1にみるように様々講じられてきたが，いまだ有効的な手段とはなってこなかったのである[8]。

　今後も対策は講じられるであろうが，子ども家庭福祉の理念である「子どもと家庭のウェルビーイング」をいつでも念頭に置かねばならないといえるだろう。このウェルビーイングとは「生存権や社会権が保障されていることを前提に，『個人の権利と自己実現が保障され，身体的・精神的・社会的に良好な状態を実現すること』」を意味している[9]。

　数値目標を達成すれば，対策は成功であると捉えられる傾向にあるが，仮に数値目標を達成したとしても，それは当事者にとって望ましい対策であったかを常に問い直さないといけないだろうし，対策を講ずる際には，子ども及び家庭という当事者が不在にならないように，子ども家庭福祉の理念である「子どもと家庭のウェルビーイング」を重要視する必要があることは，改めていうまでもない。

2　地域における連携・協働とネットワーク

(1)　"気がかりな親子"への支援に欠かせない関係機関の連携・協働

1)　リスクの多様化と複雑化，共同体の弱体化がもたらす親子の生きづらさ

　今日，地域社会の中で孤立したり漂流したりしている，いわゆる気がかりな親子が増えている。このような親子の背景には，必ず貧困や疾病，障がい，虐待など様々な課題や困難が存在している。しかもそれらは複雑に絡み合って，親と子の生きづらさをより深刻にしている。

　一方，血縁，地縁，社縁といった共同体の機能は著しく弱体化している。それゆえ，これまでは共同体に内在するインフォーマルな機制が相応にカバーしてきた問題までもが，地域生活課題として浮上してきている。親子が抱えるリスクの多様化や複雑化と共同体機能の弱体化によって生じている諸問題は，いずれも一人の支援者や一つの機関が解決できるものではない。抱える問題が複合的であり重篤であればあるほど，多数の関係機関による多面的で重層的な支

援が求められてくる。

　それゆえ地域コミュニティにおいてファミリーソーシャルワークを繰り広げていくにあたっては，市町村の児童福祉・母子保健担当部局を拠点に，保育所や学校，医療機関や警察，児童相談所，乳児院・児童養護施設・母子生活支援施設・児童家庭支援センターや里親・ファミリーホーム，社会福祉協議会や民生委員・児童委員等の関係機関（者）が情報を共有し合い，緊密に連携・協働していくことを基本とすべきである。加えて安全で安心な地域子ども社会を安定的に維持していくためには，福祉をはじめ，教育，保健医療，人権擁護，更生保護といった多種多様な分野を糾合するネットワークシステムを公的な社会資源として常設しておくことも必要であろう。

2）保育所や児童養護施設が緊密に連携している関係機関はどこか

　保育所における保育実践や児童養護施設における養育実践の基本的な方向性や目標，方策を明らかにしている「保育所保育指針」や「児童養護施設運営指針」では，他の機関や組織・団体等との連携のあり方について，表 5 - 1 ・ 2 のように記している。

　これらをみると，「保育所保育指針」では，市町村や小学校との連携について，また「児童養護施設運営指針」では，児童相談所との連携について，それぞれ詳細に述べられている。保育所にとっては市町村や小学校が，児童養護施設にとっては児童相談所が，最も緊密に連携すべき機関であることがわかる。またいずれの指針においても，要保護児童対策地域協議会との連携や協力等の必要性が指摘されている。

（2）関係機関をつなぎ，ネットワークを紡ぐ要保護児童対策地域協議会

1）組織機能を充実するために重ねられてきた法改正

　児童福祉法第25条の 2 には「地方公共団体は，単独で又は共同して，要保護児童の適切な保護又は要支援児童若しくは特定妊婦への適切な支援を図るため，関係機関，関係団体及び児童の福祉に関連する職務に従事する者その他の関係者により構成される要保護児童対策地域協議会を置くように努めなければならない」とある。

　そもそも要保護児童対策地域協議会は，被虐待児など要保護児童の早期発見

表 5-1　保育所と関係機関との連携・協働のあり方に関する主な事項一覧

「第 2 章　保育の内容」	
4　保育の実施に関して留意すべき事項	
（2）小学校との連携	
ア	保育所においては，保育所保育が，小学校以降の生活や学習の基盤の育成につながることに配慮し，幼児期にふさわしい生活を通じて，創造的な思考や主体的な生活態度などの基礎を培うようにすること。
イ	保育所保育において育まれた資質・能力を踏まえ，小学校教育が円滑に行われるよう，小学校教師との意見交換や合同の研究の機会などを設け，（中略）保育所保育と小学校教育との円滑な接続を図るよう努めること。
ウ	子どもに関する情報共有に関して，保育所に入所している子どもの就学に際し，市町村の支援の下に，子どもの育ちを支えるための資料が保育所から小学校へ送付されるようにすること。
（3）家庭及び地域社会との連携	
	子どもの生活の連続性を踏まえ，家庭及び地域社会と連携して保育が展開されるよう配慮すること。その際，家庭や地域の機関及び団体の協力を得て，地域の自然，高齢者や異年齢の子ども等を含む人材，行事，施設等の地域の資源を積極的に活用し，豊かな生活体験をはじめ保育内容の充実が図られるよう配慮すること。
「第 4 章　子育て支援」	
2　保育所を利用している保護者に対する子育て支援	
（2）保護者の状況に配慮した個別の支援	
イ	子どもに障害や発達上の課題が見られる場合には，市町村や関係機関と連携及び協力を図りつつ，保護者に対する個別の支援を行うよう努めること。
（3）不適切な養育等が疑われる家庭への支援	
イ	保護者に不適切な養育等が疑われる場合には，市町村や関係機関と連携し，要保護児童対策地域協議会で検討するなど適切な対応を図ること。また，虐待が疑われる場合には，速やかに市町村又は児童相談所に通告し，適切な対応を図ること。
3　地域の保護者等に対する子育て支援	
（2）地域の関係機関等との連携	
ア	市町村の支援を得て，地域の関係機関等との積極的な連携及び協働を図るとともに，子育て支援に関する地域の人材と積極的に連携を図るよう努めること。
イ	地域の要保護児童への対応など，地域の子どもを巡る諸課題に対し，要保護児童対策地域協議会など関係機関等と連携及び協力して取り組むよう努めること。

出所：「保育所保育指針」に基づき筆者作成。

表5-2　児童養護施設と関係機関との連携・協働のあり方に関する主な事項一覧

「第Ⅱ部　各論1.　養育・支援」
（5）健康と安全
②　医療機関と連携して一人一人の子どもに対する心身の健康を管理するとともに，異常がある場合は適切に対応する。
・　健康上特別な配慮を要する子どもについて，医療機関と連携するなど，子どもの心身の状況に応じて，健康状態並びに心身の状態について，定期的，継続的に，また，必要に応じて随時，把握する。
（12）継続性とアフターケア
①　措置変更又は受入れに当たり，継続性に配慮した対応を行う。
・　措置変更に当たり，引継ぎを行う施設，里親等と丁寧な連携を行う。そのために日頃より，それぞれの施設や里親の役割を十分に理解し，連絡協議会や合同研修会の開催など相互に連携に努める。
②　家庭引き取りに当たって，子どもが家庭で安定した生活が送ることができるよう家庭復帰後の支援を行う。
・　子どもが退所する地域の市町村や関係機関と連携し，退所後の生活の支援体制の構築に努める。
「第Ⅱ部　各論2.　家族への支援」
（1）家族とのつながり
①　児童相談所や家族の住む市町村と連携し，子どもと家族との関係調整を図ったり家族からの相談に応じる体制づくりを行う
・　家族との関係調整については，定例的かつ必要に応じて児童相談所と家族の状況や入所後の経過について情報を共有し，協議を行い，また，家族の所在する市町村と協議を行う。
「第Ⅱ部　各論6.　関係機関連携・地域支援」
（1）関係機関等の連携
①　施設の役割や機能を達成するために必要となる社会資源を明確にし，児童相談所など関係機関・団体の機能や連絡方法を体系的に明示し，その情報を職員間で共有する。
・　地域の社会資源に関するリストや資料を作成し，職員間で情報の共有化を図る。
②　児童相談所等の関係機関等との連携を適切に行い，定期的な連携の機会を確保し，具体的な取組や事例検討を行う。
・　子どもや家族の支援について，関係機関等と協働して取り組む体制を確立する。
・　関係機関・団体のネットワーク内での共通の課題に対し，ケース検討会や情報の共有等を行い，解決に向けて協働して具体的な取組を行う。
・　児童相談所と施設は子どもや家族の情報を相互に提供する。
・　要保護児童対策地域協議会などへ参画し，地域の課題を共有する。
③　幼稚園，小・中学校，高等学校，特別支援学校など子どもが通う学校と連携を密にする。
・　子どもに関する情報をでき得る限り共有し，協働で子どもを育てる意識を持つ。
・　子どもについて，必要に応じて施設の支援方針と教育機関の指導方針を互いに確認し合う機会を設ける。
・　PTA活動や学校行事等に積極的に参加する。

出所：「児童養護施設運営指針」に基づき筆者作成。

や保護を図るためには，関係機関がその子どもに関する情報等を共有し，適切な連携によって支援内容等を検討していくことが不可欠であるとの認識の下，2004（平成16）年の児童福祉法一部改正によって法定化された。

これにより市町村は，要保護児童対策地域協議会を構成する関係機関等に対し守秘義務を課すとともに，構成団体のうちから運営の中心となり支援対象児童等に対する支援の実施状況の把握や関係機関等との連絡調整を行う調整機関を指定することとなった。しかしこの段階では，要保護児童対策地域協議会の設置は義務づけられていなかったので，2005（平成17）年 4 月 1 日の設置数は111市町村に留まっていた。

そこで2007（平成19）年の法改正では，要保護児童対策地域協議会の設置を努力義務化した。次いで2008（平成20）年の法改正では，支援対象を要保護児童のみならず，養育支援が特に必要である子どもやその保護者，妊婦に広げるとともに，協議会組織の調整機関に児童福祉司たる資格を有する職員や保健師，助産師，看護師，保育士，教員，児童指導員等の専門職を配置することを努力義務化した。

さらに2016（平成28）年の法改正では，要保護児童等の自立支援を強化する見地から，支援対象である要保護児童について，18歳以上20歳未満の延長者等を含めることとした。併せて調整機関への調整担当者の配置を義務化すると同時に，当該担当者の研修をも義務化した。その後2019（令和元）年の法改正では，要保護児童対策地域協議会から情報提供等の求めがあった関係機関等は，これに応ずるよう努めなければならないとの条項が加えられた。

このような一連の法改正によって要保護児童対策地域協議会は，漸次その資質や機能性を高めながら，対象範囲や権限を拡大してきた。

2 ）三層構造の会議には，それぞれどのような役割があるのか

今や全国ほぼすべての市町村に設置されている要保護児童対策地域協議会は，「要保護児童対策地域協議会設置・運営指針」によって，その組織構成や運営方法等が定められている。この指針では，構成員について「市町村の児童福祉，母子保健，障害福祉等の担当部局，児童相談所，福祉事務所（家庭児童相談室），保育所，児童養護施設等の児童福祉施設，児童家庭支援センター（後略）」と具体的な機関名を例示している。現状は，ほとんどの組織において行政機関の

職員が大半を占める構成となっており，調整機関についても，市町村の児童福祉や母子保健の主管課内に設置されている。

さらに指針では，要保護児童対策地域協議会の会議のあり様について，代表者会議，実務者会議，個別ケース検討会議の三層構造を想定している。代表者会議は，構成機関の代表者によって構成される会議であり，実務者会議が円滑に運営されるための環境整備を目的として，年に1～2回程度開催される。実務者会議は，実際に活動する実務者によって構成される会議であり，すべてのケースについての定期的な状況のフォロー，主担当機関の確認，支援方針の見直し等が協議される。

個別ケース検討会議は，個別の支援対象児童について直接関わりのある担当者や今後関わりを有する可能性のある担当者らによって，具体的な支援の内容や支援方法・スケジュール等を検討したり共有したりするために随時開催される。会議での話し合いを通してチーム意識を醸成し，一支援者・一機関によるケースの抱え込みを防いでいる。

3）子どもを守るセーフティネットを紡いでいくために

平成末期に相次いだ痛ましい児童虐待死事件は，その悲哀さから大きな国民的関心を巻き起こし，児童相談所を基軸とする現行児童虐待防止施策の弱点を露呈させた。一方で児童相談所のオーバーフロー状態を解消すべく，市町村の子ども家庭福祉行政の責務，とりわけその実動を担う要保護児童対策地域協議会の役割は，一層大きなものとなっていった。

ところで要保護児童対策地域協議会の運営体制を充実させていくために設けられている国の補助事業は，その名称を「子どもを守る地域ネットワーク機能強化事業」という。虐待や貧困，いじめなどから子どもを守るためには，なによりその活動の中核となるべき相談支援スタッフの専門性の確保や経験の蓄積，支援の継続性が必須であろう。また様々な人々が暮らす地域コミュニティの中にネットワークを築き，それをより頑丈なものへと紡いでいくためには，地域住民の関心やエネルギーの持続が不可欠であるとともに，組織体としての多様性や寛容性も求められよう。

市町村が，自らの要保護児童対策地域協議会を，文字どおり「子どもを守る地域ネットワーク」へと進化させていくためには，専門性や継続性が担保され

ている民間事業者との協働領域の拡充や，多様性や寛容性を強みとする市民活動リソースとの情報共有の推進に努めていかなければならない。

（3）地域でのネットワークをより強く，よりしなやかにする連携・協働のあり方
1）地域に密着している児童家庭支援センターとの連携・協働

　児童家庭支援センターとは，1997（平成 9）年の児童福祉法改正によって制度化された比較的新しい社会資源であり，その大半は乳児院や児童養護施設など入所型社会的養護施設を本体施設としている。

　事業内容としては，①児童に関する家庭その他からの相談のうち，専門的な知識及び技術を必要とするものに応じる，②市町村の求めに応じ，技術的助言その他必要な援助を行う，③児童相談所において，施設入所までは要しないが要保護性がある児童，施設を退所後間もない児童等，継続的な指導措置が必要であると判断された児童及びその家庭について，指導措置を受託して指導を行う，④里親及びファミリーホームからの相談に応ずる等，必要な支援を行う，⑤（児童相談所，市町村，里親，児童福祉施設，自立援助ホーム，ファミリーホーム，要保護児童対策地域協議会，民生委員，児童委員，学校等）関係機関等との連携・連絡調整を行う，とされている。

　実際には上記の事業に加え，子育て短期支援事業の利用調整や児童虐待予防施策への協力，育児や療育に関する市民啓発セミナーの開催等，地域に密着した子育て支援活動を展開しているセンターも多い。

　なお2022（令和 4）年に厚生労働省がとりまとめた「社会保障審議会児童部会社会的養育専門委員会報告書」では，家庭養育への支援や親子関係の構築に向けた支援など市町村が家庭環境や養育環境をより良くするための支援を行うことが困難な場合は，児童家庭支援センターを活用して整備を進めることも可能とする旨が記されている。

　児童家庭支援センターが，市町村や要保護児童対策地域協議会とリンクして，地域子ども家庭支援のプラットフォーム的機能を高めていけば，専門性や継続性，迅速性や柔軟性といった民間の相談支援専門機関ならではのメリットをも加味した，より強靭なネットワークが構築されていくこととなろう。

２）こども食堂や学習支援拠点など，新たな社会資源との連携・協働

　子どもの将来が生まれ育った環境によって左右されることのないよう，貧困の状況にある子どもが健やかに育成される環境を整備するとともに，教育の機会均等を図るため，2013（平成25）年に子どもの貧困対策法（子どもの貧困対策の推進に関する法律）が成立した。同法は，2019（令和元）年に改正され，子どもの将来だけでなく現在の生活の安定を図ることが大切であることや，子どもの貧困の背景に社会的要因があることが盛り込まれるとともに，市町村に対しては，子どもの貧困対策に関する計画を策定するよう求めた。改正法の施行によって，子どもの貧困対策にかかる市町村の責務が一段と重くなることを踏まえ，地域自治組織や市民活動団体等と連携・協働して行われる子どもの貧困問題の解消や緩和に向けた取り組みがより重視されてきている。

　現に最近，地域では，こども食堂や学習支援拠点など，家庭と学校以外の第三の子どもの居場所といわれる新たな社会資源が，市民活動等によって盛んに創出されている。このような居場所には，生活保護や生活困窮世帯に属する子どもたちが来所し，運営スタッフと良好な関係性を保っている場合も多く，子どもの貧困対策の一翼を担う貴重な社会資源となっている。

　また，2023（令和5）年4月には，こどもまんなか社会の実現に向けて，こども政策に強力かつ専一に取り組む独立した行政組織としてこども家庭庁が創設された。この新たな行政機構は，その基本姿勢としてNPOをはじめとする市民社会との積極的な対話，連携・協働を掲げていることから，子育て世帯との接点が多く子どもの状況把握に長けている地域子育て相談機関や市民活動リソースと行政機関の間で高次のパートナーシップ関係が育まれることを期待したい。

３）今日，市町村に求められている一体的支援体制の確立

　2010（平成22）年，有害情報の氾濫等，子ども若者をめぐる環境の悪化や，ニート・ひきこもり・不登校・発達障がい等，子ども若者の抱える問題の深刻化等を踏まえ，子ども若者育成支援施策の総合的推進のための枠組みと支援ネットワークを整備することを目的に「子ども・若者育成支援推進法」が施行された。なお同法は，子ども・若者の年齢の範囲を乳幼児期から30代までと定め，支援対象を極めて広く捉えている点に特徴がある。

　2016（平成28）年の母子保健法改正では，妊娠期から子育て期にわたる切れ目のない支援を展開すべく，母子保健サービスと子育て支援サービスが一体的に提供できるよう「子育て世代包括支援センター」（法律上は「母子健康包括支援センター」）を法定化した。また同時に行われた児童福祉法改正では，市町村に対して，子どもとその家庭及び妊産婦等を対象に，実情の把握，専門的な相談対応，調査，訪問等による継続的なソーシャルワーク等を行うことが求められているとして「子ども家庭総合支援拠点」の整備を要請した。

　さらに2022（令和4）年の児童福祉法と母子保健法の一部改正では，市町村に対し「子育て世代包括支援センター」と「子ども家庭総合支援拠点」の組織を見直し，すべての妊産婦，子育て世帯，子どもに対して一体的に相談支援を行う「こども家庭センター」の設置に努めるよう求めた。なお，この新設機関では，支援を要する子どもや妊産婦等への支援計画（サポートプラン）を作成するとともに，民間団体と連携しながら多様な家庭環境等への支援の充実を図るための地域資源の開拓も担うこととなった。

4）子どもと家庭に関する支援の総合化や重層化への期待

　ところで今日，市町村は，地域子育て相談機関等との強力な連携の下，地域子育て支援拠点事業，乳児家庭全戸訪問事業，養育支援訪問事業，子育て短期支援事業，病児保育事業，放課後児童健全育成事業，子育て世帯訪問支援事業，児童育成支援拠点事業，親子関係形成支援事業等の地域子ども・子育て支援事業を各々の地域ニーズに応じて実施している。また市町村は，地域福祉の向上を目指して障がい者支援施策や生活保護・生活困窮者自立支援施策，介護施策なども幅広く展開している。

　今後，地域コミュニティにおいて，子ども家庭福祉施策の実効性を高めつつ，その支援対象や守備範囲を拡大していくためには，こども家庭センターの創設を契機に事業や施策間の連携・協働や所管部署間のネットワーク化を推進し，もって支援の総合化を図る必要がある。

　加えて現在，国は，地域共生社会に向けた包括的支援と多様な参加・協働の推進に関する仕組みづくりを進めており，高齢者福祉，障がい者福祉，子ども家庭福祉といった従来の縦割り行政の壁を取り払い，重層的な支援体制の構築に向けて大きく舵を切ろうとしている。こうした国の動きは，今後の地域福祉

全般の支援実践における連携・協働やネットワークのあり方にも多大な影響を及ぼしていくことだろう。

3　諸外国の動向

（1）イギリスの施設養育をめぐる動向

　本項では，イギリスにおける社会的養護をめぐる理念や政策，施設養育の現状を紹介し，日本への示唆を得ることを目的とする。なお，イギリスは，イングランド，北アイルランド，スコットランド，ウェールズの4つの地域から構成されており，地域ごとに法律や規則，特色が異なっている。

1）社会的共同養育の理念

　1990年代以降のイギリスでは，社会的養護現代化政策の一環として，家族による養育とともに，社会的共同養育（コーポレート・ペアレンティング）を促進していくことを大切にしている。社会的共同養育とは，「地域の住民が共同で，家庭から離れて暮らす子どもの親代わりとなって支援するべきだ」「家庭を奪われた子どもたちに国家や社会が提供する支援は，実親側が子に行う親業と同等でなくてはならない」という理念に基づいており，社会的養護が必要な子どもたちを，様々な組織が見守ることを推進している。各施設は，この理念に基づいて子どもたちの実際の養育を担うことになるし，社会（福祉を担う省庁だけではなく，教育，保健，警察，企業など）における様々な大人が，インケアの間だけではなくアフターケアにおいても，子ども・若者たちを支える政策や実践の根拠となっている。

　具体的な例としては，公営住宅を設置し社会的養護経験者に配慮して住宅提供すること，全中学校における就労支援を担うワーカーの配置，雇用主への社会的養護経験者に関する理解や配慮を促すための啓発や研修の実施，大学における学費や授業料免除などがスコットランドにおいて行われている。就労においても，ケアリーヴァーの職業移行期にソーシャルワーカーが面談を重ねて就労支援計画を立て情報提供や同行等の支援を行ったり，障害や疾病などを抱えた若者の就労を支えるプロジェクトなど，自治体をはじめ，社会福祉以外の様々な組織が「社会的共同養育」としての機能を担っている。

2）施設養育の歴史

　文豪チャールズ・ディケンズの作品にみられるような，孤児を抑圧するイギリスの救貧院は，19世紀以降には慈善家による児童養護施設や勤労学校の設立によって一定の改善が図られ，以降は，児童法によって社会的養護のあり方が規定されていく。1940年代のレジデンシャルスクールの実践は，主に臨床心理学の方法論を用いて革新的なケアや教育を提供し大きな成功を収めている。また，1948年児童法の提言の中で示された家族の重要性が，1950年代のファミリーグループホームとして登場した。しかし，1960年以降は，アタッチメントやパーマネンシーの概念の登場によって，個別的な支援と脱施設化への流れが鮮明になっていく。施設養育は次第に子どものケアにふさわしくない場所と見なされ，1990年の施設内虐待のスキャンダルを追い風として，家庭養育の推進と脱施設化が進んでいった。1998年にはケアリーヴァーの生活実態を調査し，教育，健康，住環境等の面で子どもたちのライフチャンスが容認できないほど低いことが示され，子どもたちの教育や意見表明，アフターケア等の改善が行われた。

　現在のイギリスにおいて，施設養育に向けられる視線はきわめて厳しい。子どもが生活するには望ましくない環境とされ，施設職員の専門性は疑問視され，高いコストが投入されているにもかかわらず，その成果は不十分であると見なされている。こうした閉塞した状況の中で，関係者の関心を集めているのが，ヨーロッパの多くの国々でケアのモデルとなっている，ソーシャルペダゴジーである。

3）施設種別

　イギリスの子どもの人口は1,260万人ほどで，日本よりも少ない。しかし，社会的養護児童数はイングランドだけでも 7 万人以上おり，日本よりもはるかに多い。中心となっているのは里親委託であり，施設で暮らす子ども・若者はイングランド全体の 1 割弱，8,000人程度に過ぎない（ここでいう "施設" とは，大規模施設ではなく，小舎もしくはグループホームを指す）。日本とは異なり二重措置が認められているため，里親と治療施設に同時に子どもを委託し，徐々に移行を進めていく，といったケースワークが可能な点は心強い。施設は主に通常の里親での対応が困難な特別のニーズを持つ子ども・若者を対象としており，

いずれの施設も子ども一人に複数の職員が配置されるなど手厚い支援がなされているが，福祉予算が削減され，入所する子どもの数は減少傾向にある。施設種別としては，次のような形態がある。

① チルドレンズホーム

日本の児童養護施設に相当する，生活と教育と心理支援を統合的に提供する施設である。

② セキュアユニット

裁判所の命令によって入所し，自由は制限される。有罪判決を受けたが少年院への入所が彼らの福祉に不適切または有害であると判断されたり，自傷・他害の可能性がある子ども・若者が対象である。

③ レジデンシャルスクール

通常の寄宿制の学校のほか，日本の児童心理治療施設のような特別なニーズを持つ子どもを対象にした公営・民営の施設も存在する。

④ レジデンシャルケアホーム

家庭的な環境で，食事や入浴の介助なども含めた個別的な介護・看護ケアを提供する施設である。

⑤ 母子ユニット

メンタルヘルスの課題のある出産後の女性が対象である。

4）日本への示唆

イギリスにおいては，社会的共同養育の理念に基づいて社会の一員として市井の一人ひとりが協働して子どもの育ちを支えようと試みている。たとえば，スコットランドでは，「健康とウェルビーイング」「住居」「教育・訓練」「雇用」「犯罪防止」「権利と参画」の６つの領域において，具体的な支援を展開することが義務づけられている。現在の日本においては，一部の社会福祉関係者のみが，家庭から離れた子ども・若者の支援に関わっているが，社会的養護の下で暮らす子どもたちの成長を社会全体で保証するためには，こうした実践やそれを支える理念が非常に参考になる。今後，こうした体制をどのように構築していくかが課題となろう。

また，イギリスではソーシャルペダゴジーの考え方を理論的な柱として，施設養育の意義や専門性を見直し追求しようとする動きがある。ソーシャルペタ

ゴジーを普及させるための民間の教育組織が発足し，国や自治体レベルでも，ドイツから訓練されたソーシャルペタゴーグをリクルートして，イギリスの施設職員と一緒に働いてもらうなど，実践に影響を与えようとする試みが行われている。例えば，ソーシャルペダゴーグの養成過程においては，（保育士がピアノや歌や手遊びを学ぶように）スポーツや音楽や芸術といったアクティビティを習得し，仕事に応用するスキルがカリキュラムの中に組みこまれている。こうした考え方は，子どもとの関わりを考える上で参考になるだろうし，施設職員の専門性のあり方，プロフェッショナルとパーソナルとプライベートの考え方，倫理や哲学的姿勢の重視，ライフスペース（生活空間）の大切さ，など学ぶべきことは多い。

　今後の日本の施設養育において，求められる役割や機能は大きく変わっていくだろうが，イギリスの取り組みは，社会による子育ての質と量を高めていく手がかりとなろう。

（2）ドイツの施設養育をめぐる動向

　本項では，ドイツにおける社会的養護をめぐる現状や，実際の施設運営の例等を紹介し，日本への示唆を得ることを目的とする。

1）ドイツの動向

　ドイツでは，日本の児童虐待防止法のように，児童虐待に特化した法律を設けず，虐待を含めたより広義の「子どもの福祉の危険」への対応という枠組みによって対応している。

　家庭外の子ども・若者の支援数は19万人以上にのぼる。イギリスやアメリカのように里親中心ではなく，里親養育と施設養育の割合はほぼ半々である。1970年代以降に，脱収容施設に向けた議論が進み，施設養育はコミュニティベースで小規模化され，グループホームもしくは分散ホーム化されている。特に思春期以降の若者には集団生活が適していることや，子ども自身も施設を選択することが多いことなどを現地の関係者が指摘している。

　過去には施設内虐待などの発覚もあり，施設養育自体が批判に曝されたこともあったが，その後施設内虐待の調査や被害者への補償を行い，施設機能の向上などに努めている。

2）施設種別

施設種別も日本とは異なる様々な形態がある。以下に，特徴的な施設をいくつか紹介する。

① 一時保護施設

社会福祉的診断のほか，CBCLなどの客観的な基準に基づいたアセスメントを行っている。一時保護中も原籍校に通える配慮がなされているほか，難民や移民に対する支援も行っている。

② 入所型アセスメント施設

これまで治療やケアを受けたが改善がみられなかったケースを対象とし，ストレングスも含めて問題行動の背景やメカニズムなど総合的なアセスメントを行う施設である。

③ 母子入所ホーム

母子入所が可能な施設である。若年で妊娠したケースを，妊娠中から受け入れ，出産後もそのまま入所が継続できる体制も整っている。母親へのケアを行いつつ，出産後には母子関係の構築の手助けを行っている。

3）ソーシャルペダゴジー

ドイツにおいては施設での暮らしは「施設養育」ではなく「施設教育」とされており，施設を社会的養育の重要な資源として捉え，家庭養育とは異なる施設養育ならではの意義や役割を積極的に見出そうとしている。その中で中心的な理論的・実践的体系になっているのが，ソーシャルペダゴジーである。ソーシャルペダゴジーとは，教育と福祉（あるいは子育て）を包含し，非英語圏の大陸ヨーロッパで伝統的に育まれてきた学問及び実践体系である。ヨーロッパにおいては，施設職員も含めて子育てや子ども・若者支援に関わる様々な現場で，ソーシャルペダゴジーを学んだソーシャルペダゴーグが活躍している。

ソーシャルペダゴジーの全体像を限られた紙面で解説するのは難しいが，特徴としては，次のような点が挙げられる。

① 子どもを1人の全人的な存在として捉え，その子どもの総合的な育ちを支援する。

② 実践者は，子ども・若者と同じ生活空間を共有し，毎日の生活の中の出来事を，子どもの回復や成長を促す機会として活用する。

③　自らを専門職という役割にとどまらない 1 人の人間としてみなす。

④　職場では「プライベートな自己」を区別するとともに「プロフェッショナルな自己」と「パーソナルな自己」の統合を図る。

⑤　「頭で考え，心で感じ，手を動かす」という中心的な前提があり，知的―実践的―情緒的な活動を支援者は行う。

⑥　子どもたちの集団生活を重要な資源の一つとして捉え，グループを積極的に活用していく。

4）ドイツの動向── SOS ベルリンの包括的支援

　ドイツでの様々な機能を持った施設の例として，「SOS 子どもの村ベルリン」（以下，SOS ベルリン）を紹介したい。SOS ベルリンでは，地域やホーム内の子ども・青少年・家族に対して多様な支援メニューを提供する，複合的な福祉サービス施設である。子どもと家族への支援を世界で展開する国際 NGO「SOS 子どもの村」は，第 2 次世界大戦後のオーストリアで始まり，現在は世界各国で活動している。SOS 子どもの村で子どもの養育を担うとともに，困難を抱える家族や子どもの支援を行っている。SOS ベルリンでは，ソーシャルペタゴーグ，社会福祉士，エアツィーア（保育士），心理士などの資格を持った90人のスタッフが仕事をしている。5 階建ての瀟洒な建物の中に，地域支援を目的にしたカフェテリア，目的に応じた数々の部屋，保育所，SOS ファミリーが暮らすフロアなど，多くの機能が詰まっている。

　1 階は吹き抜けになっていて，地域の人々が自由に利用できる明るく開放的なカフェテリアや保育所がある。階段を上がると，2・3 階には関係団体が提供するヨガや気功などのプログラムを行う部屋や，親子で活動できる集いの広場などがある。助産師や心理士による出産後間もない親への育児相談なども提供している。アトリエでは，絵画教室や音楽教室を行っており，難民の子どもたちが絵や作品を通して，過去の辛い出来事を表現することもある。4 階と 5 階には，SOS ファミリーが暮らしている。1 つの SOS ファミリーには 6 人の子どもが生活している。

　さらに SOS ベルリンでは，課題を抱える子どもたちの職業訓練，仕事や人間関係の構築の方法の学習，社会参加と社会への統合を果たす目的とし，企業と共同でホテルを設立している。仕事内容は主に，部屋の清掃，レストラン業

務や事務職，会議や建物のサービスなどである。他の従業員と同様にホテルの大切な人材として認められており，仕事に誇りを持ち，自分に価値を感じることができるように配慮がされている。

5）日本への示唆

日本の「虐待」という考え方は親の非難につながりやすい。一方で，ドイツ（あるいはフランスなど）における，子どもの安全性を対象とした「子どもの福祉の危機」という用語は，関係者や社会の意識転換を図る上で重要な視点であろう。

ドイツにおいては施設養育ならではの意義や役割を積極的に見出す動きがある。その動向において中心的な役割を果たしている理論的・実践的体系がソーシャルペダゴジーである。国際的にも，ソーシャルペダゴジーや北米発のチャイルドアンドユースケアを基盤にした，CYC-Net や FICE CONGRESS といった，社会的養育関係者のネットワークも存在しており，施設養育のあり方を考えていこうとする世界中の実践者や研究者は密接につながりあっている。近年日本でもソーシャルペダゴジーに対する関心が高まっており，日本ソーシャルペダゴジー学会が創設されている。今後，日本の関係者もこうした国際的に共有されている概念に対する学びを深め，社会における養育のあり方を様々な角度から考えていくことが必要になってくるだろう。

また，日本の施設養育の中では高機能化・多機能化の必要性も謳われている。今後，不適切な養育を受けた子どもたちの回復と成長に努めるとともに，家族分離に至る以前の予防的活動や子育て支援の充実が求められる。ドイツのSOS ベルリンは関係機関と協働しながら複合的で統合的なサービスを提供しており，参考になるところが大きい。日本でも，児童家庭支援センターや保育所等を併設し，地域への子育て支援を積極的に行っている施設は存在するが，SOS ベルリンの支援メニューの豊富さや対象の広さは際立っている。地域の中で施設が重要な役割を担うことによって，そこで暮らす子どもたちに対するまなざしも変容していくことが期待される。子育てを支える場としての施設，子育ての専門家としての施設職員という未来像のヒントとなる実践である。

（3）アメリカの保育および施設養育をめぐる動向

　アメリカは，子どもの権利に早くから目を向ける一方で，家庭生活など私的領域への政府や行政の関与・介入を好まない歴史を持つ社会である。子ども家庭福祉の対象も，親がその責任を果たせない子どもたち，つまり虐待を受けた子どもや，貧困世帯の子どもが長い間中心であり，保育や児童手当，公的な医療保険など一般的な子育て支援策を発展させてこなかった。現在でもその状況は基本的に変わらず，保育サービスなど家族のために政府が支出する社会保障費の割合が先進国の中では非常に低い国である。

　そうした点との結びつきも深い，保育と社会的養護の特徴についてここでは述べる。

1）アメリカの保育システムの特徴

　国際比較研究によれば，アメリカの保育システムの一番の特徴は，その供給が株式会社・NPO など民間事業者や家庭的保育などに任されており，かつ公的な補助金もかなり少ないことである。市場のメカニズムによって保育制度が運営されている，つまり「買う」保育が主流といえる。

　前述の政府の介入を嫌うという歴史に通じるものであるが，親たちの自由な「選択」を重視しているともいえる。しかし，こうしたシステムはいくつかの副作用を伴う。

　一つは，質の格差の問題である。州政府によって保育所の認定はなされる。しかし，保育の質には格差があることが知られており，また利用する保育の質が世帯の所得の多寡とかなり強く結びついていることも先進国の中では異質といえるだろう。低所得世帯の子どもは，おしなべて質の低い保育を利用する傾向がある。ある調査では，2 歳児において経済的に豊かな子どもが質の悪い保育を利用する割合は16％であったが，貧困な子どもの場合は43％であった。[10]

　さらにいえば，保育の利用割合そのものにも格差が明確に見える。アメリカ国立教育統計センターの調査によると，例えば，6 歳未満の子ども全体では，保育（幼児教育も含む）を利用していない子どもの割合は40％だが，貧困な子どもでは54％であり，中・高所得の世帯の場合は31％である。[11]一方で，専業主婦が多いというわけではなく，女性の労働力率は高く，一般的に（特に子どもの年齢が低い場合は）親類知人に預けたり，費用が安く済む無認可のベビーシッタ

ーなどを利用されたりすることが多く，低所得の親たちはそうした選択をする割合が高い。

　そうした格差の原因の一つは，保育料がかなり高いことであろう。ある調査では，保育所のような施設型保育（家庭的保育に比べ質は高いとされる）では，全国平均で年間約9,500ドル（1ドル130円換算で，約124万円）かかり，家庭的保育では約7,500ドル（約98万円）がかかるとされる。同調査で，二親世帯では，平均で所得の約10％程度を保育料に費やし，ひとり親では約36％を費やしているとする。[12]

　保育料は，基本，日本のような応能負担にはなっておらず，所得の多寡にかかわらず一律という応益負担の形である（ただし，利用する事業所によって保育料は異なる）。保育料を補助する仕組みとしては，中所得層の世帯は，いったん保育料を払った後，税控除などによって還付という形で補助を受ける。低所得層の場合は，払う税金の額が少ないため控除の恩恵を受けられないが，保育補助金や後述するヘッドスタートという無料の公的な保育の対象となる。しかし，補助金にしてもヘッドスタートにしても対象となるすべての世帯が利用できるわけではなく，予算によって枠が決められている状況である。

　ヘッドスタートの歴史は長い（後述する児童虐待対策と同様である）。ヘッドスタートは現在では前述のような保育の格差を補う役割を果たしているが，それが始まったのは1960年代であり，当時は人種問題もからんで貧困なままに取り残されていた地域や家族が大量に存在し社会問題となっていた（現在でも，人種や貧困問題の存在はアメリカ社会を特徴づけるものである）。特に，貧困な世帯で暮らす子どもたちの教育状況に焦点が当たり，彼らに対して早期に教育を受けさせる必要性が叫ばれ開始されたものである。ただ，ここにもアメリカの子ども家庭福祉の特徴が表れている。子どもたちには支援を提供するが，彼らが過ごす家庭へのケアは手薄であり，特に貧困対策（経済的支援）は不十分である。

　ここまで，アメリカの保育の特徴を述べてきたが，ここ数年で変化があることも述べておく必要があるだろう。一つには，女性の学歴が高くなり仕事を継続する母親が増え，保育の需要や供給は増えている。さらには，経済学の研究などによって，保育・幼児教育が持つ社会的な投資価値が指摘されるようになると，国会でも保育についての議論が交わされるようになり，保育の質の格差

や費用の高さについて，歴代の大統領がその対策を口にするようになっている。今後の改革に注目をするべきであろう。

2）アメリカの社会的養護システムの特徴

アメリカの子ども虐待保護システムの歴史は，他の先進国に比べて（特に日本と比べて），非常に長い歴史を持つ。子どもの権利にも古くから社会的関心が高く，長年にわたって子ども虐待に取り組んできた国といえるだろう。前述した保育システムとは好対照である。

メアリー・エレンという少女が保護されたことがきっかけとなって，ニューヨークに子ども虐待予防協会という民間団体が設立されたのは，約150年近くも前の1875年のことである。

19世紀後半から20世紀前半，虐待防止施策とは別に，孤児を含め保護された子どもの生活の場として，孤児院でのケアと里親でのケア，それぞれの長所をめぐる議論が繰り広げられた。その議論の一つの結実が，1909年に当時のルーズベルト（T. Roosevelt）大統領が召集して開催されたホワイトハウス会議であろう。この会議では，後のアメリカの子ども福祉政策を形成するいくつかの提言がなされた。一つは，家庭での養育の重要性が強調され，虐待などで保護された子どももできる限り家庭的な状況の中でケアされるべきであり，施設保護の場合も可能な限り，小舎制のユニットで行われるべきだとされた。また「家庭生活は，文明社会の最も重要で洗練された産物である。子どもたちは，緊急的で逼迫した場合を除いて，家庭生活を奪われてはならない」という有名な宣言もなされた。

現在でも，里親の下で生活している子どもが圧倒的に多い。最新の保健福祉省のデータによれば，社会的養護でのケアを受けている子ども（約41万人）のうち，約8割以上の子どもが里親の下で暮らしている。[13]

ただ，ここで留意しなければならないのは，一つには里親を含め社会的養護のケアを受けている子どもの数の圧倒的な多さだろう。子ども人口全体で比較すれば，アメリカは日本の3倍強だが，日本の場合，里親や施設でのケアを受けている子どもは5万人未満に過ぎない。さらに，後述するようにアメリカにおける里親でのケアは短期間である場合が多い点を加味すると，社会的養護にいる子ども数の多さがより顕著となる。

また，里親の種類としては親族里親も多く，一般的な里親との比率では最新データでは43％：57％となっている。親族里親がこのように多くなってきたのは，ここ20数年前ぐらいからの傾向だが，一般的な里親が不足していることと，後述するような里親ドリフトにつながる里親委託後の不適応が多くみられ，親族里親が好まれるようになってきたという事情がある。

　さらに里親ケアではなく，グループホームや施設で生活をする子どもも一定数いることだ。最新データではグループホームで約1.6万人，施設では約2.3万人が生活をしている。特に，思春期以降に社会的養護のケアを利用しなくてはならない子どもの場合，里親との関係の構築が難しいことなどから，かえってグループホームや施設の方が好まれる傾向があるともされている。ただし，乳幼児の場合は，施設でのケアはほとんどない。

　里親ドリフトであるが，1970年代から問題にされてきたことであり，いわゆるパーマネンシープランニングが議論される契機になり，新しい法律制定にさえつながった。ただし，パーマネンシー保障が政策課題となった現在でも，その問題の深刻さは変わっていない。

　ところで，アメリカにおける里親ドリフトを考える場合，養子縁組との関係を考慮に入れないわけにはいかない。アメリカでは家族再統合ができない場合，養子縁組こそが子どもの権利に沿うものであり，里親ケアはできるだけ短い方が良いと歴史的に考えられてきた。実際，里親ケアを出る子どものうち，5人に一人は養子縁組に移行する（アメリカの場合，児童相談所ではなく民間団体を通した，乳幼児を中心とした養子縁組が多い）。そうした子どもは親権剥奪をされており，毎年5万件以上に及ぶ。

　また，多くの子どもは里親ドリフトを経験しない。調査や定義にもよるが，90％の子どもたちはドリフトを経験していない。問題は，里親ケアにいる期間の長さや，子どもの年齢や障がいの有無である。里親ケアにいる期間が2年を超えると，3つ以上の里親ケアを経験する子どもが2/3になっているというデータがある。また，多くの場合，彼らは年長児や障がいを持つ子どもでもある。先に，親権剥奪の多さを指摘したが，実は10万人以上の子どもが今も養子縁組されずに待機状態にいる現状があり，年齢が高くなればなるほど，また障がいを持つ場合には，そうした可能性が高くなる。彼らは，結果として里親ケアに

長期にいることになり，ドリフト状態となる割合が高くなる。

　アメリカでは，子どもの権利侵害や虐待問題へ歴史的に早い時期から取り組み，日本をはじめ他国のモデルとなってきた。一方で，保育や児童手当など家族への支援は後回しにされ，子どもの相対的貧困率も先進国の中で最も高い。その矛盾に，子ども家庭福祉の実践家や研究者は，いま向き合いはじめていることを最後に触れておきたい。

注

⑴　山縣文治・柏女霊峰編『社会福祉用語辞典──福祉新時代の新しいスタンダード第9版』ミネルヴァ書房，2013年，127頁。

⑵　同前。

⑶　文部省・厚生省・労働省・建設省「今後の子育て支援のための施策の基本的方向について」1994年（https://www.mhlw.go.jp/bunya/kodomo/angelplan.html，2020年5月10日アクセス）。

⑷　厚生省児童家庭局トピックス「緊急保育対策等5か年事業の実績」2000年（https://www.mhlw.go.jp/www1/topics/hoiku/tp0807-1_18.html，2020年5月10日アクセス）。

⑸　厚生省「新エンゼルプランについて」1999年（https://www.mhlw.go.jp/www1/topics/syousika/tp0816-3_18.html，2020年5月10日アクセス）。

⑹　厚生労働省「少子化対策プラスワン（要点）」2002年（https://www.mhlw.go.jp/houdou/2002/09/dl/h0920-1a.pdf，2020年5月10日アクセス）。

⑺　内閣府編『少子化社会白書 平成17年版』23-24頁（https://www8.cao.go.jp/shoushi/shoushika/whitepaper/measures/w-2005/17pdfhonpen/pdf/h1020100.pdf，2020年5月10日アクセス）。

⑻　和田光一・岩川幸治『最新 現代社会福祉と子ども家庭福祉』（シリーズ社会福祉のすすめ②）学文社，2019年，227頁。

⑼　山縣文治『子ども家庭福祉論 第2版』（シリーズ・福祉を知る③），ミネルヴァ書房，2018年，27頁。

⑽　Gambaro, L., Stewart, K., Waldfogel, J.（eds.）*An equal start ?: providing quality early education and care for disadvantaged children,* Policy Press, 2014.（=2018，山野良一ら監訳，大野歩ら訳『保育政策の国際比較──子どもの貧困・不平等に世界の保育はどう向き合っているか』明石書店，262頁。）

⑾　National Center for Education Statistics "Digest of Education Statistics" 2020, table 202, p. 30.

⑿　Child Care Aware of America "Parents and the high cost of child care: 2017 Report", 2017, p10.

⒀　U. S. Department of Health and Human Service "The AFCARS Report" #28, 2021, p1.

⒁　ibid.

⒂　ibid.

参考文献

・第1節

『社会福祉学習双書』編集委員会編『児童家庭福祉論——児童や家庭に対する支援と児童・家庭福祉制度』（社会福祉学習双書2020⑤），全国社会福祉協議会，2020年。

内閣府編『少子化社会対策白書』各年版，2004〜2022年。

・第2節

厚生労働省「児童養護施設運営指針」2012年。

厚生労働省「保育所保育指針」（2017年改正）。

厚生労働省「要保護児童対策地域協議会設置・運営指針」（2020年改正）。

厚生労働省「児童家庭支援センター設置運営要綱」（2021年改正）。

厚生労働省「令和3年度 社会保障審議会児童部会社会的養育専門委員会 報告書」2022年。

橋本達昌・藤井美憲編著『社会的養育ソーシャルワークの道標——児童家庭支援センターガイドブック』日本評論社，2021年。

・第3節（1）

伊藤嘉代子・千賀則史「スコットランドにおける社会的養護経験者への自立支援」『社会問題研究』70，2021年，1-12頁。

尾形良子「社会的共同親概念を用いた児童養護施設退所児の就労支援に関する事例研究，科学研究費助成事業研究成果報告書」2019年。

グッドマン，ロジャー／津崎哲雄訳『日本の児童養護——児童養護学への招待』明石書店，2006年。

スミス，マーク，フルチャー，レオン，ドラン，ピーター／楢原真也監訳，益田啓裕・永野咲・徳永祥子・丹羽健太郎訳『ソーシャルペダゴジーから考える施設養育の新たな挑戦』明石書店，2018年。

資生堂社会福祉事業財団「第44回 資生堂児童福祉海外研修報告書——イギリス児童福祉レポート」2018年。

永野咲「社会的養護領域における『ライフチャンス』概念——ダーレンドルフの『ラ

イフ・チャンス』概念を手がかりに」『東洋大学大学院紀要』50，2014年，119-137頁。

・第3節（2）

資生堂社会福祉事業財団「第38回資生堂児童福祉海外研修報告書——ドイツ・イギリス児童福祉レポート」2012年。

資生堂社会福祉事業財団「第43回 資生堂児童福祉海外研修報告書——ルーマニア・ドイツ児童福祉レポート」2017年。

スミス，マーク，フルチャー，レオン，ドラン，ピーター／楢原真也監訳，益田啓裕・永野咲・徳永祥子・丹羽健太郎訳『ソーシャルペダゴジーから考える施設養育の新たな挑戦』明石書店，2018年。

楢原真也「海外の社会福祉事情 ドイツ—— SOS子どもの村ベルリン」『子どもと福祉』11，104-107頁。

・第3節（3）

Gambaro, L., Stewart, K., Waldfogel, J.（eds.）*An equal start?: providing quality early education and care for disadvantaged children,* Policy Press, 2014.（=2018, 山野良一ら監訳，大野歩ら訳『保育政策の国際比較——子どもの貧困・不平等に世界の保育はどう向き合っているか』明石書店。）

Mallon, G. & Hess, P.（eds.）*Child welfare for the 21st century: a handbook of practices, policies, and programs, 2d ed.,* 2014, Columbia University Press.

Myers, J. *Child protection in America: past, present, and future,* Oxford University Press, 2006.（=2011 庄司順一・澁谷昌史・伊藤嘉余子訳『アメリカの子ども保護の歴史——虐待防止のための改革と提言』明石書店。）

あ と が き

　子どもの権利条約第29条では，「子どもの人格，才能ならびに精神的および身体的能力を最大限可能なまで発達させること」をその理念とすると謳われている。また子どもの権利条約前文には，子どもの「人格の完全なかつ調和のとれた発達」を目指すことと述べられている。

　人格とは，社会的諸関係の総体である。したがって，一人ひとりの子どもの人格は，子ども家庭福祉の諸制度も含め，子どもを取り巻く様々な人間関係に規定されて現実的には存在している。さらに子どもの人格は，より直接的には，子ども家庭福祉分野においてはその実践者との人間関係に規定されており，そこでの関係性が豊かであればあるほど子どもの人格も豊かになるのである。

　本書は，全国児童養護問題研究会の人たちと協力してくださる方々，現場で実践している人々や研究者，様々な分野の人たちとのつながり，「学び合い」「そだちあい」によって，豊かな人間的諸関係の結果としてつくりだされた。

　「学び合い」「そだちあい」という言葉は，全国児童養護問題研究会で大切にされてきた合言葉である。私は，本書の編集に参加させていただくことを通じて，全国児童養護問題研究会が子どもの権利条約の理念の具現化を目指して牽引してきたということを改めて勉強させていただいた。ありがたいことである。

　本書の刊行にあたって粘り強く最後までお力添えをいただいたミネルヴァ書房の音田潔さんには心から感謝したい。

　2024年3月

安形元伸

索　引

事業

著者紹介

＊安 形 元 伸（編著者紹介参照：第1章1，第2章2）

松 浦 崇（静岡県立大学短期大学部こども学科准教授：第1章2）

＊藤 田 哲 也（編著者紹介参照：第1章3，第2章1・3，第3章1・4）

中 西 真（帝京科学大学医療科学部助教：第3章2）

村 田 恵 子（就実大学教育学部准教授：第3章3）

山 城 久 弥（鎌倉女子大学児童学部専任講師：第4章1）

武 輪 敬 心（豊橋技術科学大学ダイバーシティ推進センター特任助教・NPOこどもソーシャルワークONE TEAM副代表理事：第4章2）

中 野 菜穂子（岡山県立大学保健福祉学部准教授：第4章3）

加 藤 智 功（母子生活支援施設きーとす岐阜リーダー：第4章4）

小 尾 康 友（児童養護施設ゆうりん施設長：第4章5）

水 野 和 代（日本福祉大学スポーツ科学部専任講師：第4章6）

真 崎 英 二（児童自立支援施設三重県立国児学園寮長：第4章7）

金 本 秀 韓（認定NPO法人とりで理事長：第4章8）

松 島 京（相愛大学人間発達学部教授：第4章9）

三ツ石 行 宏（高知大学教育学部専任講師：第5章1）

橋 本 達 昌（児童家庭支援センター・児童養護施設一陽統括所長：第5章2）

楢 原 真 也（児童養護施設子供の家統括職・心理職：第5章3（1）（2））

山 野 良 一（沖縄大学人文学部教授：第5章3（3））

編著者紹介

藤田哲也（ふじた・てつや）
2011年　日本福祉大学大学院修士課程修了。
現　在　岐阜聖徳学園大学短期大学部幼児教育学科専任講師。
主　著　『しあわせな明日を信じて2——作文集　乳児院・児童養護施設の子どもたち・3年後の便り』（共著）福村出版，2012年。
　　　　『外国人の子ども白書——権利・貧困・教育・文化・国籍と共生の視点から』（共著）明石書店，2017年。
　　　　『みらい×子どもの福祉ブックス　社会的養護Ⅱ』（共著）みらい，2019年。
　　　　『みらい×子どもの福祉ブックス　社会的養護Ⅰ』（共著）みらい，2020年。
　　　　『子どもの理解と保育・教育相談』（共著）みらい，2021年。
　　　　『「そだちあい」のための子ども家庭支援』（共編著）ミネルヴァ書房，2022年。

安形元伸（あがた・もとのぶ）
1996年　愛知教育大学大学院修士課程修了。
現　在　白梅学園短期大学保育科教授。
主　著　『児童養護施設で暮らす「発達障害」の子どもたち——理解と支援への手がかり』（共編著）福村出版，2011年。
　　　　『乳幼児教育・保育シリーズ　社会的養護Ⅰ・Ⅱ』（共著）光生館，2019年。
　　　　『新保育ライブラリ　保育の現場を知る施設実習 第3版』（共編著）北大路書房，2022年。
　　　　『子ども家庭福祉の形成と展開』（共著）勁草書房，2022年。
　　　　『「そだちあい」のための社会的養護』（共著）ミネルヴァ書房，2022年。
　　　　『みらい×子どもの福祉ブックス　社会的養護Ⅱ 第2版』（共著）みらい，2024年。

「そだちあい」のための子ども家庭福祉

2024年3月30日　初版第1刷発行　　　　　　　　（検印省略）

定価はカバーに
表示しています

編著者　　藤　田　哲　也
　　　　　安　形　元　伸
発行者　　杉　田　啓　三
印刷者　　江　戸　孝　典

発行所　株式会社　ミネルヴァ書房
607-8494 京都市山科区日ノ岡堤谷町1
電話代表　(075)581-5191
振替口座　01020-0-8076

© 藤田哲也・安形元伸ほか，2024　　共同印刷工業・吉田三誠堂製本

ISBN978-4-623-09565-0

Printed in Japan

「そだちあい」のための社会的養護

遠藤由美編著
A 5 判／276頁／本体価格2500円

「そだちあい」のための子ども家庭支援

吉村美由紀・吉村　譲・藤田哲也編著
A 5 判／280頁／本体2500円

子どものニーズをみつめる児童養護施設のあゆみ

大江ひろみ・山辺朗子・石塚かおる編著
A 5 判／304頁／本体価格3000円

ジェネラリスト・ソーシャルワークにもとづく
社会福祉のスーパービジョン

山辺朗子著
A 5 判／224頁／本体価格2500円

福祉専門職のための統合的・多面的アセスメント

渡部律子著
A 5 判／272頁／本体価格2800円

主体性を引き出す OJT が福祉現場を変える

津田耕一著
A 5 判／232頁／本体価格2500円

──────────── ミネルヴァ書房 ────────────
https://www.minervashobo.co.jp/